TRAITÉ COMPLET

DE

LA LANGUE LATINE.

Je déclare que je poursuivrai selon toute la rigueur des lois les contrefacteurs de cet ouvrage.

Tout exemplaire qui ne sera pas revêtu de ma griffe sera réputé contrefaçon.

TRAITÉ COMPLÈT

DE

LA LANGUE LATINE,

PAR LEUDIÈRE,

PRINCIPAL DU COLLÉGE DE SOISSONS,

AUTEUR D'UNE GRAMMAIRE FRANÇAISE, REVUE DE LHOMOND.

Ne quis tanquam parva fastidiat grammatices elementa. (QUINT.)

PREMIÈRE LIVRAISON.

PARIS,

CHEZ L. HACHETTE, LIBRAIRE,

RUE PIERRE-SARRAZIN, N° 12.

1829.

PRÉFACE.

Pour me conformer à l'usage, je dois rendre compte des motifs qui m'ont déterminé à entreprendre l'ouvrage que je vais livrer à l'impression : j'exposerai en même temps le but que je me suis proposé et les moyens que j'ai pris pour y parvenir, afin de mettre le lecteur à portée de juger en connaissance de cause.

Je fus frappé, dès ma première jeunesse, des nombreux défauts qui se rencontrent dans les livres élémentaires, et peut-être plus choqué encore de la ridicule ténacité de certains maîtres qui, oubliant ce que Lhomond a mis en tête de sa grammaire latine, *que le meilleur livre élémentaire est la voix du maître*, prétendaient réformer le style des auteurs d'après les règles du rudiment, et faisaient quelquefois des solécismes et même des barbarismes, pour ne s'en pas écarter. Voyant qu'ils étaient embarrassés pour répondre avec précision et d'une manière satisfaisante aux questions qu'on leur proposait, je résolus dès lors d'acquérir sur mille points contestés des connaissances qui me rendissent capable (je me destinais à l'enseignement) de donner des décisions péremptoires, et non des réponses absurdes ou évasives. Je ne pouvais comprendre qu'il pût se trouver des hommes qui se mêlassent d'enseigner ce qu'ils ne connaissaient que superficiellement ; et, ne voulant pas m'exposer au jugement sévère que l'on portait sur eux, je pris la détermination de ne rien négliger pour savoir parfaitement une langue que je prétendais montrer aux autres. Une chose me peinait, c'est qu'il fallait commencer par donner des leçons, avant de connaître à fond ce que j'avais à enseigner.

Me voilà donc à la recherche ; et, pour réussir dans

mon projet, je ne me contente pas de compulser toutes les grammaires, je lis, j'annote, les uns après les autres, les auteurs latins : et, par les découvertes que je fais, je me persuade que l'on peut encore glaner dans un champ où les Vossius, les Sanctius, les Lancelot, les Le Mare et les Broder ont si abondamment moissonné.

Ma tâche était immense : le cadre que j'avais à remplir s'agrandissait de jour en jour ; tous ceux auxquels je fis part de mon projet, le regardèrent comme un de ces desseins éphémères qui avortent toujours à cause de la difficulté de l'exécution. « Pour venir à bout d'une pareille « entreprise, il aurait fallu une tête autrement organisée « que la mienne ; le flegme d'un hyperboréen et une pa- « tience transrhénane y auraient à peine suffi. » A ces réflexions décourageantes venaient se joindre le dégoût et l'ennui inséparables de la lecture d'ouvrages dénués de presque tout intérêt littéraire : tous les auteurs ne sont pas des Cicérons, des Tacites et des Virgiles ; mais voici la tentation la plus forte que j'aie eu à surmonter, épreuve qui a manqué de me faire renoncer à mon entreprise. J'avais d'abord pensé que c'était une grande et noble idée que de composer sur une matière importante un ouvrage plus complet et plus exact que tous ceux qui existent ; je l'avais saisie, cette idée, avec toute l'ardeur dont on est capable à l'âge où je l'avais conçue. Mais l'enthousiasme une fois refroidi par la réflexion, ce qui d'abord s'était présenté à mon esprit comme devant être un titre de gloire, me parut à peine digne d'un peu d'attention. Quand, me disais-je à moi-même, je réussirais au-delà de toute espérance, quel mérite y a-t-il à rapprocher plus ou moins heureusement des phrases laborieusement extraites des auteurs, pour baser des règles de latinité ! Ces considérations étaient peu propres à soutenir mon courage dans un travail aride, long, compliqué. Pour sortir de cette espèce de langueur où je tombais malgré moi, il ne fallut rien moins qu'un vif sentiment de mes devoirs et un désir ardent de me rendre utile. Bientôt mes lectures, que j'avais tant de peine à continuer, me fournirent un préservatif contre l'abattement, et m'enflammèrent même d'une ardeur nouvelle. J'appris que César n'avait point dédaigné de tracer des observations grammaticales de la même main dont il terrassa nos belliqueux ancêtres; que Cicéron, le prince des orateurs, pensait de même, et qu'il fit une étude particulière d'un art qui, au jugement de Quintilien, *est, à l'égard de l'éloquence, ce qu'est la base par rapport à l'édifice, qui est nécessaire aux enfans, agréable aux vieillards.... qui seul a plus de solidité que d'éclat.... qui peut non-seulement aiguiser l'esprit des enfans, mais même servir d'aliment et d'exercice à la plus vaste érudition et aux connaissances les plus approfondies.*

Il n'en fallait pas tant pour m'électriser; et à un âge surtout où, avec des talens bien supérieurs aux miens, l'on ne peut produire rien de durable, je ne pouvais hésiter de m'élancer dans une carrière qui me présentait de tels devanciers. Il n'était guère possible non plus que je restasse tout-à-fait étranger au mouvement qui, depuis quelques années, entraîne tous les esprits vers le perfectionnement de toutes les inventions humaines. Chaque jour voit élever de nouveaux monumens aux lettres latines. Le dix-neuvième siècle compte déjà une foule d'hommes pleins de talens, qui consacrent leurs veilles à augmenter le trésor des bons livres et à agrandir le domaine de nos connaissances littéraires. Souvent aussi les succès de ces savans laborieux ont éloigné le sommeil de mes paupières.

L'on ne peut contester l'importance d'une bonne grammaire latine; mais s'il en existe, je ne dis pas une, mais plusieurs, toutes mes veilles et mes recherches auraient été en pure perte. C'est ce qu'il s'agit actuellement d'examiner.

Ce n'est pas à moi de déprimer ceux à qui nous devons des traités sur la langue latine : leurs remarques m'ont beaucoup servi, soit que j'aie voulu m'appuyer de leur autorité, soit qu'il m'ait fallu réformer leurs décisions erronées, et mon plus beau titre sera peut-être d'être venu après eux ; mais la question n'est pas là : nous avons seulement à rechercher si les ouvrages de ce genre, actuellement existans, sont de nature à satisfaire pleinement, c'est-à-dire, si l'on peut, sans craindre de se tromper, les prendre pour guides, et s'ils contiennent tout ce que l'on peut dire d'intéressant sur la langue qu'ils doivent enseigner. Je prétends qu'il n'en est rien, et je crois pouvoir me flatter que je n'aurai pas de peine à le prouver.

Celui qui veut étudier et connaître aussi bien que possible la langue de Cicéron et de Virgile, recueille avec grand soin ce qu'en ont dit Charisius, Priscien, Diomède, Nonius.... Mais à côté d'observations justes, de remarques utiles, de règles certaines, que d'ennuyeuses répétitions, que de pointilleuses subtilités, que de fausses décisions ne trouve-t-on pas dans leurs écrits ! Point de discernement dans leurs citations, point d'ensemble dans leurs ouvrages : presque tout y est décousu, sans suite ni méthode. Pour un point longuement, trop longuement développé, il en est vingt autres non moins essentiels qui n'ont point fixé l'attention des auteurs. Si l'on ne peut pas toujours croire sur parole Cicéron, Varron et Quintilien[1], qui

(1) Cicéron (or. 45) dit que *capsis* est formé de *cape si vis* (de même que *videsis*). Quint. soutient avec raison qu'il s'est trompé ; puisqu'on trouve dans Plaut. (*Pseud.* 4-3) *si occasionem capsit ;* de même *occepso*, etc. Quintilien à son tour blâme Virgile d'avoir employé (*Æn.* 10-770) *imperteritus*, prétendant que l'opposition des prépositions *in*, *per*, rend la formation de ce mot vicieuse. J'en demande bien pardon à l'illustre rhéteur, il est dans l'erreur ; *imperterritus* n'est pas autrement formé que *impercussus*, *imperfossus*, *imperturbatus*, *imperfectus*. — *Gladius* et *gladium*. Varr. d. l. l. *Qui gladia dixerunt*, *genere exciderunt*. Quint. 1-5. — *Balineæ*, *non balinea*.

ne sont pas même toujours d'accord, que doit-on penser de grammairiens qui ne savent pas seulement distinguer l'époque où leur langue commençait à peine à déposer sa vieille rouille, de celle où, fixée à jamais, et poussée à sa dernière perfection, elle brilla dans les écrits immortels de Cicéron, de Salluste, de César et de Tite-Live?

Parmi les modernes, Vossius tient sans contredit le premier rang. Ce célèbre auteur est le premier qui ait bien compris ce que doit être un traité sur une langue morte, et qui ait fait un ouvrage à peu près complet sur la matière qui nous occupe. Sans modèle qu'il pût imiter, puisque les anciens ne lui avaient laissé que des lambeaux de grammaire, il a réuni, dans ses sept livres, presque tout ce qu'on peut dire de curieux et d'utile sur la langue latine. Il entre dans de justes développemens, quand cela est nécessaire; et, à l'aide d'une immense érudition, il fait intervenir, pour appuyer ses règles, tous les auteurs latins qu'il cite avec un rare bonheur, je voudrais pouvoir dire avec un grand discernement et une judicieuse critique. Si donc ce savant grammairien n'a pas été plus répandu, on ne doit l'attribuer qu'à ses longueurs (il disserte quelquefois, quand il faudrait se contenter d'indiquer) et à la langue dans laquelle il a composé. Pour moi, j'ai été si satisfait de son ouvrage, que s'il me fût tombé plus tôt entre les mains, je me serais probablement contenté de le retoucher, d'y mettre encore un peu plus d'ordre, de rectifier certaines erreurs, et de donner surtout plus d'étendue à la partie syntaxique qui ne peut être traitée à fond que comparativement à une langue formée.

Entre autres grammairiens, plus ou moins fameux après Vossius, se présente Sanctius, qui n'est pas dénué d'éru-

Varr. D. A. R. 8. Malgré la décision du doct. romain, l'on trouve (Pl. j. 2-8) *balineæ*, *fontes*. Voyez Tac., *Ag.* 21; Ovid. *Art.* 3-640; Pl. 23-12; Sen. *Ep.* 86; Suet. *Gal.* 10.

dition, et qui a très bien traité quelques parties de la grammaire. Cependant sa *Minerve* est fort incomplète, et il montre en quelques endroits un pédantisme que je ne puis me dispenser de signaler. Après avoir défini le verbe[1] un mot susceptible de nombre, de personnes et de temps, il ajoute *avec modestie* : « Cette définition est bonne, « parfaite, au lieu que celles qu'en donnent les autres « grammairiens sont absurdes. Ailleurs[2] il appelle les gram- « mairiens *les bourreaux de la langue latine, un troupeau de brutes.* Avec une présomption si dédaigneuse, il ne me semble guère possible de faire quelque chose de bon. Notre auteur ne raisonne pas, il décide, tranche les questions d'un ton doctoral, et veut quelquefois faire prévaloir ses idées sur l'usage et l'expérience[3]. On ne conçoit pas d'après cela que Rollin, le savant Rollin, ait vanté la *Minerve* : et qu'il n'ait rien dit de Vossius.

Sans m'arrêter à d'autres grammairiens, plus ou moins renommés de leur temps, et aujourd'hui tombés en grande partie dans un oubli total, je me hâte d'arriver à l'examen de la grammaire de Port-Royal, qui a eu un si prodigieux succès, et qu'un auteur de nos jours proclame, dans son enthousiasme, *un des monumens les plus glorieux et les plus durables de l'esprit humain*[4]. Effectivement la *Nouvelle Méthode* a toujours eu une réputation colossale,

(1) *Verbum est vox particeps numeri personalis, cum tempore. Hæc definitio vera est et perfecta; reliquæ omnes grammaticorum ineptæ.* Min. 1-12.

(2) *Stolidum grammaticorum pecus.* Ibid. 1-7. *Carnificibus linguæ latinæ.* Ibid. 4-15.

(3) *Superlativa in* limus *ponunt alii; ego tria tantum reperio, simillimus, humillimus, facillimus. Seneca utitur imbecillimus et imbecillissimus, neutrum probo.* Ibid. 1-11.

(4) On ne comprend pas qu'un homme de mérite puisse parler si pompeusement d'un ouvrage qui est loin d'être parfait : quand bien même ce serait un chef-d'œuvre en son genre, l'art grammatical n'aura jamais assez d'importance pour que ceux mêmes qui le cultiveront avec le plus de succès et de bonheur, y trouvent la gloire qui n'est l'apanage que du génie.

qu'elle doit peut-être moins à son mérite, quelque grand qu'il soit, qu'à un heureux concours de circonstances. Outre la célébrité de l'auteur, soutenu par de nombreux amis qui formaient alors un parti puissant (l'on sait avec quel engouement les partis prônent tout ce qui vient d'eux et peut leur faire honneur), un ouvrage où l'on avait su s'affranchir de la coutume d'enseigner le latin en latin même, et où Lancelot montrait qu'il avait sinon compris, au moins entrevu les besoins du monde studieux, dut singulièrement plaire et exciter en sa faveur l'intérêt du public. Nous ne lisons pas en France ; peu d'hommes, par conséquent, auront cherché à connaître les sources où l'auteur avait puisé, et à examiner le mérite intrinsèque de *la Nouvelle Méthode*, qui semblait être *la Grammaire des grammaires latines*. Il n'a donc pas été impossible de la faire passer pour le fruit d'une profonde érudition, pour un effort extraordinaire de l'esprit humain et le *nec plus ultra* de la science grammaticale.

En travaillant sur les grammairiens plutôt que sur les auteurs (qu'il n'a guère consultés, bien qu'il se targue d'une érudition dont Vossius a fait tous les frais), Lancelot pouvait faire un ouvrage intéressant, utile même, mais essentiellement défectueux. Ce que Cicéron a dit des philosophes, on le peut appliquer à juste titre aux grammairiens : *Il n'y a pas d'absurdité si choquante qui n'ait été avancée par quelqu'un d'entre eux.* Prétendre relever toutes leurs bévues, c'est s'engager dans un dédale de détails fastidieux et inutiles, qui grossissent le volume, rebutent le lecteur, au lieu de l'instruire. Les grammaires s'appesantissent souvent sur certaines choses, et glissent légèrement sur des parties non moins essentielles, ou n'en font pas du tout mention. Celui qui les prend pour guides, qui ne sait que se traîner servilement sur les traces d'autrui, sans songer à reculer les bornes de la science, se met dans la nécessité de faire un ouvrage long et cependant incomplet. Comment d'ailleurs, avec de telles dispositions, se défendre de certaines erreurs[1] traditionnelles que tout le monde répète, parce que quelqu'un les a adoptées et mises en crédit? Ce n'est pas tout encore; au lieu de fondre en un même ouvrage toutes les remarques de ses devanciers, de se créer un plan, Lancelot a suivi une marche incertaine, éclairée tantôt par un auteur, tantôt par un autre, d'où il est résulté une telle confusion, qu'il faut commencer par faire une étude du livre avant de penser à apprendre l'art qu'il veut enseigner. Les *vers gothiques* qui figurent en tête de chaque article, et qui, au rapport de Rousseau, *lui faisaient mal au cœur et ne pouvaient entrer dans son oreille*, donnent lieu à d'interminables répétitions; tandis que dans ces sortes d'ouvrages l'exposé des règles ne peut être ni trop clair, ni trop rapide. En voilà plus qu'il n'en faut pour démontrer jusqu'à l'évidence que la *Nouvelle Méthode* n'est qu'un ouvrage fort imparfait; il me reste cependant à prouver que l'auteur n'a point su se garantir d'un défaut capital pour quiconque se donne comme un guide à la jeunesse, celui de manquer d'un jugement sûr, de prétendre tracer le chemin de la science, sans être éclairé du flambeau de la saine critique. Pour ne laisser à ce sujet aucun doute au lecteur, je vais extraire de la *Nouvelle Méthode* quelques passages dont l'examen fera voir en même temps ma manière de penser sur l'autorité des auteurs latins.

(1) Je n'en citerai qu'un exemple entre mille. Vossius ayant prétendu qu'Ovide avait employé *Orpheon* (*Ibid.*, 602), Lancelot aussitôt, sans autre examen, le reconnut, et donna à l'accusatif *Orpheum*, *Orpheon*, *Orphea*: et les auteurs de rudimens, de *jurer sur la parole* du maître, et de regarder *Orpheon* comme incontestable. Il n'est cependant ni latin ni grec: il ne se trouve nulle part, pas même dans Ovide, où il faut lire *Orpheos*, comme le portent les bonnes éditions. *Alpheon* est dans Ovide (*El.* 3-6-29), à la vérité, mais il ne prouve rien, puisqu'il suit en grec une déclinaison différente, et il ne peut faire à l'accusatif que *Alpheum* ou *Alpheon* (voy. 2e déc.).

Adjectifs qui ayant une voyelle devant us, ne laissent pas de se comparer.

Arduior, arduissimus. Caton.
Assiduior. Var. *Assiduissime.* Cic.
Egregiissimus. Pacu. *Egregius* même se trouve dans Juv., comme remarque Prisc. (Suit le vers.)
Exiguius. Ulpien. *Exiguissimus.* Ov. Plin.
Idoneius est dans Tertu., et *Idoneior* dans Pierre de Damiens, et dans les autres des siècles postérieurs.
Industrior. Plaut.
Injurius. Plaut., selon que lit Doza.
Innoxius ou *innoxiius.* Caton.
Necessarius est aussi comparatif dans les siècles postérieurs. (*Necessarior* de Tert. 3. contre Marcien, et *Necessariora.* Ep. aux Cor.)
Piissimus dans Sénèque, Q. Curce, Quint., Tit.-Liv., Plin. Apulée, quoique Cic. le condamne. (Suit le passage.)
Perpetuior, perpetuissimus. Prisc. ex Catone.
Strenuior. Plaut. *Strenuissimus.* Sal.
Tenuior. Cic. *Tenuissimus.* Sal.
Vacuissimus. Ovid.

(Nouv. Méthode, syntaxe, 1-4-5.)

Tout ceci est de Vossius [1]. Lancelot ne s'est même pas donné la peine d'ouvrir la *Minerve* qui lui eût fourni un adjectif de plus.

Tenuis ne devrait pas figurer dans l'exception, puisqu'il n'a point la terminaison énoncée dans le titre [2]. Petite chicane, va-t-on me dire : tant qu'on voudra ; mais je prie le lecteur de ne point oublier qu'il n'est peut-être pas un art qui exige autant d'exactitude que la grammaire. Passons à quelque chose de plus sérieux.

Arduior, arduissimus, exiguius, egregiissimus, perpetuior, perpetuissimus, injurius, ne sont point assez bien établis, pour qu'on puisse s'en servir. Les écrivains antérieurs à Térence ou ses contemporains ne peuvent faire autorité que quand les auteurs du bon siècle les ont imités. Citer Plaute, Caton, Livius, Accius, Lucilius, Ennius, pour prouver qu'une expression est latine, c'est, à mon avis, comme si un étranger venait nous dire que telle locution est française, qu'un mot est de tel genre, parce qu'il les trouve ainsi dans Rabelais, Clément-Marrot,

(1) Excepté que la nouvelle méthode renchérit sur Vossius par les citations dont elle veut appuyer *piissimus.* Elle eût bien dû nous dire dans quel endroit Pline et Tit.-Liv. l'ont employé.

(2) *Pinguissimus (sanguis) asinis, homini tenuissimus.* Plin. 11-38.

Montaigne, ou même dans Malherbe. Tout homme judicieux n'aura donc garde, en indiquant les vieilles désinences, locutions ou tournures d'une langue, de les donner comme bonnes à suivre; il préviendra, au contraire, le lecteur qu'elles sont à remarquer, mais non à imiter. La même observation doit aussi s'appliquer à *idoneius*, *necessarior*, que l'on ne voit que dans les siècles de décadence, et qui ne peuvent faire règle par là même. *Industrior* et *innoxius* peuvent, je crois, être employés sans scrupule, non parce qu'ils se trouvent l'un dans Plaute, et l'autre dans Caton, mais parce que Cicéron et Sénèque s'en sont servis[1].

Assiduior[2], *assiduissimus*, *egregius*[3], *exiguissimus*[4], *piissimus*[5], *strenuissimus*[6], et même *vacuissimus*, me paraissent inattaquables : seulement il est à regretter que Lancelot ne les ait pas appuyés d'un plus grand nombre de citations, quand cela était facile. Je ne voudrais pas faire usage de *strenuior*, que l'on ne trouve plus depuis la fixation de la langue, et qui est même condamné par un ancien grammairien.

(1) *Quis apud populum romanum de illius dignitate industrius, quis senatui sæpius dixit?* Cic., p. d. s. 11. *Omnibus reis noxior ac sollicitior.* Sen. *de clem.* 1-13. *Innoxiissimus.* Ibid. 36.

(2) *Assiduiores.* Varr. d. r. r. 2-9 et 10. *Assiduissime mecum fuit Dionysius Magnes.* Cic. *Brut.* 91. (Il l'a employé encore ailleurs.) *Aurea vasa assiduissimi usus.* Suet. Aug. 71 (et non dans la vie de Galba, comme le veut Sanet).

(3) *Nam nihil egregius quam res secernere apertas a dubiis.* Lucr. 4-479. *Egregius cænat meliusque miserrimus horum.* Juv. 11-12.

(4) *Exiguissima legata*, Plin. j. 7-24, *de fratrum populo pars exiguissima restat.* Ov., *Ep.* 16-115.

(5) *Piissimus.* Tac. *Ag.* 43; Curt. 9-6; Flor. 4-7; Quint., déc. 6; Sen., *Ep.* 34 et 36; Char. 1. (Cic. semble ne l'avoir blâmé que comme nouveau.)

(6) *Strenuissimus.* Veg. d. R. m. 1-3; Sal. C. 61; Tac., *His.* 4-69. — *Vacuissimus.* Ov. ex. Pon. 3-1-141.

(7) *Pius... strenuus... comparativa non possunt habere... superlativa vero habent... piissimus, strenuissimus.* Diom. 1.

Participes en us, *dont les verbes sont rares ou inusités.*

Adultus : apud pastores adultus. Just. *Adulta virgo.* Cic., Hor.
Antecessus : in antecessum dabo. Sen. par avance.
Cessatus : cessatis in arvis. Ovid.
Circuitus : circuitis hostium castris. Cæs.
Cœnatus. (Voyez le titre suivant.)
Cœptus : cœptum igitur per eos, desitum est per hunc. Cic.
Commentatus : commentata oratione. Q. Cic.
Concretus : cujus ex sanguine concretus homo et coalitus sit. Gell.
Conspiratus : assidentem conspirati specie officii circumsteterunt. Suet.
Decessus : custodibus decessis...Cœcil. ou Cœlius, dans Prisc.
Decretus : nocte dieque decretum et auctum. Liv. ou Lœv. dans Prisc.
Decursus : decurso spatio. Cic... Lucr. Solig.
Deflagratus : fana flamma deflagrata. Ennius, dans Cic.
Desitus : desitum est. Cic. *Papisius est vocari desitus.* Cic.
Emeritus : emeritus miles. Luc. *Emeritam puppim.* Mart.
Emersus : e cœno emersus. Cic.
Erratus : pererratis finibus. Virg.
Evasus : exercitum cæsum, evasumque se esse. Liv.
Exoletus : exoleta annalium vetustatis exempla. Liv.
Festinatus : mors festinata. Tac. *Festinatis honoribus.* Plin.
Inservitum : nihil est a me inservitum temporis causa. Cic.
Insessus : saltus ab hoste insessus. Liv. Environné d'ennemis.
Interitus : interitis multis Quadig., dans Prisc.
Inveteratus : inveterata querela... amicitia. Cic.
Juratus. Plaut., Turpil., Cic. Celui-ci ne doit pas surprendre, puisqu'on dit *juror*, d'où vient *juratur* dans Luc., et *jurabere.* Sta.
Laboratus : arte laborata vestis. Virg.
Nuptus : nova nupta. Ter. *Novus nuptus.* Plaut.
Obsoletus : obsoletum amicum. Q. Curce...
Obitus : obita morte. Cic., Virg., Tac.
Occasus : ante solem occasum. Plaut. C'est pourquoi A. Gell. dit : *sole occaso, non insuavi venustate est*...
Placitus : ubi sunt cognitæ, placitæ sunt. Ter. *Placita disciplina.* Col.
Præbitus : ubi quoque Romæ ingens præbitus error. Liv.
Properatus : carmina properata. Ov. *Properantur.* Plin. *Properandus.* Virg.
Reduntatus : redundatas flumine cogit aquas. Ovid.
Regnatus : regnata per arva. Virg. *In gentibus quæ regnantur.* Tacite.
Requietus : requietum volvunt ævum. Col... Sen.
Successus : cum omnia mea causa mille velles successa, tum etiam tua. Cic. *Successis bonis.* Plaut.
Titubatus : vestigia titubata solo. Vir.
Triumphatus : triumphatis Medis. H. *Triumphata Corinthus.* Virg.
Vigilatus : vigilatæ noctes. Ov. *Vigilandæ noctes.* Quint. Et de même *evigilo : evigila consilia.* Cic.

Dans cette longue liste, Lancelot a seulement ajouté à Vossius *circuitus*, *cœptus*, *commentatus*, *desitus*, *inservitum*, *insessus*, *placitus*, *præbitus*, *conspiratus*.

Cœptus, *desitus*, *placitus*, ont été ajoutés avec raison ;

mais pourquoi omettre *osus*, *fisus*, *ausus*, *mœstus*, *gavisus*, *solitus*, *licitus*, *pertæsus*, qui rentraient nécessairement dans la même catégorie ?

Commentatus et *præbitus* sont probablement tout étonnés de se trouver en telle compagnie. Les grammairiens sommeillent quelquefois à l'imitation du bon Homère. Ranger parmi les participes de verbes neutres (ou prétendus tels) celui d'un verbe déponent, suppose une précipitation peu excusable dans un grammairien [1]. *Præbitus* dénote une irréflexion non moins incroyable. Était-il à remarquer qu'un verbe actif (*præbeo*) a le participe passé ? *Insessus* (dont Lancelot n'a pas même compris le sens en traduisant *saltus ab hoste insessus*, environné d'ennemis), ne présente rien que de régulier, *insideo* étant employé activement par Salluste, Tacite, César et Tite-Live : *obsessus*, *circumsessus*, n'ont jamais donné lieu à observation. *Inservitum* n'est pas non plus très heureusement placé ici, puisque tout verbe neutre ayant un supin peut s'employer de la même manière. (*Circuitus*, voyez *obitus*.)

Adultus, *senectus*, *cessatus*, *titubatus*, *requietus*, *redundatus*, *exoletus*, *obsoletus*, ne donneraient lieu à aucune observation, si ce n'est qu'au lieu de *requietus*, j'aurais voulu voir d'abord le primitif *quietus*, puis les composés *inquietus*, *requietus*, *irrequietus*; comme aussi *exoletus* et *obsoletus* auraient dû ne donner lieu qu'à un seul article, comme composés du même verbe. Il était encore assez juste d'y joindre [2] *status*, *clamatus*, *ululatus*,

(1) *Emeritus* mérite la même censure.

(2) *Ad stata signa*. Ov. *f*. 1-310. *Stato die*. Suet. Claud. 1. *Statis auctibus ac deminutionibus*. P. j. 4-30; Cic. *of*. 1-12. *Ut clamata silet*. Ov. *fas*. 4-573. *Clamataque palma theatri*. Ib. 5-184; Mart. 1-50-30; Sil., it. 12-33. (Il se prend activement.) *Ululata Hecate triviis*. V. O. 4-609; *Val.*, *f*. 4-608; *Sta*. Sil. 1-3-85; Id. The. 1-328. *Stimulans grato plausæ cervicis honore*. *Sil.*, *It*. 4-364. *Plausis alis*. Ov., *m*. 14-234. *Certatus orbis*. Sil., *It*. 17-337; Claud. 21-21. *Certandus*. Liv. 25-3. *Cretus*. V. *Æn*. 2-74; 3-608; 8-335; Ov., *m*. 4-604. Tacitus, partout.

plausus, certatus, tacitus, cretus : ce dernier semble d'autant plus nécessaire que *concretus*, *decretus*, *excretus*, qui en dérivent, s'y rattachent naturellement.

Circuitus, *obitus*, *properatus*, *festinatus*, viennent de verbes tellement usités, tant au passif qu'à l'actif, qu'il serait superflu d'en citer des exemples.

Regnatus[1], *vigilatus*, *laboratus*, *triumphatus*, quoique moins usités, rentrent dans la même classe.

Decessus, *interitus*, *occasus*, ne sont jamais employés par aucun homme doué de quelque discernement, puisque ces participes ont cessé d'être en usage dès que la langue a été formée.

Je pourrais entrer dans de plus longs détails, je pourrais passer en revue la plupart des chapitres de la *Nouvelle Méthode*; mais il faut mettre des bornes à cette préface, qui paraîtra peut-être trop étendue. L'on ne voit que trop le peu d'exactitude, les nombreuses omissions qui se trouvent dans cet ouvrage.

Je ne puis omettre une dernière observation ; c'est que, malgré l'érudition de Vossius, qui a fait la fortune de Lancelot, l'on désirerait souvent des citations plus multipliées et des exemples mieux choisis. Une expression surannée, empruntée d'un ancien poète, semble à ces auteurs sans goût une autorité respectable ; mais il reste une fâcheuse incertitude dans l'esprit du lecteur qui a un peu de discernement. Quel est l'homme, doué d'un peu de rectitude d'esprit, qui oserait faire usage du participe *deflagratus*[2]

(1) *Noctes vigilare serenas*. Lucr. 1-148. *Noctes vigilantur amaræ*. Ov. *m*. 7-554. *Vigilandus*. V. G. 1-313. *Mithridates, ne triumpharetur, neve pœnas capite expenderet*. Tac., *An*. 12-19. *Exceptis gentibus quæ regnantur*. Tac., *m*. G. 25 et 45. *Regnandus*. V. *Æ*. 6-770. L'on pourrait ajouter à ces verbes, *natare*, *pugnare*, *saltare*, *ludere*, *sitire*, *sudare*, *flare*, *intrare*, *penetrare*, *plorare*, *navigare*, *peccare*, *etc*. Presque tous les verbes appelés neutres peuvent s'employer activement. Il en sera longuement parlé dans cet ouvrage. — *Eo iter, navigo pontum, ardeo uxorem*. Prisc. 18. *Campus curritur, mare navigatur*. Q. 1-4-28.

(2) *Urbs conflagrata incendio*. Cic. ad Hor. 4-8. Il est aussi dans les Catilinaires. *Naves incendio sunt conflagratæ*. Vit. 10-22.

(voyez plus haut), sur la foi du vieux Ennius ? Cependant on peut l'employer, sans hésiter ; outre l'autorité d'Ennius, l'on peut se prévaloir de celle de Cicéron et de Vitruve. Ainsi ils peuvent induire en erreur de deux manières, soit en présentant au lecteur crédule, comme de bonne latinité, un mot qui en est loin ; soit en empêchant, par le mauvais choix de leurs citations, le lecteur judicieux de se servir d'expressions très latines, mais qui ne sont pas démontrées telles dans leurs ouvrages imparfaits.

Tous ceux qui sont venus après Lancelot, et dans le nombre desquels se trouvent des hommes d'un mérite que je me plais à reconnaître, n'ont pu, partant d'un faux principe, arriver à un heureux résultat. Tous se sont persuadés[1] que l'art grammatical avait *été porté par les travaux des hommes érudits* à un tel point de perfection, qu'il ne restait plus *de découverte à faire dans une route tant de fois battue*. Conséquemment aucun effort de leur part pour étendre le cercle de la science ; tout s'est réduit chez eux à présenter de nouveaux systèmes de grammaire, à mettre dans un ordre plus clair les matériaux qu'ils trouvaient dans les ouvrages de leurs devanciers. J'aurais pu me dispenser de parler d'eux, puisqu'ils se sont proposé un but bien différent du mien ; mais comme ils se sont assez étendus sur la partie syntaxique, et que je les aurai à combattre sur ce terrain, il n'était pas convenable de les passer sous silence. De plus, tout en proclamant que *tout est dit,* ils ont quelquefois, par une heureuse inconséquence, fait des remarques qui avaient échappé à leurs prédécesseurs.

Ce serait une erreur de penser que les auteurs des grammaires abrégées, se trouvant dans l'impossibilité de faire connaître toutes les anomalies du latin, ont tracé rapide-

(1) Préjugé funeste. Si M. Le Mare eût su s'en garantir, il nous aurait donné probablement, au lieu de *son Cours* compliqué de la *langue latine*, le *Traité complet* dont je me suis imposé la tâche pénible, mais qui eût été bien plus digne des suffrages du public, sorti de si savantes mains.

ment des règles générales, et indiqué les exceptions de manière à ne pas donner lieu à la méprise[1]. Qu'on ne s'imagine pas non plus qu'en tout ils ont suivi ce qu'il y avait de plus exact et de plus usité : cela leur était impossible. Posant, en thèse générale, que la connaissance de leur art était poussée aussi loin que possible, ils se sont privés du secours de ce *doute méthodique*, qui seul fait apercevoir les abus introduits par la routine, qui seul peut asseoir les sciences et les arts sur une base inébranlable.

Peu de grammaires (je parle toujours des modernes) sont ce qu'elles devraient être sous d'autres rapports. Quelqu'un prétend-il initier les enfans dans les premiers élémens de l'idiome romain ; qu'il soit correct, clair, précis, rapide; qu'il généralise tout, même les exceptions, s'il le peut, et qu'il n'aille pas s'engager dans un dédale d'irrégularités dont la connaissance n'est pas absolument indispensable. Vise-t-on à quelque chose de plus relevé, aspire-t-on à l'honneur, non plus de diriger les commençans, mais de donner au public un ouvrage que les élèves avancés et les

(1) Rien de plus aisé, ce semble, que d'exposer les déclinaisons clairement et succinctement, en sorte que les jeunes élèves que l'on oblige à faire des thèmes, et qui n'ont pour guide que leur rudiment, ne soient pas journellement exposés à faire des barbarismes. C'est cependant une chose dont on n'a pu venir à bout. Rien de plus défectueux, par exemple, que les règles qui concernent l'ablatif singulier et le génitif pluriel de la troisième déclinaison. Il est impossible de bien décliner plusieurs noms, à l'aide, je ne dis pas d'une, mais de toutes les grammaires élémentaires réunies. L'une d'elles, au lieu de renfermer dans une même classe tous les noms analogues qui font *ium*, en donne une liste qui ne peut être complète, quelque étendue qu'elle soit. Une autre généralise l'exception; puis au moment où l'on s'attend naturellement à l'énumération des noms qui s'en écartent, on trouve une longue kyrielle de noms compris pour la plupart dans la règle qui vient d'être établie. Lhomond, Gueroult, et Tricot avant eux, avaient entrevu la vraie manière d'apprendre aux enfans, sans surcharger leur mémoire, les noms qui ont le génitif en *ium ;* mais après avoir posé la règle, ils s'arrêtent tout court, en disant que l'usage fera connaître les exceptions. Ou ils les connaisaient, ces exceptions, et alors ils ont eu grand tort de les omettre (c'était l'affaire de quelques lignes); ou ils les ignoraient en partie, et dans ce cas, c'est s'abuser et tromper le lecteur que de lui dire que l'usage lui apprendra ce qu'il n'a point appris à ceux mêmes qui ont blanchi dans l'enseignement.

maîtres puissent consulter avec fruit ; alors plus de lacunes, plus de règles hasardées : il faut alors faire preuve de connaissances étendues, fixes, résultat d'un travail opiniâtre et consciencieux ; qu'à l'aide d'un raisonnement juste et solide, toujours appuyé sur l'analogie et l'usage, tout s'éclaircisse, tout se développe, et qu'il ne reste plus rien d'équivoque, de douteux, à moins que les secours ne manquent. Au lieu de cela, presque toujours l'on a donné des ouvrages *amphibies*, trop longs pour les écoliers, trop restreints, trop bornés, trop peu savans pour les professeurs, lesquels y chercheraient en vain la solution des nombreuses difficultés qui viennent chaque jour les embarrasser, et qui les obligent à des recherches longues, pénibles, qui cependant n'aboutissent quelquefois à rien [1].

(1) Il me serait infiniment facile d'administrer des preuves nombreuses; je le ferai dans le cours de cet ouvrage. Je m'empresse de terminer, de peur de faire, au lieu d'une préface, un volume.

TRAITÉ COMPLET

DE

LA LANGUE LATINE.

PREMIÈRE DÉCLINAISON.

Au lieu du génitif *æ*, on disait autrefois *ai*, ce que les poëtes ont quelquefois suivi : *animai* (PLAUT., Aul., 2); *magnai republicai* gratia (Id., M. Glor.) ; et Lucrèce en fournit des exemples, 1, 30, 42, 413, 212, 414, 659, 1014, et *passim* : *materiai*, natura *animai*, mœnera *militiai*, decursus *aquai*, in nobis *vitai* claustra resolvit, *viai*, *flammai* fulgura, *horai* tempus, tempusque *fugai*, *Iphinissiai*... *terrai*que solum... *aulai* in medio (V., Æ., 3-354); *aquai*, ibid. 7-464, 9-26, 6-747. (Voy. les adjectifs). Quum vero vis est vehemens exorta *Nepai* (CIC., Phœ., 492); pectusque *Nepai*, ib., 36. Quelque imposantes que soient ces autorités, on ne peut guère l'employer, même en vers, puisque Horace et les autres poètes postérieurs à Virgile se sont abstenus de cette forme, qui ne reparaît que dans les écrivains du IIIe ou IVe siècle : Nescivit *herai*[1] imperium (AUS., Idy. 7).

---

(1) Martial (11-91) se moque avec esprit d'un de ses contemporains qui s'extasiait sur *terrai*, *frugiferai*; le poëte rejette avec mépris cette vieille terminaison, qui ne peut, semble-t-il dire, décemment figurer que dans Accius et Pacuvius.

Les Latins, qui avaient emprunté des Grecs leur génitif *ai* (d'où est

Avant de passer au pluriel, j'ai à parler de trois sortes de noms tirés du grec :

1° Le modèle en *e, es, æ, en,* renferme beaucoup de noms propres féminins : Cybele, Daphne, Helle, Helice, Aristomache, Arachne, Antigone; les noms d'arts ou de pays qui suivent ce modèle ont aussi la terminaison ordinaire : musica[1], ce; oda, de; poetica, ce; physica, ce; rhetorica, ce; epitoma, me; hyperbola, le (Q., 8-4); Sparta, te (Ov. *Ep.* 1-65); Phœnicia, ce (*Phœnices* ora, Curt., 4-5-10); Europa, pe (*Europen,* P. M., 1-1); Lybia, bie; Mitilena, ne (transiere *Mitilenen,* Curt., 5-5-22); Helena, ne (*Helenen* Menelaus habebit, Ov.. *Re.*, 65; *Helene* ne sola jaceret, id., *Art.*, 2-359; accusoque Parin, prædam, *Helenam*que reposco, id., M., 13-200); Ariadne, na (Lyncibus in cœlum vecta Ariadna tuis, Prop., 3-16-7).

2° Les noms terminés en *es, æ,* sont masculins : Alcides, Peliades, Anchises, Anchisiades, Anagnostes (Nep., 25-13); Aliptes, Schæmobates (Juv., 3-76); Lyristes (Pl., J., 9-17); geometres (Sen., *Ep.*, 88); Getes (Dacisque *Getes* admistus, Lucan., 3-95); Spartiates (Cic., *Ep.*, 5-12); Perses (Persan; Perseus, nom propre, suit aussi ce modèle; Perses, æ); Eliates (Sen., *Ep.*, 88); Epirotes (N., 21-2); Scythes (Hor., *Car.*, 2-11, 4-5); planetes, ta; cometes, a; Araxes, æ ou is; Euphrates, æ ou is; Hydaspes, æ ou is (Curt., 4-5); Meneclides, *dæ* ou *dis;* Apelles, is ou æ (præter Apellen, Hor., *Ep.*, 2-1-268).

---

venu *æ; ai* en retranchant le ς des Eoliens, qui disent μοῦσαις), l'ont aussi terminé en *as*, à la dorienne : *Escas*, *Latonas*, *monitas* (Liv., *An.*); *terras*, *fortunas* (Næv.); *Alcumenas* (Plaut., *Amp. pro.*); *comedias* (id., *Pœn. prol.*). De là est venu le génitif *familias* (*a*), usité dans *pater*, *mater*, *filius-familias* (bien que *familiæ* pût encore se dire: *pater-familiæ* (Cæs., B. G., 6-19; Liv., 2-30; Sen., *Ep.* 86; Liv., 2-36).

(1) *Ars* sous-entendu.

(*a*) Primæ declinationis genitivum in *as* solebant antiquissimi terminare; inde adhue *pater*, *mater-familias*, pro *familiæ*, solemus dicere.... dicitur tamen et pater-familiæ.... patres-familiarum (Prisc., 6).

Ces noms, auxquels les rudimens donnent *e* pour terminaison du vocatif, l'ont souvent en *a*[1] (comme en grec), surtout dans les noms propres : Desine, *Meneclida*,... de uxore mihi exprobrare (N., 15-5)! conjugio, *Anchisa*, Veneris dignate superbo (VIRG., *Æn.*, 3-475).... qui scribit prandia sævi Tereos, aut cœnam, crude *Thyesta*, tuam (MART., *Ep.*, 4-49); tute, *Thyesta*, damnabis (CIC., *Tusc.*, 3-12; SEN., *Thyes.*, 781); ut foret exemplum veri Phocœus amoris, fecerunt furiæ, tristis *Oresta*, tuæ (OV., *Tris.*, 1-5-21); aggrediar te, *Oresta*, furabor libens (SEN., *Aga.*, 952); aio te, *Æacida*, Romanos vincere posse (Q., 7-9); arma cape, *Æacida* (OVID., *Ep.*, 3-87; id., M., 7-800; *Æacide*, id., *Ep.*, 8-7); hæc mala, o stultissime *Æeta*, ipse tibi addidisti (CIC., *Tusc.*, 3-12[2]); succede meis, ait, inclyte, tectis, *Cecropida* (OV. M., 5-549).

3° Les noms en *as* ont ordinairement l'accusatif en *an*, *am*: *Boream* sub rege vident (VAL. FL., 1-604; OROS., 1-2); *Borean*, Eurumque Notumque monte premat (STA., *Sil.*, 3-2-45); *Æneam* immisso contendere curru conspicit Atrides (Epit. Ilia., 509); si quem impium, qui patrem verberaverit, *Æneam* vocemus (CIC. *ad Her.*, 4-34; VIRG., *Æn.*, 1-581); et profugum *Ænean*, altæ primordia Romæ (OV., *Art.*, 3-337); *Achillan* (CÆS., b. c. 3-104, 112); tum *Bitian* ardentem (VIRG., *Æn.*, 9-703); fortemque *Gyan* (VIRG., *Æn.*, 1-222); inde *Gyan* ipsamque ingenti mole Chimæram consequitur (ibid., 5-222); mater *Hyan*, mœstæ flevere sorores (OV., *Fast.*, 5-179); quum occidisset *Bagoan* (CURT., 6-4); barbaricoque *Mydan*, aderat nam forte canenti, carmine delinit (OV., M.,

---

(1) *Anchises, sa; Chryses, sa; Atrides, da* (CHAR.).

(2) Quelques-uns de ces noms suivent aussi la troisième déclinaison : *Meneclidem* (N. ibi.); *Orestem* (CIC. *D. F.*, 1-20). *Orestis*, au rapport d'un grammairien, est même dans Cicéron et dans Salluste, ce qui n'est pas surprenant, puisque beaucoup de noms propres de la première déclinaison grecque se trouvent de la troisième en latin : *Socrates, Alcibiades*.... D'ailleurs, il se trouve dans un autre auteur : Exclusi ab Heraclidis *Orestis* liberi (PAT., 1-2).

11-162) ; ad regem traxêre *Mydan* (alii *Mydam*), ibid., 92 ; Hyppian, Hyppiam (Liv., 42-39, 54). De même, Iarbas, Cinyras, Iolas, Hylas, Eurotas, Lichas (Ov., M., 6-98, 9-229 ; Mart., 9-20, 67 ; Ov., M., 10-169, 438 ; Sil. It., 4-364 ; Virg., Æ., 11-640, et ibid. 4-196). Epaminondas, Theondas, Hermagoras, Anaxagoras, Protagoras, Prusias, Tiresias, Amyntas, Phidias, Cineas, Philotas, devraient suivre le même modèle ; cependant je n'ai guère vu que *Epaminondam*, *Theondam*, etc. Quant à *tiaras*, que les rudimens supposent avoir l'accusatif en *an*, je ne l'ai point trouvé à ce cas, excepté dans Donat, qui le fait régulier : *tiaram* ; ce qui semble préférable, comme de dire *tiara* au nominatif (comme en grec).

Il y a d'autres noms qui, quoique réguliers partout, prennent cependant *an*[1] dans les poètes, quand la mesure l'exige : *Andromedan* alius spectat (Ov., *Ep.*, 18-150) ; non ego Titanas canerem, non *Ossan* Olympo impositam (Prop., 2-1) ; ut ferat *Ossan* Olympus (Ov., F., 1-307 ; Lucil. J., Æt. 49) ; *Maian* et *Electran*, Taygetenque Jovi (Ov., F., 4-174) ; at *Maian*, auditis si quidquam creditis, Atlas.... generat (Virg., 8-140) ; quod si nunc aliquis patriis rapturus ab undis *Deidamian* eat (Sta., *Ac.*, 5-81) ; ad urbem *Gazan*.... venit (Curt., 4-5-10).

Les poètes font quelquefois une contraction au génitif pluriel : Mœnia *Dardanidum* (V., Æ., 2-242) ; castraque *Dardanidum* adspectat (ibid., 10-4) ; *Grajugenum*que domos suspectaque linquimus arva (V., Æ., 3-550, 8-127) ; monstra *terrigenum*... gigantum (Val. F., 2-18). De même *caprigenum, omnigenum* (Virg. cité par Prisc., 7). Genus *Æneadum* (V., Æ., 1-565, 10-120 ; et Lucr., 1-1) ; variusque per ora cucurrit *Ausonidum* turbata tremor (V., Æ., 11-297, 10-564, 12-121) ; Mars perdere gentem immanem *Lapithum* valuit (Virg., Æ., 7-305) ; sic *famulum* matrumque dolor (Val. Fl., 3-282) ; *cœlicolum* rex (V.,

---

(1) *Accusativum græcum in finem in* an *invenimus a poetis proferri, sed raro : Namque ferunt raptam patriis* Æginan *ab undis* (Sta., *Th.*, 7-319). Prisc. 7.

Æ., 3-21); genus *agricolum* (Lucr., 4-600); aut *Numidum* gentes, Cappadocumve petas (Mart., 12-26); *Nūmidum*que [d'autres lisent *Nomadum*] tyranni odere (V., Æ., 4-320, 535). D'autres noms se contractent même en prose avec les noms de nombre (voyez *deuxième Déclinaison* et *Noms de nombre*) : Accusatio trium [1] *nundinum* (Cic. p. d. s.); minor nulla erat duum millium *amphorum* (Cic. *Fam.*, 12-15; Pl., 6-22); *tetradrachmum atticum* centum viginti millia (Liv., 39-7).

Priscien et R. Palémon comptent jusqu'à sept noms qui ont le datif et l'ablatif en *abus* : *natabus*, *filiabus*, *deabus*, *equabus*, *mulabus*, *libertabus*, *asinabus*. Les modernes y joignent *famula*, *serva*, *socia*, *anima*, *domina*, et tout récemment on vient d'y ajouter *vicina*. Je ne vois pas pourquoi on ne ferait pas le même honneur à *cerva*. Voici ce que j'ai pu recueillir dans les auteurs relativement à cette terminaison : *Filiabus* (Cat. dans Prisc.); diis *deabus*que immortalibus (Cic. *de Leg.*, 3-2); me... ob eximiam speciem tantis prætulit *deabus* (Apul. M. 4, p. 68); *libertabus* (Modest., 1-105, et dans une inscription); relictis *conservabus* (Scæv. cité par Vossius). *Animabus* se trouve dans tous les écrivains ecclésiastiques, et Vossius prétend même que Sénèque s'en est servi (cont. 12); mais les bonnes éditions, entre autres celle de Deux-Ponts, portent *anima*. Misit unam e *famulabus* suis (St.-J., *Exo.*, 2-5); *filiabus* virginibus ministris (L. Amp., 15). Au lieu de *deabus*, Varron (D. 7. 7. 3-16-5) a mis *diis* : Ut his *diis* Helicona atque Olympum attribuerunt homines. Sed ex his *equis* qui nati pulli, non plus triennium vivunt (ibid., 2-1-19); *equis* (Col., 6-37-8); tenuissimum [lac] camelis, mox *equis*, crassissimum asinæ (Pl., 11-41); *asinis* a fœtu [mammæ] dolent (Plin., 11-40); *filiis* propter

---

(1) *Cicero pro Cornelio : Primo ex promulgatione* trinundinum *dici ad ferendum potestasque venisset. Amphorum pro amphorarum* (Prisc. 7). Amphoram si declines, amphorarum facit; at ex hac conjunctim decem millia amphorum dicimus, item modium, sextertium, nummum (Char. 1).

objecta innocens sum Nerei (En. dans Prisc. 7; Plaut., *Pœn.*, 5-3); effugiunt qua quæque potest : Eubæa duabus, et totidem *natis* Andros fraterna petita est (Ov., M., 13-660).

Je ne sais si je me trompe, mais je pense que tous ces noms font plutôt *is*, d'après la règle générale, à l'exception de *dea*; comme les anciens mettaient ordinairement ce mot immédiatement après *deus* (dei deæque), il fallait bien lui donner une forme différente au datif, et dire *diis deabusque*, comme Cicéron l'a fait, à l'exemple des anciens. Si, en cela, il faut suivre la règle généralement adoptée, de chercher ses autorités dans les beaux siècles de la langue latine, et de n'admettre les mots et les formes en usage chez les anciens et que les auteurs du IIIe et IVe siècle de notre ère ont fait revivre, qu'autant qu'ils peuvent être justifiés par des exemples extraits des bons auteurs, on sera obligé, sinon de s'interdire entièrement (ce que je n'ose pas encore prononcer), au moins de n'employer qu'avec beaucoup de réserve cette terminaison qui sent l'antiquité, et qui n'est pas nécessaire, comme on l'a prétendu, pour distinguer *famula, equa*..., de *famulus, equus*.... C'est ce dont on peut se convaincre par l'examen des exemples précités. Dans quels auteurs voit-on ces datifs en *abus?* dans Caton [1] ou dans des écrivains du même temps, ou bien dans Palladius, saint Jérôme, et les anciens grammairiens qui vivaient dans ces temps malheureux où tout, jusqu'à la langue, se détériorait; mais Pline, Columelle, Ovide..., n'en ont point fait usage [2].

---

(1) On trouve dans les vieux écrivains *habus, illabus, eabus, captabus, raptabus, puellabus, pudicabus, portabus, oleabus*. On voit aussi *ibus* pour *iis*. Voilà probablement d'où vient *duobus, duabus, ambobus*, qui n'ont pu se réformer, étant d'un usage journalier.

(2) Il y avait plus de deux mois que cet article était terminé, quand j'ai trouvé un passage d'un ancien grammairien qui confirme mon opinion; le voici : Quod dicit, *ab his mulabus, filiabus, deabus*, nos dicere debere; sciendum est propter testamentorum necessitatem. Nam hæc pauca dicit Probus contra artem esse suscepta; nec nos debemus ad

DEUXIÈME DÉCLINAISON.

Dans la deuxième déclinaison, il faut remarquer trois terminaisons principales : celle en *us* renferme des noms masculins et féminins ; celle en *er, ir,* des noms masculins seulement ; celle en *um* des noms neutres. Cette déclinaison ne présente (à l'exception de certains noms tirés du grec, dont on traitera en particulier) rien d'embarrassant, si ce n'est au vocatif singulier et au génitif pluriel. Les noms en *er* ont le vocatif semblable au nominatif ; mais il y a des noms propres en *er* venant du grec, qui ont aussi le vocatif en *e* : Quid si me, *Meleagre,* tuam memor esse sororem, forte paro facinus (Ov., *Met.*, 9-149) ; summa tuæ, *Meleagre,* fuit quæ gloria famæ...! (Mart., 1-17.) Mais on dit aussi *Meleagrus* ou plutôt *Meleagros* : Inscius atque absens flamma *Meleagros* in illa uritur (Ov., M., 8-515). De même *Leander, Leandros, Teucer, crus, Menander, dros* : Si tibi tale fretum, *Leandre,* fuisset (Ov., T., 3-10-41 ; *Ep.*, 19-1) ; *Teucrus* Rhœteus primum est advectus ad oras (V., Æ., 3-108) ; librorumque tuos, docte *Menandre,* sales (Prop., 3-20) ; dum fallax servus, durus pater, imbroba lena vivent, dum meretrix blanda, *Menandros* erit (Ov., 1-15-18). De même *Thymber, Mœander* : Rutulis cecidistis in arvis.... Laride... *Thymber*que, simillima proles (V., Æ., 10-391) ; nam tibi, *Thymbre,* caput Evandrius abstulit ensis (ibid., 394) ; jam flumine mixtus, *Mœandre,* tuo (Claud., 20-263 ; Sil., 7-139). Ces vocatifs sont grecs, puisqu'ils suivent pour modèle λόγος dans cette langue [1].

---

istorum similitudinem alia derivare (Serv. in D. 2). Voyez aussi le grammairien Clédonius, qui s'exprime à ce sujet d'une manière plus précise encore.

(1) Il paraît que, dans l'origine, tous les noms de cette déclinaison avaient le vocatif en *e* : Age, age, *puere,* duce me (Cæcil. dans Prisc., 6). On disait au nominatif *puerus,* comme de *Iberus* l'on a fait *Iber,*

Les noms en *us* ont ordinairement le vocatif en *e*, sur le modèle de la déclinaison grecque. *Deus* a le vocatif semblable au nominatif; c'est la seule exception de ce genre, d'après Port-Royal, Broder et Gueroult. Lhomond, le rudiment des Jésuites et M. de Blinières y ajoutent *chorus* et *agnus*. *Pinus* suit la même règle d'après Tricot et MM. Pelletier et Lefranc; M. Boinvilliers, qui ne parle pas de *pinus*, indique *fluvius* avec *chorus*, *agnus*, *Deus*. Port-Royal prétend que ce n'est qu'à l'imitation des Attiques que l'on peut dire *o chorus*, *o agnus*, *fluvius*, et que ces noms se terminent plutôt en *e*. *Chorus* se trouve dans S. Apol. (car. 22-17) : Naiadas istic, Nereidum *chorus* alme, doce. Vossius, qui cite ce passage, affirme que ce n'est point par licence que l'auteur s'est servi de cette forme. *Agnus* se trouve dans les écrivains ecclésiastiques. Semper honore meo, semper celebrare donis, corniger Hesperidum *fluvius* regnator aquarum (V., Æ., 8-77). En vain objecterait-on que l'on trouve des exemples semblables avec des noms dont le vocatif n'est pas douteux [1]; nous devons, ce me semble, suivre ces autorités, jusqu'à ce qu'on nous montre dans de bons auteurs *chore*, *agne*, *fluvie* ou *fluvi*. Quant à *pinus*, c'est différent. (*Voy.* la IVe Déclinaison.)

Panthus fait *Panthu*, Melampus *Melampu* : quo res cumque *Panthu* (VIRG., *Æn.*, 2-312); venerande *Melampu* (STA., *The.*, 3-546 et 573). Mais ce dernier est aussi de la troisième déclinaison : *Melampodis* fama (PLIN., 25-5).

Genius, *filius*, et tous les noms romains avec une semblable terminaison, ont le vocatif en *i* : Magne *geni*, cape thura libens (TIB., 4-5); accipe, *Pompei*, deductum car-

---

de *prosperus prosper*. (*Prosperus*, d'après Priscien, livre 6, se trouve même dans le sixième livre de la *République* de Cicéron.)

(1) Degener o *populus* (LUCA., 2); audi, Jupiter; audi, pater patrate populi albani; audi, *populus albanus* (LIV., 1-24); o vir fortis atque *amicus* (TER., *Phor.*, 2-2-10); salve, *genius* urbis (AUS., *Or.*, n. us., 13-31); adsis, lætitiæ *Bacchus* dator (V., Æ., 1-734); vos, o *Pompilius* sanguis (HOR., *Art poétique*).

men ab illo (Ov. *ex Ponto*, 4-1-1); tu quidem, *Vellei*, non vestro more, sed dialecticorum.... argumenti sententiam conclusisti (Cic. *de N. D.*, 1-32). La lettre *e* a été supprimée dans ces noms ; on a dit primitivement, *o Virgilie, o Mercurie* (Prisc., 7).

(*Voy.* plus bas pour les noms qui se rapprochent du grec.)

Passant[1] au génitif pluriel, nous allons nous étendre assez longuement sur ce point, qui n'a été traité d'une manière complète par aucun grammairien. Ce génitif, comme on sait, finit en *orum;* mais les Latins faisaient une syncope avec certains mots. Cicéron[2] nous apprend qu'à l'imitation des anciens il se sert de *fabrum, procum,* plutôt que de *fabrorum, procorum;* que l'usage était de dire *liberum*

---

(1) Autrefois le nominatif et le datif pluriel se terminaient en *ei, eis:* Captivei (Plaut.); in heis (Varron).

(2) Atque etiam a quibusdam sero jam emendatur antiquitas, hæc reprehendunt : nam pro *deum* atque hominum fidem *deorum* aiunt. Ita credo; hoc illi nesciebant; an dabat hanc licentiam consuetudo? Itaque idem poeta, qui inusitatius contraxerat « *patris mei meum factum pudet* » pro meorum factorum, « *exitium examen rapit* » pro exitiorum, non dicit *liberum,* ut plerique loquimur, quum cupidos liberum, aut in liberum loco dicimus, « neque tuum unquam in gremium extollas liberorum ex te genus.... namque Æsculapi liberorum... » At ille alter in Chryse, non solum « cives, antiqui amici majorum meum, » quod erat usitatum; sed durius etiam, « consilium augurium, extum interpretes. » Idemque pergit, « postquam prodigium horriferum, portentum pavos »; quæ non sane sunt in omnibus neutris usitata. Nec enim dixerim tam libenter armum judicium, etsi est apud eumdem (nihilne ad te de judicio armum accidit), quam armorum. Jam ut censoriæ tabulæ loquuntur, fabrum et procum, audeo dicere, non fabrorum at procorum. Planeque duorum virorum judicium, aut trium virorum capitalium, aut decem virorum litibus judicandis, dico nunquam. Atqui dixit Astius : « Video sepulcra dua duorum corporum » ; idemque, « mulier una duum virum »; quid verum sit intelligo. Sed alias ita loquor, ut concessum est, ut hoc, vel proh deorum, alias ut necesse est, quum trium virum, non virorum ; quum sestertium nummum, non nummorum, quod in his consuetudo varia non est (Cic., *Ora.*, 46). *Voy.* Quint., 1-6-18, et Varr., l. l., qui sont d'accord avec Cicéron, voyez aussi Charisius, l. Cette contraction fut peut-être d'abord tout simplement le génitif grec ; du moins les exemples suivans autorisent à le supposer : Coloniæ *Theræôn* (Sal., 5-19); *Philænon* aræ (ibid.); in primo *Georgicon* (Quint., 8-3-78; Aul. G., 13-20).

au lieu de *liberorum*, bien qu'alors certains hommes, qu'il accuse de pédantisme, se déclarassent pour *liberorum*. Præfectus *fabrum* (Cæs., *B. C.*, 1-24, et id. Cic. *ad At.*. 9-7; Lat., 2-76; C. Nep., 25-12; Cic., *Ep.*, 3-7, 8); collegium *fabrum* ærariorum (Plin., 34-1, 36-6); in mentem venit, posse collegium *fabrorum* apud Nicomedenses constitui (Pl. J., *Ep.* 10-43); date parenti hunc incredibilem dolorem ex salute, ex victoria *liberum* (Cic. *p. Clu.*, 70; ici il ne s'agit que d'un seul fils); ætate *liberum* suorum (Tac., *An.*, 2-38, 3, 35, 23); *liberum* alendorum causa (A. G., 12-1; Q. Cur., 9-2); sanguine *liberum* suorum (Liv., 22 et 45-19, 40); conspectus parentum et *liberum* (Cic. *in Ver.*, 2-5-9). Cicéron (voyez la note ci-dessous) semble faire une obligation de mettre *sestertium*, *nummum* et *virum* pour désigner un conseil ou une commission; il faut ajouter *talentum*, *denarium*, *modium*, *medimnum*, *cadum*: *nummorum* duodena millia (Pl. J., 10-52); terna millia *nummum* (Suet. J., 54); duo millia *talentum* (Liv., 43-4); Dario.... filiam in matrimonium cum decies centum millibus *talentum* pollicente (V. M., 6-4-3; Just., 33-2; Curt., 4-2-6, 6-2-10); *sestertium* ducenta et quinquaginta millia (C. Nep., 25-4); memoriæ mandatum est Platonem... tres Philolai pythagorici libros decem millibus *denarium* mercatum (A. G., 3-17, et Liv., 45-43, et Curt., 5-5, 7-5); quum centum millia *denarium* et tritici quinquaginta millia *modium* imperaret (Liv., 43-4, 41-13; Cic. *in Ver.*, 2-3-48, 49, 72, où *medimnum* et *modium* sont mille fois répétés); millia *cadum* amplius centum (Pl., 14-14); *cistophorum* ccl millia (Liv., 39-7).

Socius, *inferi*, *superi* (pris substantivement), sont susceptibles de la contraction, même en prose; *socium* est si fréquent dans Tite-Live qu'il serait inutile de citer les poètes qui l'ont employé. Præfecti *socium* (Liv., 26-15, 27-24, 41-5, 15, 21, 42-1); bella canit *superum* (Ov., *Met.*, 5-319); plebs *superum* Fauni Satyrique Laresque (id., ib., 81); precari *superum* *inferum*que numina et regales Deos, ut illi terrarum omnium victori contingat imperium

(JUST., 11-15); teterrimæ *inferum* furiæ (SEN. *de Ira*, 1-35). Voyez Priscien, 7.

Il est un très grand nombre d'autres noms plus ou moins usités par contraction dans les poètes, tels que *Teucrum, Italum, Pœnum, Achivum, Pelasgum, Danaum, Divum, Argivum, Graium, Bœotum* (HOR., *Ep.*, 2-1-244), *famulum, ministrum, adversarium, inimicum, equum, salium, agnum, fluvium, lituum, tumulum. Famulum*que manus (VIRG., *Æn.*, 11-34); *famulum*que greges (STA., *Sil.*, 3-4-47; V. F., 3-282).

Cœtusque *ministrum* (STA., *Sil.*, 3-1-86); injuria *adversarium*... (TER., *Heau.*, 1-2-14); *inimicum* animos auxerit (PLAUT., *As.*, 2-2); fortis *equum* vis (LUCR., 6-559); *equum* domitor (VIRG., *Æn.*, 7-187, 651, 12-128, 556); in morem *Salium* (HOR., *Car.*, 4-1); omnes *fluvium* si fundat habenas (VAL. F., 6-391); *agnum* horum uter est pinguior (PLAUT., *Aul.*, 2-5); *lituum* tinnitus (SIL. IT., 13-146); *tumulum* clamore supremo mœsta domus (VAL. F., 1-752). Les autres sont trop connus pour qu'il soit nécessaire de les appuyer par des citations.

(Voyez ci-après les adjectifs et les noms de nombre qui présentent la même contraction.)

Noms de la deuxième déclinaison tirés du grec.

Le génitif des noms en *eus*, qui tient du latin et du grec, est en *ei, eos* : Nostri de sanguine Phryxus *Cretheos* (VAL. F., 1-41); *Peleos* in thalamos vehitur Thetis (ibid., 131); *Tydeos* egregii perfossum pectus (STA., *Theb.*, 3-654); longos *Orpheos* exsuit dolores (id., *Sil.*, 2-7-40); *Perseos* armus (MANIL., 1-340); nomen.... *Theseos* (Ov., M., 8-27); *Androgei* [1] galeam, clypeique insigne

---

(1) Les anciens grammairiens assurent que Virgile (Æn., 6-20) a employé *Androgeo* au génitif, à l'imitation des Attiques. On prétend encore que c'est d'après cela que le même poète (Æn., 3 370) a fait la dernière syllabe longue au nominatif, et qu'il faut lire *Androgeos* au lieu d'*Androgeus;* mais les plus anciens manuscrits portent *Androgei* et plusieurs éditeurs préfèrent *Androgeus* (on lit *Androgei* dans l'édition de M. Lemaire).

decorum... induitur (Virg., *Æn.*, 2-392). Le datif est tout latin, *eo;* cependant Virgile (*Eg.*, 4-57) a mis *ei:* *Orphei* Calliopea, Lino formosus Apollo. De même Catulle (65-338) s'est servi de *Pelei.* L'accusatif est en *eum, ea:* Litteris ad *Persea* deprehensis (Liv., 42-51, 37-57); *Protea* quid referam? (Ov., 3-13-33); canentem *Orphea* secuta narrantur nemora (P. Mel., 2-2; Sen., *Ep.* 89); *Mnesthea* filium reliquit (Nep., 11-3); quis *Idomenea* nosset? *Promethea* (Mart., 11-85); *Morphea* [2] (Ov., *Met.*, 11-685). Le vocatif est en *eu* [3] : *Macareu* (Ov., *Ep.*, 11-21); voluisti tu quoque, *Tereu* (id., M., 6-497); scis, *Proteu,* scis ipse (Virg., G., 4-80); *Lynceu* (Ov., *Ep.*, 14-123); fare, precor, *Perseu* (id., M., 4-769); maxime *Theseu* (ibid., 7-433); *Enipeu* (ibid., 229).

Il y a d'autres noms que l'on décline à la grecque; dans ces noms, le nominatif et l'accusatif sont les seuls cas à

---

(1) Accusativus quoque a genitivo fit mutatione *i* in *um*.... Tydei, Tydeum. In hujusmodi tamen nominibus, id est, in *eus* desinentibus, græco magis accusativo utuntur autores. Virg. in 1° *Æn.*, *Ilionea* petit dextra.... Statius in 1° *Tydea*.... invenitur etiam in *um*.... Cic. *de Natura Deorum* in 3° *Theseum*... Livius... *Perseum*... æreum... Statius... *Pantheum* (Prisc., 7). Quamvis regula dicit Peleum, tamen Pelea dicimus in accusativo (Char., 1).

(2) Port-Royal donne *Orpheon;* mais c'est une erreur, puisque ce n'est ni latin ni grec. Vossius aura donné lieu à cette bévue, en citant *Orpheon* tiré d'Ovide; voici le passage dont il s'agit: Diripiuntque tuos insanis unguibus artus Strimoniæ matres, *Orpheos* esse ratæ (Ov., Ib., 602). C'est, comme on le voit, une faute de copiste. On trouve, à la vérité, *Alpheon* (Ov., *El.*, 3-6-29); mais c'est bien différent, puisqu'en grec il est de la deuxième déclinaison, ainsi que *Peneus* ou *Peneos;* c'est pour cette raison que le vocatif de ces noms se fait en *ee*, et que l'accusatif est en *eum* ou en *eon*. Malgré l'entraînement de l'exemple, Broder n'indique que *Orpheum, Orphea.*

(3) Nereus, Pantheus, Mnestheus, Tydeus.... Tydeu.... (Char., 1). Probo tamen et quibusdam aliis artium scriptoribus, et, o Penthee, et o Tydee, et o Ilionee, posse dici secundum analogiam latinam placet, quod in usu non inveni (Prisc., 7). O Timothee, depositum custodi (St-Paul., *Ep. ad T*).

Les noms en *æus* ont le vocatif régulier : o *Linæe*... (Virg., *Georg.*, 2-4). Il en est de même de ceux qui ont *e* long, comme *Peneus, Alpheus* : Tu quoque promissam Xantho, Penee, Creusam Phthiotum terris occuluisse ferunt (Ov., *El.*, 3-6-31).

remarquer : An *isthmos* intercidi posset (Q., 3-8) ; *Lesbus Tenedus*que, Samos atque Chios (Prisc., *Per.*, 552) ; defensa est *Ilios* armis (Ov., *Art.*, 1-363). *Pelion ;* partout, *lexicon*. Avertere *Cerberon* umbræ (Sta., *Sil.*, 5-2-75) ; puta venisse te *Rhodon* (Sen., *Ep.* 104) ; *scorpion* immisit Tellus (Ov., *Fast.*, 5-540, et Luca., 1-662) ; oppidum *Byblon* traditum recepit (Curt., 4-1) ; ad *Andrum* insulam (Liv., 30-21) ; *Scyrum*... vacuefecit (N., 5-2) ; *Naxon, Olcaron... Paron* (Virg., *Æn.*, 3-125) ; *Seston* (Val. F., 5-208) ; *Samon* (Flor.) ; nos *Pylon* misimus (Ov., *Ep.*, 1-63) ; transieram *Myconon*, jam *Tenon* et *Andran* (Ov., *Ep.*, 21-81) ; *Lemnon*, bis *Lemnon* visura (Val. F., 1-392) ; in *Noton* umbra cadit, quæ nobis in *Arcton* (Luca., 9-539) ; latentem *barbiton* ingemina sub antro (Sta., *Sil.*, 4-5-59) ; cur in te factum *distichon* esse putas ? (Mart., 3-11) ; aptantem *Dædalon* alas (Mart., 4-49) ; per *Bosporon* (Prisc., *Per.*, 159 ; Flor., 3-5) ; *Epiron* (Flor., 4-2), *Lesbon* (ibid.) ; *Olympon* (ibid.) ; *crocodilon* adorat (Juv., 15-2) ; ipse mecum fleri... *Linon* (Mart., 9-88) ; *Cypron* (ibid., 92) ; *plinthon* (Vit., 3-7) ; qui mitem *Cerberon* unquam credidit (Virg., G., 2-69) ; *Menandron* adit (Luca., 3-208) ; quum *Tyrum* petisset (Just., 39-1) ; *Tyron* urbem condiderunt (id., 18-3) ; *Delon* maternam invisit Apollo (V., *Æn.*, 4-143) ; *Zacynthon* (F., 2-9) ; *Halicarnasson* (Curt., 5-2) ; *Halicarnassum* (id., 8-1-36) ; si quis Aristotelem similem, vel *Pittacon* emit (Juv., 2-6) ; ædemque Martis et *colosson* Augusti (Mart., 8-44 ; Ov., M., 13-173) ; putarunt esse *Tenesmon* (N., *At.*, 2) ; *Æacon* agnoscit summus... Jupiter (Ov., *Met.*, 3-27) ; nos *Pylon* misimus (Ov., 1-63 ; N., *At.*, 2) ; ubi saxum grave *Sisyphon* urget (ibid., 26 ; Ov., *Met.*, 13-26) ; quum Romani *Ilion* venissent (Just., 31-8) ; *Ilium* processit (Liv., 27-27). On trouve même dans Virgile (*Geo.*, 1-332) : Aut *Athω*, aut Rhodopen, aut alta Ceraunia telo dejicit. Ce poète a terminé cet accusatif à la manière des Attiques, comme l'avait fait Théocrite, 7-77.

TROISIÈME DÉCLINAISON.

La plus embarrassante, la plus compliquée des déclinaisons, exige beaucoup d'ordre, de clarté et de précision; c'est pourquoi je diviserai les noms de cette déclinaison en quatre classes : la première renfermera tous les polysyllabes masculins et féminins qui ne sont terminés ni en *es* ni en *is* (à moins que ces noms n'aient une syllabe au génitif de plus qu'au nominatif); la deuxième comprendra les monosyllabes masculins et féminins, les parisyllabes en *es* ou en *is*, avec d'autres noms qui s'en rapprochent par la terminaison de l'ablatif singulier ou du génitif pluriel. Les noms neutres, ceux même qui viennent du grec, se trouveront dans la troisième; enfin nous rangerons dans la quatrième classe les noms tirés du grec, qui en ont retenu certaines formes.

PREMIÈRE CLASSE.

La terminaison des noms de la première classe varie presque à l'infini; l'ablatif est en *e* et le génitif pluriel en *um*.

pugil,		(*uter, venter,* à la 2e		hæres,	edis.
exul,	lis.	classe.)		merces,	
consul,		clangor,		Ceres,	eris.
pecten,	inis.	mœror,	oris.	eques,	
sermo,	onis.	uxor,		ales [1],	itis.
mucro,		turtur,		palmes,	
ordo,		furfur,	uris.	lapis,	idis.
virgo,	inis.	vultur,		cuspis,	
cardo,				cinis,	eris.
passer,		(Noms en *as,* 2e et 4e		pulvis,	
agger,	eris.	classes.		sanguis,	inis.
mulier,		seges,		(*Quiris, Samnis,* 2e	
mater,	tris.	interpres,	etis.	classe.	
frater,		paries,		custos,	odis.

(1) Au génitif pluriel *alitum* (Aul. G., 2-20; Plin., 7-2; Mart., 10-40; Tac, H., 2-50). Les poètes mettent quelquefois *alituum* : Alituum pecudum genus sopor altus habebat (Virg., Æ., 8-27; Lucr., 2-923, 5-758 et 1025, 6-1226).

sacerdos,	otis.	lepus,	oris.	judex,	icis.
nepos,		forceps,		pumex,	
lepos,	oris.	princeps,	ipis.	supellex,	ectilis.
arbos (arbor),		adeps,		senex,	nis.
palus,	udis.	anceps,	upis,	remex,	igis.
incus,		hiems,	emis.	radix,	icis.
salus,	utis.	vervex,	ecis.	cornix,	
virtus,		halex,		Pollux,	ucis.
Venus,	eris.			conjux,	ugis.

DEUXIÈME CLASSE.

CETTE deuxième classe s'écarte de la première en ce que les noms qu'elle renferme ont la plupart le génitif pluriel en *ium*, et l'ablatif singulier en *i*, *e* ou *i*, et quelquefois en *e* seulement; l'accusatif singulier est en *im* pour quelques noms.

Dans cette classe sont compris :

1° Les parisyllabes en *es*, *is*, comme *amnis*, *auris*, *sedes*, *clades*, *crates*, *vepres*, *juglandis*, *palumbis*, *unicornis*... *Palumbium* vis (PLIN., 10-29, 41); *juglandium* gravis et noxia umbra (id., 17-12).

2° Les monosyllabes, tels que *gens*, *dens*, *fons*, *mons*, *as*, *vas*, *mors*, *ars*, *arx*, *lis*, *dos*, *mus*, *glis*, *stirps*, *strix*, *faux*, *falx*, *nox*, *merx*.... *Litium* quæstio (QUINT., 10-1-23); vires *partium* (JUST., 5-2); ad radices *montium* (HORT., al. b. 40); compensatione *mercium* (JUST., 3-2); propter ranarum *muriumque* multitudinem (JUST., 15-2; CIC., N. D., 2-63); *strigium* circuitus (VIT., 4-4)....

Les exceptions sont nombreuses, surtout pour ces derniers. Ont le génitif en *um canis*, *juvenis*, *panis*, *vates* [1], *strigilis*, *mugilis* : Apud Parthos sepultura vulgo aut avium aut *canum* [2] laniatus est (JUST., 41-3; TAC., A., 15-44; CURT., 8-10; CIC., N. D., 2-60); hi lusus infantium, hæc *juvenum* æmulatio (TAC., M. G., 32; id., A., 15-70;

---

(1) La plupart des grammairiens exceptent à tort *senex*, qui fait *senum*, à la vérité (TAC., A., 15-36; JUST., 3-3, 7-6); mais la terminaison *ex* range ce nom dans la première classe, où nous l'avons fait figurer.

(2) A juvene juvenum, a cane canum, a pane panum (PRISC., 7).

Curt., 7-4 ; Virg., Æ., 8 - 287) ; *panum* [1] hordeaceorum præparationes (Gal., 1-10, 1-4, 2-1) ; *vatum* [2] furibundæ prædictiones (Cic., 1-2, 5) ; mentes *vatum* in vecordiam vertit (Just., 24-6 ; Tac., A., 14-21) ; præstant et *strigilum* vicem (Plin., 31-11, 47) ; *mugilum* natura (id., 9-26) ; *mugilum* [3] genus (Gal., 3-25).

Apis fait *apium* et par syncope *apum* : *Apium* et mellis usus (Just., 13-1 ; Cic., *Ac.*, 2-17, 38 ; id., *Senec.*, 15 ; Col., 1, *Præf.* ; Varr., 12, 3-16 ; Ovid., M., 15-383) ; examenque *apium* longa consederit uva (Juv., 13-39) ; *apum* (Cic., *Div.*, 1-33 ; Liv., 4-36, 21-46, 24-10, 27-23 ; J. Obs., 95).... *Volucris* fait plus souvent *volucrum* : Ut in *volucrum* notamus ovis (Curt., 1) ; *volucrum* et ferarum plura genera (Sal., *Frag.*, 2 ; Tac., H., 3-5) ; *volucrium* stercus (Varr., R. R., 1-38, comme portent les meilleures éditions) ; ipsorum caro.... multo ad coquendum est difficilior, quam prædictorum *volucrium* [4] animalium (Gal., 3-20).

Ont le génitif pluriel en *um* les monosyllabes *crux*, *dux*, *nux*, *prex* (inusité au nominatif), *vox*, *lynx*,

---

(1) *Panium* Cæsar de Analogia libro secundo dici debere ait ; sed Verrius contra... *i* detracto *panum* ait dici debere (Char., 1). Ce grammairien ajoute qu'il ne veut ni de l'un ni de l'autre, prétendant faussement que ce nom n'a point de pluriel.

(2) In *es* terminantis absque *i* inveniuntur, ut vatum pro vatium... (Prisc., 7.)

(3) Mugilum aut mugilium ; ut vigilum et pugilum, *mugilum* quoque dici putato (Char., 1). Martianus Capella (3) enseigne qu'il faut dire *indolum*, *prolum*, *sobolum* ; et il a pour lui l'analogie ; mais ces noms ne se voient nulle part au génitif pluriel, non plus que *lues*, *strues* ; cependant Varron (L. L. 7) semble indiquer *struum*.

(4) *Volucrium* Cicero de Finibus, necnon et Fabianus ; *volucrum* Mæcenas in dialogo secundo, et consuetudo, ut ait... Plinius (Char., 1). Avec quelques noms les poëtes retranchent l'*i* : Dux *mensum*, Jane biformis (Ovid., F., 5-424) ; confinia *mensum* (ibid., 187, et id., M., 8) ; per decem *mensum* graves uteri labores (Sen., *Theb.*, 5-3-5 ; Sil., 1-41.) Cicéron a fait usage de *sedum* (p. Sext., 20) : vestrarum *sedum* causa (Prisc., 7). Inter medios *cædum* furores (Sil., 2-665) ; haud inscia *cladum* (Sil., 1-41).

Thrax; sphynx, Phryx, frux (inus. au nom.), *grex, rex, lex; fraus, laus, daps, ops* (inus. au nom.), *pes; flos, mos, ros, fur; bos, grus, sus, Tros; ren, gryps.* (Voyez pour les monosyllabes neutres la troisième classe.) Monilia *crucum* sunt, stolæ *crucum* sunt (Tert., *Apo.*[1], 16); inscitia *ducum* (Just., 4-5); illis talorum *nucum*que et æris minuti avaritia est (Sen., *Cons. Sap.*, 12; Cels., 6-2, 6-2-2); Plin., 15-22); constantia *precum* (Tac., M. G., 8); quid me admonetis supremarum amici mei *precum?* (Quint., *Dec.*, 9-9); tu eos... litterarum et *vocum* communione junxisti (Cic., Q. T., 5; Quint., 1-5; Tac., *An.*, 14-2); colla premis *lyncum* (Ovid., M. 4-25; ibid., 3-668); legati a Cotye rege *Thracum* venerunt (Liv., 45-42; Sal. J., 38; Flor., 2-12); timor ille *Phrygum* (Ovid., M., 12-612); arborum atque *frugum* genera (Just., 2-1; Sal. J., 9); quæ fabulæ ex equarum fœcunditate et *gregum* multitudine natæ sunt (Just., 44-3); non sua tantum, sed et succedentium sibi *regum* ossa poni jussit (Just., 7-2); solvendarum *legum* id principium esse censebant (Curt., 10-2-5); conscientia scelerum et *fraudum* suarum (Cic. *in Pis.*, 19); quid ad famam suam reliquit, nisi memoriam *fraudum*[2] suarum? (Lact., *Ins.*, 1-10); quantus concentus *laudum* omnium! (Plin. J., *Pan.*, 4); debilitate *pedum* invalidus (Tac., H., 1-11). *Opum* se voit partout; mais je n'ai point trouvé *dapum*, autorisé par l'analogie. Quid *florum* in consulem profuderunt? (Flor., 2-7; Quint., 1-10-7); laus *morum* meorum (Plin. J., 10-8; Just., 5-2-15; Quint., *Proœ.*, 13). Il

---

(1) Vossius (de Anal. 2-14) prétend que, dans cet endroit de Tertullien, il y a *crucium*. Ce savant aura été induit en erreur par un manuscrit infidèle : Charisius et l'analogie sont pour *crucum*.

(2) Gladiis *fraudium* (Apul. M. 5, 8; Macr. 6-7); *laudium* tuarum (Sido. Ap., ep. 22). *Præs* fait aussi *prædum*, selon les grammairiens ; j'adopte volontiers cette décision, qui est conforme à l'analogie, mais que je ne puis confirmer par aucune citation.

Pan, Panos (acc. *Pana*), a le génitif en *um* : *Panum* Satyrorumque (Pom. M., 3-9). Je n'ai point trouvé au génitif pluriel *pax, fax, sol, pix, lux, plebs, nex ;* ce dernier ferait *necum*. Voyez les adjectifs.

doit en être de même de *rorum*. *Furum* id magis factum quam Deorum (Cic., *Div.*, 2-32 ; Sen., *Ben.*, 3-1; Curt., 4-13; Virg., G., 4-110); at frigida Tempe gemitusque *boum*[1] mollesque sub arbore somni (Virg., G., 2-469); magnorum horrentia centum terga *suum*[2] (Virg., Æ., 1-634 ; Gal., 3-2); est cycni melior canor ille *gruum* quam clamor (Lucr., 4-192 ; Plin., 30-3); o justissime *Troum* (Ovid., M., 14-245, 13-343); *renum* dolores (Cels., 2, præf.); scrutator *renum* et cordis (St-Jer., ep. 3-30); *renium* dolor (Plin., 31-10, 46). Partout ailleurs on lit dans cet auteur *renum*, ainsi que l'analogie le réclame, *senum*, *juvenum*, *panum*, *canum*.

Lar fait *Larium* ou *Larum*: Religio *Larum* (Cic., Leg., 2-11); auctis Penatium Deorum *Làrum*que sedibus (id., R., 5-5 ; N. D., 3-26); habentibus in castris imaginem quamdam *Larium* (Just., 12-4). Vossius (Ana., 2-14) assure que Cicéron s'est servi de cette terminaison, ainsi que Pline (3-7).

(*Lynx*, *sphynx*, *gryps*, *Tros*, *Thrax*, *Phryx*, appartiennent, quant à l'accusatif, à la 4e classe.)

Outre les parisyllabes en *es*, *is*, et les monosyllabes masculins et féminins, la deuxième classe comprend d'autres noms de différentes terminaisons, lesquels ont aussi le génitif pluriel en *ium*.

Imber, *linter*, *uter*, *cohors* : Propter *imbrium* et nebulæ magnitudinem (Just., 7-1; Flor., 2-6; Cic., N. D., 2-5); adjecta ingens *lintrium* vis (Tac., H., 5-23); ingens vis *utrium*[3] (Liv., 21-26); *cohortium* trium instar (Hirt., Al. B. 19).

---

(1) Boves, boum, bobus ou bubus : Non profecturis littora bubus aras (Ovid., ep. 5-116; Val. M., 2-4-5; Liv., 4-14, 15; id., 7-26; Vit., 10-6).

(2) Datif, *suibus* et *subus* : Unguentum.... setigeris *subus* acre venenum (Lucr., 6-991); setigeris pares *suibus* (id., 5-964). Voyez Col., 7-9; Cic., N. D., 2-43.

(3) On dit aussi *ventrium*, *carnium*, d'après l'avis unanime des grammairiens. Les autorités me manquent, si ce n'est que le diminutif *ventriculus* prouve *ventrium*.

Serpens, parens, infans, adolescens, cliens, Veiens, torrens, rudens, qui ont la forme d'adjectifs, font *ium* ou *um* (*bidens, tridens,* suivent le radical *dens* : Multa cæde *bidentium.* HOR., 3-22). *Serpentium* magna vis (CURT., 9-1; CIC., N. D., 1-36; JUST., 32-4; SAL. J., 89); omne *serpentum* ac ferarum genus (VAL. M., 7-6-3; SEN., ep. 66); plerique *parentium* præceptis imbuti (CIC., Of., 1-32; id. de Suppl., cité par PRISC., 7); dos est magna *parentium* virtus (HOR., Car., 3-24). *Parentum*[1] se voit plus souvent encore. Inustis *infantum* dexterioribus mammis (JUST., 2-4); *infantium* habitus (CURT., 9-1; QUINT., 1-1-17); cum magna *clientum* manu (SUET., Tib., 1); cum magna *clientium* manu (CURT., 7-4); *Veientium... Fidenatium...* exercitus (LIV., 4-32, 4-17); cum rege *Veientum* (LIV., 4-17, deux fois); *torrentium* modo (PLIN., 2-48; SEN., Q. N., 3-28); stridorque *rudentum* (VIRG., Æ., 1-91); *rudentum* sibilus (CIC., ep. 8-2).

Quiris, Samnis, fornax, palus, suivent la même analogie : Jus *Quiritium* (PLIN. J., 10-4, 105); jus *Quiritum* (SUET., Claud., 17); additis *Samnitum* et Lucanorum precibus (JUST., 18-1; VAL. M., 2-2-4, 4-3-5); *Samnitium* castra (CIC., Div., 1-33); *fornacium* mixtis scintillis (PLIN., 34-13 et 34-10). Le même auteur présente *fornacum,* ainsi que dans d'autres endroits. Propinquitate fluminum ac *paludium* (LIV., 21-54); aeris spiritus *paludium* nebula inficitur (JUST., 44-1); propter siccitates *paludum* (CÆS., B. G., 4-38; TAC., A., 1-17; POM. M., 3-3[2]).

---

(1) Pariliter dicitur *civitatum, parentum, civitatium, parentium.* (VARR., L. L. 7.)

(2) Cervicium.... Plinius.... fruticum, filicum; radix tamen ut cervix, radicium facit (CHAR., 1). Quoi qu'il en soit, je préfère *radicum,* qui seul se trouve dans les auteurs (CIC., Tusc., 3-6; PLIN., 16-2); j'emploierais même *cervicum* plutôt que *cervicium.* Pline, qui voulait tout régulariser, s'est fort souvent trompé, entraîné par sa précipitation. Il est probable que cet auteur faisait une exception à cause de la quantité, et Charisius aura admis ce principe assez légèrement. Pline, dans sa manie de généraliser, voulait que l'on dît *parum,* qui assurément fait *parium.*

Les noms en *as* trouvent encore ici leur place naturelle, puisqu'il y en a un grand nombre dont le génitif pluriel est en *ium* : *Ardeatium* populus, *Ardeatium* defectio (Liv., 4-1, 7) ; interventu *Fidenatium* (id., 4-17, 19, 32 ; Val. M., 3-2-4) ; ut etiam posteris nota pœna peccati *Caryatium* memoriæ traderetur (Vit., 1-1) ; *Apolloniatium* auxiliis, *Apolloniatium* in finibus (Liv., 44-36 ; Cæs., B. G., 3-13) ; Santones qui non longe a *Tolosatium* finibus absunt (Cæs., B. G., 1-7) ; omnium *Larinatium* odio (Cic., p. C., 8) ; *Labeatium* gens (Liv., 44-32) ; Batavorum et *Canninefatium* cohortes.... missus a Civile nuntius assequitur (Tac., H., 4-19) ; favens *Privernatium* causæ (Val. M., 6-2-1) ; *Nantuatium, Caracatium* (Cæs., B. G., 4-10 ; Tac., H., 4-19). Cependant Cicéron (At., 15-15) a dit par syncope : Si nummos *Arpinatum* L. Fidius petet.

Simulacra ex auro et argento fabricata conflavit, in his *Penatium* Deorum (Suet., N., 32) ; in æde *Penatium* (Jul. Ob., 72 ; Varr., L. L., 4 ; Liv., 45-16 ; Quint., p. Cæc., 1, 2 et 3 ; Val. M., 5-3-3).

Les autres noms en *as* font *ium* [1] ou *um* : *Optimatium* studia (Liv., 4-9 ; Cic., At., 1-20) ; *optimatum* fautor (Nep., 7-5 ; Cic., Inv., 2-17) ; omnium *civitatium* favore (Just., 23-4, 23-1) ; reliquarum *civitatium* legati (Hirt., B. G., 8-23) ; suarum quisque *civitatium* (Plin. J., 10-115) ; jure *civitatium* (Quint., 2-4-33) ; præda Epiri *civitatium* (Liv., 45-34). Rien de plus fréquent que cette terminaison, dans César, Justin, Tite-Live, Patercule.

Quo favore omnium hominum, *ætatium*, ordinum exceptus est (Pat., 2-89) ; omne fere genus... ordinum et *ætatium* et sexus (Aul. G., 13-28, 14-1) ; omnes omnium *ætatium* (Liv., 9-17) ; plures omnium generum atque *ætatium* (Liv., 26-9) ; memoriam *simultatium* patriæ remittere (Liv., 9-38 ; id., 28-18, 39-44) ; greges *anatium* (Varr., R. R., 3-11) ; proportione *facultatium* (Col., 1-4) ; casus futurarum *difficultatium* (Aul. G., 14-2) ; ins-

---

(1) Civitatium.... civitatum.... (Varr., L. L., 7). A probitate probitatium, a civitate civitatium (Prisc., 7) ; probitatum (ibi.).

frumenta omnium *voluptatium* (Liv., 7-38); *utilitatium* ... Græciæ cura (Liv., 45-3); opesque *affinitatium* auxilio magnas paravit (Just., 17-3). D'autres lisent *affinitatum* [1].

Quelques parisyllabes en *is* ont l'accusatif en *im* et quelquefois en *in* aussi; alors l'ablatif est en *i* : tels sont *vis, sitis, tussis, buris, pristis, bipennis, cannabis, cucumis, Agis, Mephitis, Tiberis, Tigris, Arar* ou *Araris, Ligeris, Albis, Bœtis, Tamesis, Tanais, Charybdis, Sirtis, Memphis, Leptis* : *Vim vi* [2] repellere (Cic.... Liv....); pellere *sitim* (Hor., Car., 2-2-14); enectus *siti* Tantalus (Cic., Tusc., 1-10); malam *tussim* expuli pectore (Catul., 7; Plin., 20-1; 24-4); mortuus *tussi* (Lucr., 4-1161); continuo in silvis magna vi flexa domatur in *burim*... ulmus (Virg., G., 1-169); in *pristin* desinit alvus (Virg., Æ., 10-211); velocem Mnestheus agit acri remige *pristim* (ibi., 5-116); sævamque inhibere *bipennim* (Ovid., M., 8-766; Sta., Sil., 3-1-126); sonat icta *bipenni* fraxinus [3] (Virg., Æ., 11-135); si qua fiunt de *cannabi* (Varr., R. R., 1-22). Aussi *cannabe* : Tibi torta *cannabe* fulto cœna fit in transtro (Pers., 5). *Cannabim* (ibi., 23); *cucumim* silvestrem esse diximus (Plin., 20-1); cum vino aut *cucumi* cocto (ibi., 9); *Agin* regem necaverunt (Cic., Of., 2-20); sævamque exhalat opaca *mephitim* (Virg., Æ., 7-85); a quo post Itali fluvium cognomine *Tibrim* diximus (ibi., 8-330); Albula, quem *Tiberim* mersus Tiberinus in undis reddidit (Ovid., F., 2-389); aut *Ararim* [4] Parthus

---

(1) *Facultatium* et *hæreditatium* in Digestis legas (Voss.) *Hæreditatium* est in Pandectis (id.)

(2) Vires, virium, viribus; autrefois néanmoins le pluriel répondait au singulier, et faisait *ves* ou *vis* : Male jam assuetum ad omnis *vis* controversiarum (Sal., Frag., 3); sed quam multarum rerum *vis* possidet in se... (Lucr., 2).

(3) Cependant Tibulle (1-6-47) a dit : Ipsa *bipenne* suos violenta lacertos; ce qui porterait à penser que l'accusatif pourrait se terminer en *em*. Robert-Etienne lisait ainsi le passage d'Ovide ci-dessus.

(4) Outre *Arari* (Cæs., B. G., 1-13, 16) on trouve *Arare* : Quod iter ab *Arare* Helvetii averterant (Cæs., B. G., 1-16); Rhodano et *Arare* subvectæ (Tac., An., 13-53.)

bibet, aut Germania *Tigrim* (VIRG., Eg., 1-63; TAC., An., 13-53); transeundum esse Alexandro... *Tigrin* (CURT., 4-5); quum ad flumen *Ligerim* venisset... (CÆS., B. G., 7-55; PLIN., 4-18); in flumine *Ligeri* (COR., 3-9); trans *Albim* (TAC., An., 2-19); ad flumen *Tamesin* (CÆS., B. G., 5-17); *Tanain* ipsum Scythæ Silin vocant (PLIN., 6-7); a *Tanai* ad Hellespontum (POM. M., 1-3; CURT., 6-2-13); hinc ad *Syrtim* adjacent (POM. M., 1-7); hinc igitur fabulæ Scyllam et *Charybdin* peperere (JUST., 4-1); *Memphin* copias promovit (CURT., 4-1); ad oppidum *Leptin* (CÆS., Af. B., 6). De même *Sysigambim* (CURT., 3-3). *Amussis* suit encore cette règle : Ad *amussim*, partout. Il faut y ajouter *sinapis* : Hoc mense *sinapim* seremus (PAL., 11-11); in *sinape* (VARR., R. R., 1-59-4).

Pelvis, clavis, ravis, navis; puppis, aqualis, restis; febris, turris, securis, font *im* ou *em,* et, dans ces noms, l'ablatif se termine en *i* ou en *e* : In *pelvem* candentes silices demittere (CELS., 6-6-2; PLAUT., 2-1-57; APUL. M., 9); subjecta calida aqua in *pelve* (CELS., 4-1-6); alii *pelvim* sinum aquarium putant (VARR., L. L., 4); hinc *clavem* janua sensit (TIB., 2-4-31); et *clavem* ostendens (OVID., F., 1-253, 99); *clavim* harum ædium... jube efferri intus (PLAUT., Mos., 2); sub *clavi* habere (VARR., R. R., 1-22-6); usque ad *ravim* poscamus priusquam quicquam detur (PLAUT., Aul., 2-5-10); *navim* jactantibus Austris (HOR., Sat., 1-1-6); sive jactatam religarat udo littore *navim* (id., Car., 1-32); sed trunca *puppe* magister interiora petit (JUV., 12-79; OVID., Ep., 21-78, ex Pon., 3-2-94, Tris., 5-2-63); per *puppem* errat (JUV., 6-102); nec unquam emeritam in nostras *puppem* demitte procellas (STA., Sil., 2-2-142); datin isti sellam ubi assideat, cito, et *aqualim* cum aqua? (PLAUT., Sti., 1-3-77); descendunt statuæ *restemque* sequuntur (JUV., 10-58); eaque intrita *restem* circumlini (PLIN., 17-10); per manus *reste* data (LIV., 27-38); brumamque famemque illa *reste* [1] caret (JUV. 14-273,

(1) Il est à remarquer que les anciens terminaient en *im* une foule

3-226); *restim* ductans (TER., Ad., 4-5-34; APUL., M., 1-9, et PLAUT. plusieurs fois); ad primam statim mansionem *febrim* nactus (SUET., Tit., 10); *febrem* quiete et abstinentia... mitigavit (QUINT., 2-17-9; CELS.... MART. .... SEN....); quia *febrim* non haberem (CIC., Ep., 7-26; AUL. G., 17-12); carere *febri* (CIC., Ep., 16-15; PLIN., 22); fieri ait oportere eam *turrem* tabulatorum decem (VIT., 10-19 et ibi.); *turre* collina stantes (JUV., 6-291); *turrim* in præcipiti stantem (VIRG., Æ., 2-460, 12-673); Charisius lisait ici *turrem*. Dionysius concionari ex *turri*

---

de mots, à peu près tous ceux qui ont le génitif pluriel en *ium* : Per *cutim* (GAL., 2-7, 10); videt... neque in granario *messim* (VARR., R. R., 3-2-6); quum *partim* ejus prædæ profundæ libidines devorassent, *partim* nova quædam et inaudita luxuries (CIC. in Pis., 21). De là est venu l'adverbe *partim*. Ad *præsepim* suam (PLAUT., Cur., 2); *lentim*... in rubricoso loco.... serito (CAT., 35, 116); *sementim* facito (CAT., 27); ante aliam *sementim* [quelques savans lisent *sementem*] (COL., 11-2-81); *strigilim* manifestum est esse generis feminini (NON. et LUCIL.). Ces deux derniers, qui se terminent à l'ablatif en *e* ou en *i* (*strigile*, contesté par Despautère et par Priscien, se trouve dans Col. 6-31-2), sont mis par les grammairiens au nombre de ceux qui font *em* ou *im*. Cette dernière terminaison ne se trouve que dans les vieux écrivains (voy. ci-dessus), tandis que l'autre se lit dans les auteurs du bon siècle : *sementem* autumno facere (COL., 2-16, 11-2-90; CIC., At., 4-7); commodissime per *strigilem* instillatur (CELS., 6-7; PLAUT., Ste., 1-3-77). Il semble que j'aurais dû porter le même jugement sur *restis* (voir les exemples), d'autant plus qu'il a l'ablatif en *e* et jamais en *i*; mais tous les grammairiens, dont les uns ne donnent que la désinence *im* à ce nom, et les autres disent que *restim* est préférable à *restem*, m'ont paru mériter cette petite déférence de ma part, bien que, dans mon particulier, je sois convaincu que *restem* est le seul à employer. Port-Royal indique *centussis, decussis,* comme ayant l'accusatif en *im* : il est vrai que l'on trouve dans Vitruve : Donec ad alterum *decussim* pervenerint (3-1); mais on trouve un peu plus bas : Trientem duo, *semissem* tria, *bessem* quatuor.... ce qui fait voir que la désinence *im* n'est nullement de rigueur. D'ailleurs il paraît tout naturel de donner aux composés la terminaison du radical *as*, qui fait toujours *assem*. Citons à l'appui d'autres autorités : Sex cyathos *bessem*que bibamus (MART., 11-37); et centum Græcos curto *centusse* licetur (PERS., 5-191). J'ai à avertir le lecteur que, toutes les fois qu'une terminaison est contestée ou qu'un tour est douteux, je me contente d'en donner des exemples, sans me mettre en peine de prouver par de nombreuses autorités ce qui est admis sans opposition, et que personne ne saurait révoquer en doute. C'est une chose que l'on a déjà remarquée, et que j'ai cependant cru ne pas devoir passer sous silence.

alta solebat (Cic., Tusc., 5); aratam quatiens Tarpeia *securem* (Virg., Æ., 11-656). C'est ainsi que le lisait Priscien; Aulu-Gelle (13-20) insinue que l'on peut également dire *securim, securem; turrim, turrem;* cependant l'on ne voit point à l'ablatif *secure* comme on trouve *turre.*

Ont l'ablatif en *i* : *canalis, annalis, natalis, familiaris, popularis, aprilis, quintilis* [1], *sextilis, Atheniensis* (et tous ceux qui ont quelque analogie avec ce dernier). Pleniore tamen hæc *canali* fluunt (Quint., 11-3); nec alibi quam in *canali* deponere (Plin., 34-11); descriptum definitumque est a Q. Ennio in *annali* septimo (Aul. G., 12-4; Cic., At., 12-23); Plato *natali* [2] suo decessit (Sen., ep. 58; Aul. G., 14-11); pro *familiari* et necessario suo (Cic., P., 2-2); quod ex *familiari* ejus comperi (Aul. G., 13-20); *familiare* est cependant dans Cicéron, ep. 4-12. Cum Chimero quodam *populari* suo (Liv., 44-24); *aprili* mense (Pal., 5-1); Julio mense agri qui *aprili* proscissi fuerant, circa calendas iterantur (id., 8-1); volo mense *quintili* in Græciam (Cic., At., 14-7); *sextili* mense caminus (Hor., Ep., 1-11-19).

En *e* ou en *i* : *triremis, quinqueremis... sodalis, rivalis, Labeas, Privernas* [3], *Arpinas... Quinqueremi* reportandos curavit (Val. M., 1-1-2; Cic., Div., 1-32); ab Rheginis *triremi*... Dyrrachium trajecit (Liv., 42-48); data *quinquereme* (Liv., 26-51, 42-48); appulsaque ad proximum littus *trireme* constrata (Cæs., B. G., 2-23); quid illo

(1) *October, september, november, december,* ont aussi l'ablatif en *i* : Mense *decembri* (Mart., 2-85); *septembri* medio hesternum solitus servare minutas (Juv., 14-130).... Ce sont aussi des adjectifs : Kalendis novembribus (Col.).... idus octobres....

(2) Lucain a cependant dit (5-390) : Mars populos ævi venientis in orbem erepto *natale* feret.

(3) Arpinas ab Arpinati, Capenas a Capenati; et rationabiliter. Veteres enim hujuscemodi nomina in *is* proferebant, et hic et hæc Arpinatis dicentes, unde neutrum hoc Arpinate... Cato in primo Originum : Sed lucus Capenatis... quis Arpinatis.... Inveniuntur tamen quidam in hujusmodi nominibus etiam in *e* ablativum proferentes, quod mox usus approbat (Prisc., 7).

sodale jucundius? (Plin. J., 2-13-6); id quoque si scisses, salvo fruerere *sodali* (Ovid., Tris., 3-6-13); quin sine *rivali* teque et tua solus amares (Hor., Art., 444); seque ipse amans sine *rivali* (Cic., Q. F., 3-8); quo quondam nimium *rivale* dolebas (Ovid., Rem., 791); in agro *Apolloniati* (Liv., 42-34); in agro suo *Antiati* (Liv., 43-4, 42, 49); in *Fidenate* agro (Plin., 10-29, 41); nisi ab homine *Arpinate* didicisset (Cic., Tusc., 5-23); in agro *Capenate* (Liv., 27-4) [1]. *Ædilis* suit encore la même règle : Accersitus ab *ædile* (Varr., R. R., 1-2-2); a M. Pomponio *ædili* plebis (Plin., 7-48).

Beaucoup de noms en *is* ont encore l'ablatif en *e* ou en *i* : *unguis, ignis, orbis, avis, amnis, civis, classis, messis, fustis, neptis, vectis, postis,* auxquels il faut joindre *tridens, imber* et *supellex* (qui probablement faisait primitivement *supellectilis* au nominatif) : Luctantis acuto ne secar *ungui* (Hor., Ep. 1-19-46, Od. 3-6-24 (Prisc., 7); quum tenui captus defloruit *ungui* (Catul., 62-43); *ungue* est beaucoup plus fréquent. Cœco carpitur *igni* (Virg., Æ., 4-2; Geor., 1-267.... Ovid., M., 13-802, 606.... Hor., Od., 1-34-6); ut intabescere flavæ *igne* levi ceræ.... solent (Ovid., M., 3-488, 33; id., M., 8-457.... Virg., Æ., 8-255...); terrarum qui in *orbi* sancto tuetur (Lucr., 5-75); ex *orbi* ligneo (Varr., R. R., 3-5-16, 3-16; Cic., B. P.); ista *avi* nulla volat vehementius (Cic., Di., 2-70; Hor., 1-15-5); aversa *avi*, omnibus *avi* incerta (Cic., D.,

---

(1) Il faut remarquer que les noms propres, même avec la forme adjective, ont toujours l'ablatif en *e* : Præmissus a Sextilio *Felice* (Tac., H., 4-70); adversus equites a *Ceriale* præmissos (ibi., 4-79); nondum satis firmo *Civile* (ibi., 4-35, 36). — Juvenalis proprium a Juvenale, Martialis similiter a Martiale, Annalis ab Annale. Cicero pro Fundanio : « .... Hoc a Julio Annale.... factum probari potest (Prisc., 7). Ab hoc Natale per *e*, si homo est; natali, si dies natalis sit. Nobile, si homo vocetur; nobili, si res aliqua prædicetur (Char., 1). Ce dernier grammairien étendait ce principe jusqu'au masculin de l'adjectif, sur l'autorité de Pline; il était dans l'erreur : cette règle ne peut s'appliquer qu'aux noms propres.

Patruelis, vestalis, devraient, d'après l'analogie, avoir *i* ou *e*; je ne trouve que le dernier : A virgine *vestale* (Cor. Nep., ex. 2, de Char.). *Patruelis,* selon Charisius, fait seulement *patruele.*

1-16, de Aug.); ab *ave* vel ab *avi*[1] (Prisc., 7); insula medio *amni* sita (Curt., 3-9); trajecto *amni* (Liv., 24-27); ab hoc *amne* vel *amni* (Prisc., 7); seditioso *civi*.... uno *civi* carere (Cic., Leg., 1-9; id., Ver., 4; p. Plan... At., 7-3); a *cive* vel *civi* (Prisc., 7); advectum Ænean *classi* victosque Penates (Virg., Æ., 8-11; Pat., 2-79); *messi* facta (Varr., R. R., 1-51); ce qui me paraît tout simple, puisque Plaute et Varron lui-même ont dit *messim*. *Fusti* caput ejus adflixit (Tac., A. 14-8, 3-2; Pat., 2-78; Sal., Frag., 5); Silanus in *nepti* Augusti adulter (Tac., A., 3-24); in medium huc cum *vecti*, Dorax (Ter., Eun., 4-7); *vecte* Pelei thronium Macareus in pectus adacto stravit... (Ovid., M., 12-452); *vecte* vel *vecti* (Prisc., 7); raptaque de dextro robusta repagula *posti* (Ovid., M., 5-120); maximo *imbri* Capuas veni (Cic., At., 7-21; Phil., 5-6; Virg., G., 1-393; Lucr., 1-715); emota *tridenti* fundamenta quatit (Virg., Æ., 2-410, 418, 1-145); ipse *tridente* suo terram percussit (Ovid., M., 1-285, 6-76); a *tridente* vel *tridenti* (Prisc., 7); cum *Veienti* populo (Liv., 4-58); ornat apparitoribus... præconibus... tabernaculis... *supellectili* (Cic., L. Ag., 2-13; in Ver., 2-2-14); supervacua litterarum *supellectile* (Sen., ep. 88)[2].

---

(1) L'analogie autorise à dire de même *ovi* ou *ove;* c'est ce que Varron décide : Sine reprehensione vulgo alii dicunt in singulari, hac *ovi* et *avi;* alii hac *ove* et *ave* (Varr., L. L., 7). Il en est de même de *anguis,* auquel Priscien donne pour désinence *angue* ou *angui,* bien que je n'aie jamais rencontré dans les auteurs *angui.* — In *e* et in *i* finiunt ablativum in *vis,* vel *mnis,* vel *gnis,* vel *guis* terminantia nomina nominativum, et alia fere omnia quorum extrema syllaba in *is* desinit, a duabus incipiens consonantibus (Prisc., 7).

Je n'indique guère dans ces exemples que la terminaison *i,* parce qu'elle est la moins commune.

(2) Dans l'origine, tous les noms de cette classe avaient l'ablatif en *i* : Nilus in *æstati* crescit (Lucr., 6-719); nisi ita conjunctus est *affinitati* (Venul.); ex *fini* (Aul. G., 13-20); et ab hoc *cani* et ab hoc cane (Char., 1); nam sæpe in *colli* tondentes pabula læta (Lucr., 2-317; Lucil. J., Æt., 462); nec novitate cibi, nec *labi* corporis ulla (Lucr., 5-); equidem tamen *sorti* sum victus (Plaut., Cas., 2); visceribus cœcis prope jam, *sordi*que sepultis (Lucr., 6-); satur nunc loquitur de me et de *parti* mea (Plaut., Men., 3; Lucr., 1-1103; Manil., 2-

Nominatif et accusatif pluriel.

Sous bien des rapports la langue latine n'est qu'une dérivation ou plutôt un dialecte de la langue grecque ; ainsi, comme les Grecs disent au nominatif et à l'accusatif pluriel πόλεις, βασιλεῖς, les Latins écrivaient, outre *hæ puppes... restes, hæ puppeis... resteis* (VARR., L. L., 7). Il paraît qu'insensiblement l'*e* se retrancha, et il resta seulement *puppis, restis;* du moins c'est ainsi qu'on le trouve généralement dans les auteurs qui doivent nous servir de modèles. Priscien et Aulu-Gelle ne parlent non plus que de la terminaison *is :* Smyrna quid et Colophon? quid Crœsi regia *Sardis?* (HOR.[1], Ep., 1-11-2) ; inde *Sardis* profectus est ad Cleopatram (JUST., 14-1) ; quod eorum consilio Iones *Sardeis* expugnassent (NEP., 1-4) ; sævisque vadis immittite *Syrtis* (VIRG., Æ., 10-678). De même *Trallis, Alpis,* selon Prisc. (7). Quove magis optem fessas dimittere *navis*[2] (VIRG., Æ., 5-29, 247) ; id cinerem, aut *Manis* credis curare sepultos (VIRG., 4-34) ; sedasti etiam *litis* illorum (CIC. p. Fru. dans Prisc., 7) ; sanctos ausus recludere *fontis* (VIRG., G., 2-175) ; hic locus est, *partis* ubi se via pandit in ambas (id., Æ., 6-540) ; *parentis,* patriam incolumem, amicos, gentes, cognatos, divitias (TER., Heaut., 1-2-20) ; mactant lectos de more *bidentis* legiferæ Cereri Phœboque patrique Lyæo (VIRG., Æ., 4-57) ; *urbis*[3] ne invisere, Cæsar, terrarumque curam (VIRG.,

---

706). On disait aussi *partim* à l'accusatif (voyez ci-dessus). In *luci* quæ poterit res accidere ad speciem (LUCR., 4-244; CIC., Phil., 10) ; qui dicit hoc *monti* et hoc *fonti,* cum alii dicant hoc *monte* et hoc *fonte* (VARR., L. L., 8) ; ce qui prouve que, dans le siècle même de Varron, certains écrivains tenaient encore pour *monti, fonti, luci*..... Rami *frondi* vestiti (CURT., 8-11-8).

(1) C'est ainsi que cite Priscien ; mais, dans Horace, *Smyrna quid et Colophon* ne sont placés qu'après *quid Crœsi.*

(2) Plurali vero melius in *is*, ut has *puppis, turris* (DIOM., 1).

(3) Interrogatus est Probus Valerius.... hasne *urbis*, an has *urbes ;* hanc *turrem,* an hanc *turrim.* Si aut versum, inquit, pangis, aut orationem solutam struis, non finitiones illas præraucidas neque fatutinas

G., 1-25); a gente fit gentium et *genteis* [1], utrobique ut sit (VARR., L. L., 7); hos *imbres* vel *imbris* (PRISC., 7); Dulichias vexasse *ratis* (VIRG., Ec., 6-60); nec Centaureos Lapithas compellit in *ensis* (VIRG., Cul., 28); igneus æthereas jam sol penetrarat in *arcis* (ibi., 41); lucida quæ patulos velabant gramina *collis* (ibi., 46). Mais les noms en *as,* dit Priscien, quoique ayant le génitif pluriel en *ium,* font presque toujours *es* [2] au pluriel. (Voir les adj.)

---

grammaticas spectaveris; sed aurem tuam interroga, quo quid loco conveniat dicere. Quod illa suaserit, id profecto erit rectissimum. Tum is qui quæsierat, quonam modo, inquit, vis aurem meam interrogem? Et Probum ait respondisse, quo suam Virgilius percunctatus est, qui diversis in locis *urbes* et *urbis* dixit, arbitrio consilioque auris usus. Nam in primo Georgicon, quem ego, inquit, librum manu ipsius correctum legi, *urbis* per *i* litteram scripsit. Verba e versibus ejus hæc sunt : « *Urbis*ne invisere, Cæsar, terrarumque velis curam. » Verte enim et muta, ut *urbes* dicas, insubidius nescio quid facies et pinguius. Contra in tertio Æneidos *urbes* dixit per *e* litteram : « Centum *urbes* habitant magnas. » Hic item muta, ut *urbis* dicas, nimis exilis vox erit et exsanguis. Tanta quippe juncturæ differentia est in consonantia vocum proximarum..... Nos aliud quoque postea consimiliter a Virgilio duplici modo scriptum invenimus ; nam et *tres* et *tris* posuit eodem in loco, ea judicii, ut, si aliter dixeris mutaverisve et aliquid auris habeas, sentias suavitatem sonitus claudere. Versus ex decimo hi sunt : « *Tres* quoque Threicio Boreæ de gente suprema, et *tris* quos Idas pater et patria Ismara mittit. » *Tres* illic, *tris* hic. Pensicula utrumque et modulare ; reperies suo quodque in loco sonare aptissime (AUL. G., 13-20).

(1) Varron (L. L., 7), tout en reconnaissant que l'analogie doit ranger dans la même catégorie *gens, mens, dens,* prétend cependant que le dernier fait *dentes, dentum* (et jamais *denteis, dentium*), que *mens* fait *mentium,* mais seulement *mentes,* tandis que le premier de ces trois noms fait *genteis* aussi bien que *gentes* (gentium). En fait d'usage il semble que nous devons garder un modeste silence en présence d'un romain ; mais est-il bien certain que le plus érudit de Rome, dont la science embrassait trop d'objets pour n'être en défaut sur aucun, doive passer ici pour l'organe des auteurs de son temps? Et ne peut-on pas supposer qu'en ce point l'usage a été pour lui son opinion personnelle? D'abord *dentum* ne se voit nulle part que je sache ; bien plus, *dentium* est dans Pline (7-2, 28-4, 23-1, 20-3, 21), dans Celse (2-7), dans Sénèque (Ben., 4-6), dans Cicéron (Tusc., 4) ; en outre, *denticulus, tridentium, bidentium,* ne laissent aucun doute sur le génitif *dentium.* J'accorderais volontiers que *denteis* ou *dentis* ne se peut employer ; mais si Virgile se sert de *bidentis,* je ne vois pas pourquoi *denteis* ne se dirait pas aussi bien que *genteis.*

(2) In *as* exeuntia nominativo, civitas civitatium, has civitates fere ubique legimus (PRISC., 7).

TROISIÈME CLASSE.

Noms neutres de la troisième Déclinaison.

Les noms neutres de cette déclinaison ont diverses désinences, dont les plus ordinaires sont *agmen, cadaver, iter* (itineris), *marmor, ebur* (eboris), *murmur, os* (ossis et oris), *cor* (cordis), *pectus, genus, caput.* (Voyez plus bas ceux en *ma,* ainsi que *cubile, calcar, cervical.*)

Ici point de dispute, excepté pour les monosyllabes. *Os ossis, cor cordis,* ont le génitif en *ium,* de l'aveu de tous les grammairiens anciens et modernes. *Os oris* suit la même analogie, si l'on en croit Vossius, à la décision duquel ont déféré tous les grammairiens postérieurs; mais l'analogie, que Vossius prétendait invoquer, témoigne contre lui : *morum, florum,* par conséquent *orum*[1].

Crus fait *crurum* : *Crurum* tenuitas (Phæd., 1-12-6); *crurum* gracilitati (Suet., D., 18; Tac., A., 15-63). *Thus* et *rus,* que je n'ai point trouvés à ce cas, doivent suivre la même règle; *æs æris*[2], *jus juris,* ne sont point usités au pluriel, excepté au nominatif et à l'accusatif.

2° Les noms neutres en *e, al, ar,* ont l'ablatif en *i :* Collocatur alto *sedili* (Cels., 8-1-9); is qui agrum publi-

---

(1) Une autre raison décisive, c'est que *ossiculum,* diminutif d'*os, ossis,* est formé comme ceux qui viennent des noms dont le génitif pluriel est en *ium,* au lieu que *os, oris,* a pour diminutif *osculum* (et non pas *oriculum*).

Enfin, à force de recherches, je viens de découvrir quelque chose de plus précis encore sur cette difficulté : Pluraliter ossa, ossium, ossibus. Os, oris.... pluraliter hæc ora, horum orum, his oribus... (Q. R. Pal.)

(2) Æs, æris, cujus plurales obliqui in raro sunt usu, *æra, ærum, æribus* (Prisc., 7); *ærum* ab *æribus* (Cat., ibi.); jurum legumque (Cato, Originum, 7); numero plurali, tantummodo per nominativum et accusativum et vocativum declinatur, ut maria, rura, æra, jura (Char., 1). Lucretius secundo, pulsabant *æribus æra* (ibi.). Effectivement il se trouve dans Lucrèce (2-637) : cum.... armati in numerum pulsarent *æribus* æra. *Jurium* Plautus dixit (Epid. 2-4). Char., 1. Non enim dicimus horum jurium, his juribus, ærum, æribus; nec mellium mellibus. Fel.... plurali numero non nisi per tres casus currit (St-Aug., gram.)

cum vitiosa et inutili lege, *vectigali* levavit (Cic., Brut.; Claud. in Con. Sti., 2-98); an deprehensus in *lupinari* cum aliena uxore adulter sit, quæritur (Quint., 7-4); hæc quoque nostra ratio, si *exemplari* ab suo non aberrat (Sen., Ben., 4-25); idque pro *tribunali* cum aliquid age retur (Cic., Ep., 3-8); quale sit in magno jactari semper *inani* (Lucr., 2-110; Cic., N. D., 1-20); in novo *fictili*[1] (Plin., 20-1); nec sedit in *cubili*[2] (Plin., 36-14); verno... *novali* (Ovid., ex Pont., 1-4-13); delectabatur crebro *funali* et tibicine (Cic., Sen., 13).

Il faut excepter *bacchar, far, hepar, jubar, nectar*: Errantes hederas cum *bacchare* tellus (Virg., Eg., 7-27); exta *farre* sparguntur (Val. M., 2-5-5; Ovid., 2-513); *jubare* exorto (Virg., Æ., 4-130); non ambrosis Deos aut *nectare* lætari arbitror (Cic., Tusc., 1-26)[3].

Gausape a l'ablatif semblable au nominatif; *rete* fait *reti* ou *rete*: Ubi... puer... acerneam *gausape* purpureo mensam pertersit (Hor., Sat., 2-8-12); cur tibi pro Libycis clauduntur *rete* leænis imbelles capreæ... (Ovid., Fast., 5-371); albo *rete* (Plaut., Per., 1-2); venari autem *reti* jaculo in medio mari (Plaut., Asin., 1-1-86). *Reti* est régulier; *rete* vient de *retis*, dont se sont servis Plaute

---

(1) Presque tous ces noms en *al, e*, étaient originairement adjectifs, ce qui paraît surtout par *sedile, fictile, penetrale, vectigal, inane, insigne*. Ce sont maintenant de vrais noms qui prennent l'adjectif: Magnum per *inane* (Virg., Eg., 6-31; Lucr., 1-1101); ultro regium *insigne* sumere cohortatur (Tac., A., 12-49, 15-29; Cic., Div., 1-17; Suet., Aug., 35; Curt., 3-3). Les grammairiens qui ne donnent que le pluriel à ce nom sont donc dans une grande erreur. *Ancilia* est usité au singulier: Idque *ancile* vocat (Ovid., F., 3-377). — telorum *missilium* ingens vis (Liv., 42-53).

(2) Ab hoc monili, ab hoc sedili... ab hoc cervicali (Q. R. Pal.); ab hoc animali (St-Aug., gram.).

(3) Il faut encore excepter *sal*, qui fait *sale;* mais il est, même au singulier, presque toujours masculin, comme il sera établi ci-après (voy. après les déclinaisons *Remarques sur les genres*). *Animans*, qui est quelquefois du neutre, et qui alors se rapporte à cette règle, fait à l'ablatif *animante*, parce qu'il vient de l'adjectif *animans*, et que la terminaison doit être la même pour les trois genres (voy. les *Remarques sur les genres*).

(Rud., 4-3-5) et Varron (R. R., 3-5). Cette remarque est applicable à *præsepe*.

Avec quelques noms qui, en prose, se terminent toujours en *i*, les poètes mettent *e* : Exiguum pleno de *mare* domat aquæ (Ovid., Tris., 5-2-20) ; Libyco de *mare* (id., ib., 200 ; ex Pon., 4-6) ; quum veniret a *mare* novissimo (Catul., 4 ; Lucr., 1-161) ; si nitor auri sub *laqueare* domus animum non tangit avarum (Virg., Cul., 62).

Le pluriel est en *ia, ium* : Ita ne in cruribus emineant transversa *calcaria* (Col., 8-2) ; *maria* [1] alta tumescunt (Virg., G., 2-478) ; tonsisque ferunt *mantilia* villis (id., Æ., 1-705) ; aurata *monilia* collum ornabant (Ovid., M., 5-52) ; Argolici rediere duces, *altaria* fumant (Ovid., Ep., 1-25). *Farra* et *gausapa* n'ont pas d'autres désinences au pluriel : *gausapa* si sumpsit (Ovid., Art., 2-300).

Les noms de fêtes seulement usités au pluriel ont le génitif en *ium* ou en *orum* [2] : *Bacchanalium* mos (Val. M., 1-3-1, 6-3-7) ; *Lupercalium* mos (id., 2-2-9) ; exauditique sonus *Bacchanaliorum* (Sal., de Nonius, qui prétend que l'on dit de même *vectigaliorum*... *novaliorum*... ; adjecit et fructum omnem *vectigaliorum* (Suet., Cal., 16) ; Curio *Vulcanaliorum* die ibidem moratus (Sal., H., 4). De même *ancilia*, *sponsalia* : *Anciliorum* [3] nominis et togæ oblitus (Hor., Car., 3-5-10) ; *sponsaliorum* dies (Suet., Aug., 53) ; factis sponsalibus (Cic., At., 6-6).

3° Les noms en *ma* (originairement grecs) ont au plu-

---

(1) Mare maria, sed pluraliter.... genitivum, dativum et ablativum non habet : non enim dicimus... horum marium... his maribus.... (St-Aug., gram.) Sunt nomina generis neutri, quæ tres casus tantum in plurali numero, nominativum, accusativum et vocativum habent, ut jura.... Sic et maria, et vina, et mella, et fella, et æra. Vocantur autem triptora (Q. R. Pal., gram.)

(2) Hæc Vulcanalia, horum Vulcanaliorum vel Vulcanalium, his Vulcanalibus (Prisc., 7) ; qui Vulcanalium dicit regula nititur (Mac., 1-4).

(3) Apud auctores invenimus anciliorum et ancilium, Vulcanalium et Vulcanaliorum (Serv. in D., 2).

riel une double terminaison, *is, ibus* : In exscribendis *Hypomnematis* [1] (Cic., Ep., 16-21); ex *poematis* græcis (Aul. G., 9-9); utendum ex farina *cataplasmatis* (Cels., 4-1-3; Gal., 2-21); in tot *poematibus* et orationibus (Cic. ad Her., 4-2); *diplomatibus* (Suet., Aug., 50; Traj. de P. J., 10-122). Cette désinence *is* vient de ce que ces noms étaient d'abord de la deuxième déclinaison. Varron, au rapport de Charisius, voulait que l'on dît *horum poematorum, his poematis*. D'après le même grammairien, Cicéron aurait aussi mis *poematorum* (p. Gal.). Umbrarum æquinoctialium designantur *analemmatorum* formæ (Vit., 9-1, 4); cæterique ex astrologia *parapegmatorum* disciplinas invenerunt (ibi., 4, 7). Le génitif se fait quelquefois à la grecque, comme on le voit dans Martial : *epigrammaton*.

QUATRIÈME CLASSE.

Noms de la troisième Déclinaison, tirés du grec.

1° Les noms en *asis, esis, isis*; génitif *is, eos, ios*; accusatif *im, in*; génitif pluriel (peu usité) *eon* : *amphaseos* gratia (Diom., 1). De même *basis, phrasis, periphrasis, genesis, heresis, poesis, metamorphosis, elephantiasis, thesis, crisis, phthisis, paralysis*, et tous les noms en *polis* : *Periphrasin* poetarum facere (Aul. G., 3-1); hic quidam ait, nos eamdem *crisin* habere, quia utrique dentes cadunt (Sen., ep. 88); ut eam *basin* statuamque statuendam... locent (Cic., P., 9-7); præter *basim* (Plin., 36-9); Homeri picturam, *poesin* non videmus (Cic., de Or., 3-89); *paralysin* (Plin., 32-4); *phthisin, elephantiasin* (id., 30-3); *Neapolin* confluxerant (Suet., Ner., 20); facere magnam *praxin* Dolabellæ (Cic., At., 14-19); *metamorphoseon* (Ovid.).

---

(1) Cum frequenter in Verrinis *toreumatis* dicit, et *perpetasmatis* et *emblematis* invenimus.... (Prisc., 7). Horum schematum, his et ab his schematis (Diom., 1).

2° Les noms en *ys* font au génitif *yis*[1], *yos*; accusatif *ym*, *yn*; vocatif *y*; ablatif *ye*: *Tethyos* alternæ refluas calcavit arenas (CLAUD., 7-58; STA., Ac., 1-19); *Cotyis* regis filia (NEP., 11-3); increvit *Tityi* jecur (SEN., H. Æt., 1069); canæ *Tethyi* restituar (CATUL., 66); adversus *Cotym* bella gessit (NEP., 13-1); Crœsus *Halym* penetrans magnam pervertet opum vim (CIC., D., 2-56); id ipsum argumenti prætendentibus orationi, non sua voluntate *Cotyn* regem juvisse Persea (LIV., 45-42); horrificamque oculis animoque objecit *Erinnyn* (OVID., M., 1-725); quid tibi cum patria, navita *Tiphy* (id., Ep., 6-48); o *Coty* (id., ex Pon., 2); ortus Alba Atys, *Atye* Capys, *Capye* Capetus (LIV., 1-3); legati a *Cotye*[2] rege Thracum venerunt (id., 45-42); tum me vos tragicæ vexetis *Erinnyes*, et me inferno damnes, Æace, judicio (PROP., 2-2-39); cœco nec *Erinnyas* ore rogavi (STA.); et mecum *Erinnys* pronubas thalami trahas (SEN., Ad., 644). Voilà les seules terminaisons que j'aie trouvées au pluriel.

3° Enfin il y a des noms dont l'accusatif est en *em*, *a*; *es*, *as*: ces noms sont très nombreux, et méritent une attention particulière.

Noms terminés en *as* au nominatif.

Hermionem Pylades, quo *Pallada* Phœbus amabat (Ov., Art., 1-745); Nanum cujusdam *Atlanta* vocamus (JUV., 8-32); hic Itachus vatem magno *Calchanta* tumultu protrahit in medios (VIRG., Æ., 2-122; VAL. M., 8-11-6); lacrymis *adamanta* movebis (OVID., Art., 1-659; Am., 3-7-57); luteum *giganta* facis (MART., 9-51); in quartam

(1) Phorcys per *s* Phorcyis declinatur, non Phorcynis (PRISC., 6). Amphibrachys, yis; Capys, yis; Erinnys, yis (PRISC., 7).

(2) Plusieurs grammairiens, entre autres Port-Royal, veulent que l'ablatif se termine en *y* tout aussi bien qu'en *ye*; outre qu'ils ne peuvent citer aucune autorité, cette terminaison jetterait de la confusion entre le vocatif et l'ablatif. Cette erreur (car je crois que c'en est une) provient de la règle fausse que l'ablatif se forme de l'accusatif en retranchant *m*.

hebdomada (Cic., Ep., 16-9); *Naiada* Bacchus amat (Tibul., 2-6-57); hic prope ter senas vidit *olympiadas* (Mart., 14-212); qui primus Danaum *Troada* tangat humum (Ovid., Ep., 13-94); *Toanta* rapui (Ovid., Ep., 6-135); *Olympiada* immortalitati consecrare decreverat (Curt., 10-5-30).

— *ax*.

Thoraca simul cum pectore rumpit (Virg., Æ., 10-337); si stantem videas, *Astianacta* putes (Mart., 14-212); *Thracas* equos vidi (Ovid., M., 9-194).

— *an*.

Titanas [1] validos concitat in arma (Ovid., F., 3-797).

— *er*.

Quidam ex nostris existimant *aera*, quum in ignem et aquam mutabilis sit, non aliunde trahere caussas flammarum novas (Sen., Q. N., 2-15); relinquant armaque *crateras*que pulchrosque *tapetas* (Virg., Æ., 9-358); Deum esse dicit.... ignem præterea, et eum, quem antea dixi, *æthera* .... et aquam, et terram, et *aera* (Cic., N. D., 1-15).

— *es*.

Stipatque carinis ingens argentum, dodonæosque *lebetas* (Virg., Æ., 3-466); *magneta* secant (Sil., 3-266; Lucr., 6-908); *Magnetas* adit vagus exul (Ovid., M., 11-408); arguta meretrice potes, Davoque *Chremeta* eludente senem, comis garrire libellos (Hor., Sat. 1-10-37).

— *in, is*.

Sua omnia quæ moveri poterant, partim *Salamina*, partim *Træzena* asportavit (Nep., 2-5); astris *Delphina* recepit Jupiter (Ovid., F., 2-107); *cantharidas* sumpsisse dicitur (Cic., Ep., 9-21); apud *Chalcida* (Sal., F., 25);

(1) Frequenter invenimus auctores.... græcos plerumque servantes accusativos, ut Titana, Sirena, Thoraca, lampada (Prisc., 7).

Hectoreos amnes, Xanthum et *Simoenta* videbo (VIRG., Æ., 5-634) ; cur unquam Colchi *Magnetida* vidimus Argos? (OVID., Ep., 12-9) ; *Gnosida*... fecisses inopem (id., Rem., 745) ; dic mihi... quare non habeas *ægida?* Cæsar habet (MART., 14-179) ; boves et equos, ibes, accipitres, *aspidas* [1]... in deorum numero reponemus (CIC., N. D., 3-19) ; formosam resonare doces *Amaryllida* sylvas (VIRG., Eg., 1-5) ; certatim ornabant omnes *heroida* divi (VIRG., Cat., 11-21, Cul.).

Les noms masculins en *is, idis,* font *im, in* à l'accusatif, d'après les grammairiens modernes : *Daphnin* ad astra feremus (VIRG., Eg., 5-52) ; *Phalarin* (SEN., B., 7-19) ; *Parim, Parin,* o....... quæ turba *Serapin* amat (MART., 9-30) ; cur non eodem in genere *Serapim Isim*que memoremus? CIC., N. D., 3-19). Mais il y a une autre terminaison incontestablement bonne : Adversus *Nabidem* bellum gerere (LIV., 32-21) ; ducem *Nabidem* eorum vicit (EUT., 4) : Venus reversum spernat *Adonidem* (CLAUD., 11-16) ; *Paridem* solitus contendere contra (VIRG., 5-370 ; PLIN., 36-6) ; utque magis stupeas, ludos *Paridem*que reliquit (JUV., 6-87) ; perque histrionem *Pariden* (TAC., A., 3-21) ; *Phasidem* (PLIN., 19-3). C'est d'après ces autorités que Tertullien s'est servi de *Serapidem, Isidem* (Apo., 6). Quelques noms féminins ont aussi cette terminaison *im, in* : *Irim* de cœlo misit Saturnia Juno (VIRG., Æ., 9-2 ; APUL., de Mund.) ; *Elin* concilio indicto

---

(1) Pixis, pixidos..., pixida. Tullius tamen ait in Cæliano, veneni pixidem græcum nomen in latina declinatione flexit (CLED.). De même *chlamys, proboscis, tyrannis, Propontis.*

Eleusis, sin, fait à l'accusatif *in, ina :* Ut reversus in urbem exercitus triginta tyrannos *Eleusina* migrare juberet (JUST., 5-10) ; frumenti satio apud *Eleusin* a Triptolemo reperta est (JUST., 2-6).

Il paraît qu'outre *Phasidis* il fait encore au génitif *Phasis* : *Phasi* flumine (JUST., 2-2). Il en est de même de *ibis* : *Ibidis* alis Cyllenius latuit (OVID., M., 5-331) ; ne fando quidem auditum crocodilum aut *ibim*... violatum ab Ægyptio (CIC., N. D., 1-29) ; *ibes* (CIC., ibi., 3-19). — *tigris,* gén. *tigris, tigridis ; tigrim, tigrin, tigridem, tigrida.... tigres, tigrides... tigridas.*

(Liv., 38-32); *Elin* Pylonque misimus (Ovid., M., 12-550; Plin., 19-3); Euripusque trahit Chalcidicas puppes ad iniquam classibus *Aulim* (Luca., 5-236); cæsamque bibens *Mæotida* Alanus (Claud., 3-312; Pom. M., 2-1, 1-3); ut omnia flumina ibi nata in *Mæotim*.... decurrant (Just., 2-1; Curt., 4-7, 6-4; Plin., 32-17); tentare *Thetin* ratibus (Virg., Eg., 4-12; Claud., 10-175).

Terminaisons *anx, bs, ps, yx, ynx.*

Qui in *phalangas* insilirent (Cæs., B. G., 1-52); modo turilegos *Arabas,* modo despicit Indos (Ovid., F., 4-569; atque ad *Æthiopas* (Pom. M., 1-4); non enim te puto esse eum, qui Jovi fulmen fabricatos esse *Cyclopas* in Ætna putes (Cic., D., 2-19); nec *Styga* vidisses, tartareumque canem (Mart., 9-47); per *Styga* (Ovid., Art., 2-41). De même *Phryx* (Mart., 10-19). *Lyncas* vulgo frequentes et *sphyngas* fusco pilo... Æthiopia generat (Plin., 8-30).

— *o, on.*

Post *Macedonas* (Flor., 3-4).

Bove percusso mugire *Agamemnona*[1] credit (Juv., 14-286); dixit Junius Mauricus non esse restituendum Viennensibus *agona* (Plin. J., 4-22); qui *Babylona* condiderant (Pat., 1-6; Mart., 9-77); et Socrates esse circa se assiduum *dæmona* loquebatur (Lact., 2-15); super *Amazonas* et hyperboreos (Pom. M., 1-2); peltatam scythico discidit *Amazona* nodo (Mart., 9-104); juxta flumen *Acheronta* (Just., 12-4); qui Centaurum *Chirona*... dicunt (Quint., 8-6-37); *Cimona* paternas induere catenas .... coegisti (Val. M., 5-3-2); ut in locum ejus navalis belli ducem eligat *Conona* Atheniensem (Just., 6-1-7); et studio majore petant *Helicona* virentem (Hor., Ep., 2-1-18); *Lacedemona* proficiscuntur (Just., 6-7); *Lacedemona* servire jubet (Sen., Ep., 94; Ovid., Ep., 1-5);

(1) Les poètes terminent quelquefois en *o*: Conclamant Danai, stimulatque *Agamemno* volentes (Sta., Ach., 3-157).

turgidus Alpinus jugulat dum *Memnona* (HOR., Sat., 1-10-36); *Polyperchonta* Græciæ et Macedoniæ præposuerat (JUST.. 13-6); jam *ciconas,* jamjamque horret *Læstrigonas* atrox (VIRG., Cul., 329); nec timuit *Phlegethonta* furentem ardentibus undis (ibid., 271); urbem *Sidona* appellaverunt (JUST., 18-3); ad *Sidona* ventum est (CURT., 4-1); quum quidam... in concione populi de rebus gestis ejus detrahere cœpisset, ac nonnulla inveheretur in *Timoleonta* (NEP., 20-5); inter *Strymona* et Athon (POM. M., 2-2); ad *Thermodonta* campus, in *quo* fuit Themiscyrium oppidum (id., 1-19); sequiturque incumbens eminus hasta Tereaque Harpalycumque et *Demophoonta* Chromimque (VIRG. Æ., 11-675); civitates amplissimas constituit.... Prienen, Samum, Teon, *Colophona* (VITR., 4-1); *Zenonas*... *Platonas* (MART., 9-47).

— *or.*

Ut *Stentora* vincere possis (JUV., 13-112); si solum spectes hominis caput, *Hectora* credas (MART., 14-212); *Hectora* nescio quem timeo, Paris, *Hectora,* dixit (OV., Ep., 3-63); et multos illic *Hectoras* esse puta (OV., ibi., 68; HOR., Sat., 1-7-12); te potare decet gemma, qui *Mentora* frangis (MART., 11-12); omnes grammaticosque *rhetoras*que divites (id., 5-57).

— *os.*

Verum *rhinocerota* me putabis (MART., 14-52); eadem terra *rhinocerotas* alit, non generat (CURT., 8-9-16); pixit et *heroa* (PLIN., 35-10); divisque videbit permixtos *heroas,* et ipse videbitur illis (VIRG., Eg., 4-16); essent qui generum *Minoa* auctoribus extis jungere.... suaderent (VIRG., Cir., 367; OVID., M., 9-440).

— *us.*

Civitates... constituit.... Ephesum, Miletum, *Myunta* (VITR., 4-1); usque ad *Trapezunta* (CURT., 10-10); et *tripodas* septem pondere et arte pares (Ovid., Ep., 3-32; Plin., 36-6). De même *Œdipus, podis.*

La terminaison grecque se trouve aussi au génitif : Finitque id littus *Hellados* (Pom. M., 2-3); flavus crinis.... *Arcados* (Sta., The., 6-607); is domitis actum *Symplegados* undis (Val. F., 5-300); namque ferunt... egressam longe *Phasidos* isse viam (Prop., 1-2-18); nec pater est Ægeus, nec tu *Pitheidos* Æthræ filius (Ovid., 10-131); hæc *Æolidos* fratri scribentis imago (id., 11-5); aditum *Mæotidos* transverso margine attingit (Pom. M., 1-2); Morphea, qui peragat *Thaumantidos* edita, Somnus eligit (Ovid., M., 14-647); *Athamantidos* undæ (Prop., 1-20-19); Antiopæ forma *Nycteidos* (Prop., 1-4-5); in quo vas marmoreum *Laidos* (L. Amp., 8); quum se... obtulit Arsinoes *Chloridos* ales equus (Catul., 66-54)....

Souvent, au vocatif, l'on supprime la lettre *s* : Tempus, *Atla,* veniet (Ovid., M., 4-443); teque juvat, *Palla* [1] (Virg., Æ., 10-411); nec referam partus, *Armeni* nympha, tuos (Ovid., Ep., 9-5); prima mihi nutrix, *Æoli,* dixit, amas (id., Ep., 11-34); *Inachi,* quo properas? (id., Ep., 14-105); non ut voluisti, morieris, *Beti* (Curt., 4-6); *Daphni,* quid antiquos signorum suspicis ortus (Virg., Eg., 9-44); formosissima *Lai* fæminarum (Mart., 14-144); quodque tibi geminus, *Tyndari,* Castor erat (Ovid., Art., 1-746); hic gelidi fontes, hic millia prata, *Lycori* (Virg., Eg., 11-42; Ovid., M., 11-237, 9-580, 10-543, 14-14; id., Ep., 15-100; Am., 2-13-7); quo te, *Mœri,* pedes (Virg., Eg., 9-1); ut possis odisse tuam, *Pari,* funera fratrum debueras oculis substituisse tuis (Ovid., Rem., 573).

R. Ce retranchement a même lieu dans plusieurs noms propres de la deuxième classe : Respice sollicitam *Briseida,* fortis Achille (Ovid., Ep., 3-137; M., 12-608); ego tibi, *Carneade,* prætor esse non videor (Cic., Tusc., 2-

(1) De *Pallas, Pallantis;* mais *Pallas, adis,* a le vocatif semblable au nominatif : O innuba *Pallas* (Val. F., 1-87).

45); quid dicemus, *Cleanthe?* (Cic., ibi., 3-32); *Tibri,* doce verum (Ovid., F., 5-635, 4-572); visne igitur, *Damocle,* quoniam hæc te vita delectat, ipse eamdem degustare? (Cic., Tusc., 5-21).

On voit encore, mais très rarement, le datif et même le génitif pluriel terminés à la grecque : Jupiter, ut *Chalybon* omne genus pereat (Catul., 66-48); *Troasin* invideo (Ovid., Ep., 13-105); non minor Ausoniis est amor *Hydryasin* (Prop., 1-20-12); grata domus nymphis humida *Thyniasin* (ibid., 34); edidit hæc mores illis *heroisin* æquos (Ovid., Tri., 5-5-40).

Vossius (et tous les grammairiens modernes après lui, lesquels n'ont pas voulu se donner la peine d'examiner si ce savant auteur ne s'était point trompé) avance que la forme *a* ne se voit guère que dans les poètes, et que les prosateurs emploient de préférence la terminaison latine. Quintilien (Ins., 1) laisse toute latitude à ce sujet, et permet d'employer indifféremment la désinence grecque ou la latine. Je crois avoir prouvé, par toutes les citations précédentes, que Vossius et ceux qui l'ont cru sur parole sont tombés dans une erreur qu'il était important de rectifier.

QUATRIÈME DÉCLINAISON.

Le génitif *us* n'est qu'une contraction de *uis* [1] : Hujus *anuis* causa (Ter., Heaut., 2-3); *fructuis* venenum (Varr., R. R., 1-1-19). C'est ce qui le rend long.

Les anciens contractaient de même le datif, *u* [2] pour *ui*;

---

(1) *Uis* pour υος chez les Grecs, comme nous avons vu *Tethyis* pour Τηθύος; le pluriel *us* est aussi pour *ues*, comme ἰχθύες, ἰχθῦς. Marcum Varronem et P. Nigridium, viros romani generis disertissimos, comperimus non aliter locutos esse et scripsisse quam *senatuis* et *domuis* et *fructuis* (Aul. G., 4-16). *Senatuis* et *fructuis*, ita genitivum, inquit Plinius, declinatur (Char., 1).

(2) Non omnes concedunt in casu dativo senatui magis dicendum

ce que plusieurs poètes d'une grande autorité ont retenu, tels que Virgile, Silius, Stace, Sénèque le tragique. César le préférait à la terminaison *ui*, et il a trouvé des imitateurs : Qui tamen pares esse nostro *exercitu* non potuerunt (Cæs., B. G., 1-40, 46) ; qui summo *magistratu* præerat (ibi., 16) ; qui *equitatu* præerat (39) ; non se *luxu* neque inertiæ corrumpendum dedit (Sal. J., 6) ; *luxu* [1] propior (Tac., An., 3-30) ; præsedisse nuper feminam exercitio cohortium, *decursu* legionum (ibid., 33) ; habendoque *delectu* dat operam (Liv., 22-2) ; statutum tempus inermi *exercitu* mittendo (id., 9-5) ; fescennino *versu* similis (id., 7-2) ; quod *usu* menstruo superesset (id., 4-12) ; sibi magno *usu* atque adjumento fuisse (Cic., Ep., 13-71) ; *sumptu* ne parces ulla re (ibid., 16-4).

Les poètes font quelquefois une syncope au génitif pluriel : Quæ gratia *currum* (Virg., Æ., 6-553) ; matrumque *nurum*que catervæ (id.) ; duo millia *passum* (Mart., 2-5).

Ont le datif pluriel en *ubus* : *tribus*, partus, artus, arcus (*partubus, artubus, arcubus*, pour distinguer ces noms de *pars, ars, arx*. Prisc., 7), *quercus* [2], *acus, ficus, lacus, specus, pecu* : In eorum *tribubus* (Suet. J., 13 ; Liv., 45-15) ; si vocata *partubus* Lucina veris affuit (Hor., Epod. 5) ; torpere hebetatis *artubus* (Val. M., 3-8-6) ; in duabus *acubus* fila trajicienda sunt (Cels., 7-4-2) ; permutatis inter manus *acubus* (ibi.) ; id omnium minime *ficubus* inest (Gal., 2-8, 9, 10, 25, 35) ; Varro de *ficubus* [3]... dicendo, dedit multis licentiam ut et has ficus di-

---

quam senatu.... C. Cæsar, gravis auctor linguæ latinæ, in Anticatone : Unius, inquit, arrogantiæ superbiæque dominatuque. Item in Dolabellam, act. 3.... isti.... honori erant et ornatu. In libris analogiis... idem censet (Char., 1).

(1) Vossius cite un autre endroit de Tacite : Cruciatu aut præmio cuncta pervis esse amissa ; mais je ne puis m'en prévaloir, puisque *cruciatu* est peut-être à l'ablatif. Port-Royal rapporte, probablement sur la foi de quelque grammairien, une phrase de Cicéron que je n'ai point trouvée.

(2) Sic et portubus dicimus et quercubus et partubus (Cled., 2).

(3) Port-Royal est donc dans une grande erreur, en déclarant qu'il

cerent (CHAR., 1); ferrum.... quod forcipe curva quum faber eduxit, *lacubus* demittit (OVID., M., 12-277); præmia de *lacubus* proxima musta tuis (OVID., F., 4-888); *specubus* ac puteis extracta aqua utebantur (COM. CÆS., B. Al., 5); *pecubus* balantibus (LUCR., 6-113).

Portus, genu, veru, ont *ibus* ou *ubus* : Provincia mari cincta, *portibus* distincta (CIC. p. Flac., 12); mari *portibus*que prohibebat (CÆS., B. C., 3-15); longe a *portibus* (ibi., 25); debere... neutrum eorum... urbe aut *portibus* recipere (id., B. C., 1-35); *portubus* (LIV., 27-30; OV., M., 13-710.... POM. M., 3-5); supplex jacet illapsa *genubus* (SEN., Hipp., 664); consedit *genubus* tractus ab ore tremor (Eleg. de Far.) (P. L. M., 306); reptando manibus *genubus*que (ST.-JER., Ep., 3-3, 2-18); pars *verubus* stridet (OVID., M., 6-646; VIRG., G., 2-396); subjiciunt *verubus* prunas (VIRG., Æ., 5-103).

Avant que la langue latine fût fixée, il n'y avait pas de distinction bien marquée entre la deuxième et la quatrième déclinaison; et, dans les vieux auteurs, ces deux déclinaisons se confondent, des noms aujourd'hui exclusivement de la quatrième empruntant certaines formes de la deuxième, et réciproquement : Tantus ventri commeatus meo adest in portu *cibus* [1] (PLAUT., Cap., 4-2-46); prius abis quam *lectus* [2], ubi cubuisti, concaluit locus (id., Amp., 1-3-15); rapidoque *fretu* rapidum mare dividit undas (LUCR., 1-

---

ne se trouve pas d'autorité pour le datif de *acus, ficus, quercus,* indiqués par Despautère comme se faisant en *ubus*.

(1) Cibus, cibi, quamvis hujus cibus antiqui protulisse inveniantur... (PRISC., 6).

(2) C'est de même en empruntant une forme antique que, selon un ancien grammairien, Lucain (10-187) a dit : Nec meus Eudoxi vincetur *fastibus* annus. Ce mot est de la deuxième déclinaison, comme on le voit dans Ovide et dans Cicéron (ep. 5-12 et dans mille autres endroits). Mais le grammairien, en accusant le poëte d'avoir fait une faute, ne savait peut-être pas que Varron en a fait usage (in Ephe.) : Cæsar *fastus* correxit; et Col. (9-14-12) : Sequor nunc Eudoxi et Metonis antiquorumque *fastus* astrologorum. Ces autorités porteraient à penser que ce mot peut être mis au nombre de ceux qui ont retenu les désinences des deux déclinaisons.

720); quod facit *sumpti* (Plaut., Tri., 2-1, cité par Prisc., 6); *fructi* plus capias (Cat., R. R., 4); hoc *fructi* pro labore ab his fero odium (Ter., Ad., 5-4-16); ubi in mentem ejus *adventi* venit (id., Phor., 1-3-2); *versorum* non numerum numero studuimus (Lab. dans Prisc., 6); cum tragicis *versis* (Val., ibi.); tantum *gemiti* (Plaut., ibi.); assiduusque *geli* casus mortalibus aufert quod superest arvi (Lucr., 5-206, 6-155); nihil aliud est *quæsti* (Plaut., Aul., 1-2); pro *exerciti*[1] salute (Var. dans Non.); in ædibus nihil *ornati*, nihil tumulti. (Ter., And., 2-2-28; Heaut., 3-2-21). Salluste même s'en est servi (C., 59) : *tumulti* caussa[2].

Il est résulté de là que quelques noms appartiennent, pour certains cas, aux deux déclinaisons.

Senatus. — Duobus *senati* decretis, ex tanta multitudine neque præmio inductus, conjurationem patefecerat (Sal. C., 36, 38, 30); *senati* consultum (Cic., Ep., 5-2); quod beneficio *senati*, beneficio juris habui (id., Cœcil., 5); quum *senatus senatus senatui*, an *senatus senati senato* faciat, incertum sit (Quint., 1-6-27). Je n'ai point vu *senato*; Vossius assure qu'il l'a trouvé dans deux manuscrits de Cicéron (Læl., 8), et dans Tite-Live (3); ce qui s'accorde parfaitement avec l'incertitude de Quintilien.

Colus. — Cum tua *colu* et lana (Cic., D. Or., 2-68); Palladia *colu* (Sen., Æt., 563); plena... *colo* (Tibul., 1-3; Prop., 4-1); invenit eum inter scortorum greges

---

(1) Ce n'est que par une sorte d'irrégularité que ce nom a passé à la quatrième; car *exercitus* est *miles exercitus*. Parti et partuis pro partus.... exerciti vel exercituis pro exercitus.... sumpti pro sumptus.... senati vel senatuis pro senatus.... victi pro victus.... æsti pro æstus.... quæsti vel quæstuis pro quæstus.... aspecti pro aspectus.... lucti pro luctus.... salti pro saltus.... humu pro humo... flucti pro fluctus... piscati pro piscatus.... porti pro portus... domuis pro domus... soniti pro sonitus... (Nonius.)

(2) Cicéron s'est servi de même de *arci* : Cur non *arci* species in Deorum numero ponatur (N. D., 3); et il en devait être ainsi dans l'origine, comme on voit dans *arcitenens*.

purpuram *colo* nentem (JUST., 1-3); nigræque sororum juravere *colus* (STA., The., 3-248); irrevocabiles Parcarum *coli* (SEN., Herc. F., 7); quælibet herbæ tinxere *colos* (id., H. Æt., 668); solaque fatales non vereare *colus* (CLAUD., Rut. It., 1-139; VAL. F., 6-645).

Angiportus. — Flebis in solo levis *angiportu* (HOR., C., 1-25-10); ex horreis direptum effusumque frumentum vias omnes *angiportus* constraverat (CIC., Div., 1-32); ut omnibus in *angiportis* prædonis improbissimi statuæ ponantur (CIC.[1], 2-4-21; CATUL., 58-4).

Domus. — Ce nom a toutes les terminaisons de la 2e et de la 4e, à l'exception du vocatif singulier qui manque pour la 2e et de l'ablatif pour la 4e. Au pluriel, *domus* n'a point la désinence *i* pour le nominatif, ni *is* pour le datif; ce qui a donné lieu à l'axiome suivant :

Tolle *me, mu, mi, mis,* si declinare *domus* vis.

Ficus (figue, figuier). — Homini Phrygi, qui arborem *fici* nunquam vidisset, fiscinam *ficorum* objecisti (CIC., p. Flac., 17); unusquisque sub vite sua et sub *ficu* sua (ST-AUG., Reg., 3-4-25); quod diceret uxorem suam suspendisse se de *ficu* (CIC. de Or., 2-69); aridæ *ficus*[2] (PLAUT.,

---

(1) Hic angiportus, hoc angiportum, his angiportis; sic Plinius Secundus in primo artis grammaticæ (PRISC., 6).

(2) Alii dicunt cupressus, alii cupressei; item de ficeis, plataneis et plereïsque arboribus, de quibus alii extremum *us*, alii *ei* facient. Id est falsum; nam debent dici hei et hæ ficei : quod est, ut nummei, ficei, ut nummorum, ficorum (VARR., L. L., 8); hæ ficus et hæ fici et has ficos (CHAR., 1). Quelques grammairiens concluent de ces vers de Martial (1-66) :

« Cum dixi *ficus*, rides quasi barbara verba,
Et dici *ficos*, Cœciliane, jubes;
Dicemus *ficus* quas scimus in arbore nasci,
Dicemus *ficos*, Cœciliane, tuos. »

que *ficus*, figue, figuier, est de la quatrième exclusivement; c'est à grand tort : car, outre que ces vers ne sont pas lus de la même manière par tout le monde, il est évident que le poëte malin voulait lancer les traits de sa satire sur Cécilianus, pédant et infirme, et non pas donner une règle rigoureuse.

Rud., 3-4-59); *fici* siccæ... *ficorum* siccarum (PLIN., 13-4, 23-8); in medio mororum ac *ficuum* (GAL., 2-35); subinde maturissimas *ficus* recentes adjiciunt (COL., 12-17); aiunt in foliis ejus... *ficus* non putrescere (PLIN., 35-10; VEG., Art. V., 1-38-6); qui in *ficis* existunt (PLIN., 35-10, 23-8). Voyez ci-dessus *ficubus*.

Laurus. — Sarmaticæ *laurus* nuntius ipse veni (MART., 7-5); populus cum *lauru* ac floribus (TAC., H., 2-55; HOR., C., 2-7); gemino *lauro* coronatus (VAL. M., 2-2-3); ille caput flavum *lauro* Parnasside vinctus (OVID., M., 11-165; Trist., 4-2-51); Delphicæ *laurus* monent (SEN., Æd., 16); excussæ *laurus* immotaque culmina templi (LUCA., 5-155); illum etiam *lauri*, illum etiam flevere myricæ (VIRG., Eg., 10-13); et vos, o *lauri*, carpam (ibid., 2-54); sine tempora circum inter victrices tibi serpere *lauros* (ibid. 8-13); sic cecinit *laurus* ille manere suas. A. SAB. (OVID., Ep., 2-120); MART., 3-58.

Pinus. — Stillicidia *pinus*, quercus et ilicis ponderosissima (PLIN., 17-12); latissima folia sunt *fico*, viti, platano... capillata *pino*, cædro (id., 16-25); *pinu* præcinctus acuta (OVID., Ep., 8-135, M., 1-699; VIRG., G., 7-27); et jam Dardaniæ tangent hæc littora *pinus* (OVID., F., 1-499; STA., Sil., 2-3-52, 4-3-110, 4-4-47); *pinorum* erucæ (PLIN., 23-2); folia... non decidunt oleæ, lauro, palmæ, myrto, cupresso, *pinis* (id., 16-21); invisas dejecit in æquora *pinus* (STA., Sil., 4-6-28, 5-1-105; OVID., M., 5-442, 7-440); thymum *pinos*que... serat (VIRG., G., 4-112)[1].

(1) Hæc ornus, hujus orni, hæc fagus, hujus fagi, hæc pirus, hujus piri, cupressus cupressi ; excipiuntur *quercus*, laurus, pinus, ficus, quæ tam secundæ quam quartæ inveniuntur (CIC. in Chor.); *quercorum* rami.... (PRISC., 6). Cette règle n'est point exacte ; car *quercus* ne se voit guère que de la quatrième, et *fagus, platanus, cupressus*, ne sont point de la deuxième exclusivement. Umbrosæque manent *fagus*, ederæ ligantes brachia (VIRG., Æn., 139); aeriæ *platanus*, inter quas impia lotos (ibi., 123); aeriæ.... *cupressus* (CATUL., 64-289); jubet *cupressus* funebres.... flammis aduri Colchicis (HOR., Epod., 5-17); nec minus admirandum de *cupressu* et pinu (VIT., 2-9; COL., 4-26).

Il y a des noms grecs en *o*, lesquels ont le génitif en *us*[1] et l'accusatif en *o* comme le nominatif : Ac nisi legisses auctoris nomina *Sapphus* (Ovid., Ep., 15-3) ; non mihi sunt visæ Clio *Clius*que sorores (id., Art., 1-27) ; fatidicæ *Mantus* et Tusci filius amnis (Virg., Æ., 10-199) ; Atlantidos arva *Calypsus* (Tib., 4-1-77) ; miseram relinquere *Dido* (Ovid., Ep., 7-7, 133) ; quam quidam *Dido* autumant (Pat., 1-6).

Des écrivains ont voulu les latiniser tout-à-fait, en déclinant *Didonis*, *Calypsonis* ; mais Quintilien[2] improuve ces formes, que Priscien indique comme tout aussi bonnes que les premières. Il me semble que la décision du premier doit être préférée, d'autant plus qu'elle est fondée sur l'usage, et qu'elle émane d'une imposante autorité. Toute la difficulté consiste maintenant à savoir quelle terminaison l'on donnera au datif et à l'ablatif. Je pense qu'il faut éviter ces cas, et la langue latine est assez riche pour en faciliter les moyens ; je ne puis admettre *Didoi*, *Didoe*[3], indiqués par Phoca. Je n'aurais plus rien à dire sur la 4e déclinaison, si ce n'est que quelques noms neutres[4] présentent des anomalies qui sont à remarquer.

---

(1) Dido, Ino, Io, Alecto, Caleno, Clio, Manto, quorum genitivus in *us* exit, Didus, Inus, Ius, Alectus, Celenus, Clius, Mantus (St-Aug., gram.) ; Sappho, us, Erato, us (Char., 1).

(2) Jam non *Calypsonem* dixerim, ut Junonem, quanquam secutus antiquos Cæsar utatur hac ratione declinandi (Quint., 1-5-63).

Manto, Mantus, vel addito *nis* faciunt genitivum : Dido, onis, Calypso, onis, Io, onis... (Prisc., 6) ; Manto... onis vel Mantus, Leto... onis vel Letus (V. Prob.).

(3) O littera finita propria sunt generis feminini, quæ translata in latinam linguam, nihilominus græcam declinationem obtinent, ut Dido, Manto, Erato, Calypso, Themisto. Declinantur enim hoc modo : hæc Dido, Didois, Didoi, Didoem, Didoe. Errant enim qui Didonis et Mantonis genitivum dicunt, et vocis asperitas et veterum autoritas ejusmodi declinationem repudiant (Phoca).

— Attonis philologus librum suum sic edidit inscriptum, an amaverit Didun Æneas. Ut refert Plinius consuetudinem dicens facere hanc Calypso, Io, Alecto ; itaque et L. An. Cornutus in Maronis commentariis Æneidos, 10, Didus ait, hospitio *Didus* exceptum esse Ænean (Char., 1).

(4) Non dicimus *verua*, sed *vera*... (Char., 1) ; cornua, verua, gelua... cornuum, veruum, geluum (St-Aug., gram.).

Genu. — Quæ *genus* ad lævum Nixi delapsa resedit (Cic., Ar., 5-46, 403; Lucil., 4).

Gelu. — Ne *gelus* noceat (Cat.); assiduusque *geli* casus (Lucr., 5-206); denique sæpe *geli* multus fragor (id., 6-155). Mais, en prose, on ne peut se servir que de *gelu, genu.*

Tonitru. — Outre *tonitru, tonitrus* se dit très bien, au pluriel principalement : *Tonitrus* solitariis avibus abortus inferunt (Plin., 8-47); inde movet *tonitrus* vibrataque fulmina jactat (Ovid., M., 2-308). On a dit aussi *tonitruum* : Antiqui aut *tonitruum* dixerunt aut tonum (Sen., Q. N., 2-56).

Cornu. — Circa caveas eorum incendendum *cornum* cervinum (Varr., R. R., 3-9-14); præterea lumen per *cornum* transit (Lucr., 2-388); *cornus* tibi cura sinistri, Lentule, cum prima quæ tum fuit optima bello, et quarta legione, datur (Luca., 7-217).

CINQUIÈME DÉCLINAISON.

Souvent le génitif et le datif se terminent en *e,* même dans les auteurs du bon siècle : Prima *fide* vocisque ratæ tentamina (Ovid., M., 3-341); utque *fide* pignus dextras utriusque poposcit (M., 6-506); constantis juvenis *fide* (Hor., Car., 3-7-4); si prodiderit commissa *fide* (id., Sat., 1-3-92); libra *die* [1] somnique pares ubi fecerit horas

---

(1) C'est ainsi qu'on le lit dans les meilleures éditions et que le cite Priscien (7); mais Aulu-Gelle (9-14) prétend qu'au lieu de *die* Virgile aurait écrit *dies,* forme que Cicéron, assure-t-il, a aussi employée (p. Sextio). Il en a usé lui-même en plus d'un endroit : Propter immanitatem *facies* (Aul. G., 9-13). Aulu-Gelle prouve de plus par plusieurs passages extraits des anciens, que *pernicii, dii, progenii, luxurii, acii, specii,* se disaient pour *perniciei*.... Suivant cette doctrine, Vossius et

(VIRG., G., 1-208); *segnitie* Paulum increpitas (SIL., 9-6, 3-38; PLAUT., Per., 4-2; Amp., 1-1); jam *die* vesper erat (SAL. J., 52); vix decima parte *die* reliqua (ibi., 97, 106; AUSO. de Ros.); cujus insanabilis *pernicie* quando nec causa nec finis inveniebatur (LIV., 5-13). César, dans son deuxième livre de l'*Analogie*, enseignait qu'il fallait dire *hujus die, hujus specie*[1]. Quintilien semble faire allusion à cette désinence : Quid *progenies* genitivo singulari faciet? (1-6-2).

Le génitif et le datif pluriels ne sont usités, nous disent les rudimens, que dans *res, dies, species*. Quant aux deux premiers, nul doute; il n'en est pas ainsi du troisième, dont Cicéron doutait (Top., 7); on le trouve cependant dans plusieurs auteurs; mais malheureusement ces écrivains n'ont point toute l'autorité que l'on pourrait désirer. Propter *specierum* multitudinem (APUL., de Mund.); quæ pluribus *speciebus* sunt communia (GAL., 2-31); agnitio *specierum* (MACR., 7-10); nec aliarum *specierum* errore falluntur (CÆLIUS AUR. et dans les écrivains ecclésiastiques).

A ces trois noms, des grammairiens en joignent d'autres, et nous donnent le vers suivant comme renfermant tous ceux qui ont le génitif et le datif du pluriel :

Res speciesque, dies, facies, spes progeniesque.

On trouve effectivement : Exempla earum *facierum* (CAT. et CON. dans Priscien, 7); ambiguis *spebus* licet et conatibus ægris (A. M. VICT., ep. 20; SI-APOL., ep. 3-6).

Port-Royal indiquent quatre terminaisons pour le génitif : *ei, ii, es, e*. Aulu-Gelle, après s'être long-temps escrimé pour appuyer *es, ii*, est obligé de convenir que la terminaison *e* n'est pas sans élégance : In casu autem dandi (il devait n'en pas exclure le génitif, plus fréquemment terminé ainsi), qui purissime locuti sunt, non *faciei*, ut nunc dicimus, sed *facie* dixerunt.

(1) Cæsar, in libro de analogia secundo, *hujus die* et *hujus specie* dicendum putat. Ego quoque, in Jugurtha Sallustii summæ fidei et reverendæ vetustatis libro, *die* casu patrio scriptum inveni... *vix decima parte die reliqua*. Non enim puto argutiolam istam recipiendam, ut *die* dictum quasi ex die existimemus (AUL. G., 10-14).

Je doute que cela soit suffisant pour qu'on puisse s'en servir ; et voici venir Quintilien qui nous arrêtera au moins pour le génitif de *spes* : Quid... genitivo... plurali *spes* faciet. Je n'ai vu nulle part *progenierum, progeniebus* ; mais Servius a fait usage du génitif *acierum,* et Vitruve de *planitierum* : Cubus est corpus ex sex lateribus æquali latitudine *planitierum* perquadratum (Vit., 5, præf.).

Quies, au dire de Port-Royal, est tout à la fois de la 5e et de la 3e déclinaisons. Que de vieux poètes lui aient donné la forme de la 5e déclinaison, c'est ce dont on ne peut douter ; et Priscien (6) cite Afranius et Nævius, qui avaient mis *quie* à l'ablatif : *requies,* d'ailleurs, le fait voir clairement. Il n'en est pas moins certain que *quies* est toujours de la 3e dans Cicéron et les autres auteurs du même temps : Non illum cura *quietis* abstrahere inde potest (Ov., M., 3-437 ; Cic., de Or., 1-1) ; datur hora *quieti* (Virg., Æ., 5-844 ; Ovid., Amo., 3-6-10 ; Cic., Div., 1-19 ; Sen., Hyp., 4) ; rumpe atque expelle *quietem* (Sil., 15-550 ; Claud. in Ruf., 2-7 ; Quint., 1 Proœ. ; Prop., 1-3-17 ; Virg., Æ., 10-217) ; *quiete* et abstinentia (Quint., 2-17, 1-3 ; Catul., 78-3). De même au pluriel : Neque vigiliis neque *quietibus* (Sal., C., 15) ; joco illo uti quidem licet, sed sicut somno et *quietibus* cæteris (Cic., Of., 1-29).

Requies suit bien la 5e déclinaison, mais seulement à l'accusatif et à l'ablatif : Ita... ut meminerit... parvos [dolores] multa habere intervalla *requietis* (Cic., Fin., 1-15 ; At., 1-15) ; ut meæ senectutis *requietem* oblectamentumque noscatis (Cic., Sen., 5 ; Leg., 2-12 ; Fin., 5-19) ; *requietem* dixit Cicero (Char., 1) ; pugnæ *requiem* sperabat (Virg., Æ., 12-24 ; Ovid., M., 3-618, 4-622) ; quod caret alterna *requie* durabile non est (Ovid., Ep., 4-89). Salluste, à l'imitation des anciens, s'en est servi au génitif : Nulla aut munitionis aut *requie* mora (dans Priscien 18).

Plusieurs noms sont en même temps de la 1re et de la 5e déclinaisons : *duritia, durities ; luxuria, luxuries ; materia, materies ; mollitia, mollities ; segnitia, segnities ; scabritia, scabrities.*

Barbaries, mundities, sævities, nequities, sont moins

fréquens que *barbaria*, *munditia*.... Ipse Nili fluminis inexplicabiles ripas, effusam *barbariem*, et fluxuosos fossarum ambitus... lustrabat (VAL. M., 8-7-3, 5-5-3); *mundities* orationis (AUL. G., 10-3; CATUL., 21-18); per *sævitiem* ac luxum adegit Parthos, mittere ad principem romanum occultas preces (TAC., An., 10-11); *nequities* aut vafri inscitia juris (HOR., Sat., 2-2-131). De même *nigrities* : Si *nigrities* est, neque dum serpit (CELS., 5-2-11, 8-3).

Les exemples suivans sont plutôt à remarquer qu'à suivre : Tunc et *amicitiem* cœperunt jungere habentes finitima inter se (LUCR., 5-1018); denique *avarities* et honorum cœca cupido (id., 3-59); tali sermonis *blanditie* cavillatus (APUL., M., 9); quid luxus *desidies*que? (LUCR, 5-49); *fallacie* germanitatis inducta (APUL., M., 5); ideo *notitiei* parum est assecuta (VIT., 6, præf.; LUCR., 5-184); *planitiæ* coronarum sunt periculosissimæ (VIT., 7-3); Veneris *effigia* hæc quidem est (PLAUT., Rud., 2-4-3; APUL., de D. Soc.; LUCR., 4-46); corpus obesa *pinguitie* repleveram (APUL., M., 10); ad summam *minutiem* contero (ibid., 9); *tristitie* deformis (ibid.); *puerities* (AUS., 10-17); *prosapies* (NONIUS); *canitia* (CHAR.); *spurcities* eadem subus hæc munda videtur (LUCR., 6-972, 5-48).

Au lieu de *plebs, plebis*, on trouve assez fréquemment *plebes, ei* : Tanta *plebei* consternatione, ut primo pulsus ex ea regione, mox et interemptus sit (PLIN., 10-43); tribuni *plebei* (SAL., Frag., 3; TAC., An., 1-15, 77; CIC. D. 5-5); paucorum dominio subjecta *plebes* triste servitium perferet (QUINT., Dec., 13-11; AUL. G., 7-19; TAC., An., 6; VARR., L. L., 4); souvent répété dans Tite-Live.

HÉTÉROCLITES.

Deux noms changent de déclinaison en passant au pluriel : *jugerum... ri, jugera... rum; vas... sis, vasa*[1]... *orum.*

D'autres n'ont pas au pluriel le même genre qu'au singulier.

Avernus. — Ce mot vient probablement du grec ἄορνος; on rapporte que des miasmes pestilentiels s'exhalaient de ce lac, au point que les oiseaux qui le traversaient tombaient expirans[2]: en ce cas ce serait un adjectif, *avernus* [lacus], *averna* [loca], comme le dit Lucrèce (6-738), ou *averna* [freta] (Virg., Geo., 2-164).

Tartarus. — Hic *Tartarus*, in plurali hæc *Tartara* (R. Pal.); tum *Tartaros* ipsa bis patet (Virg., Æ., 6-577); si tanta cupido est his Stygios innare lacus, bis nigra videre *Tartara* (Virg., Æ., 6-134; Ovid., M., 10-670, Sta., The., 11-574)....

Sibilus. — Nam neque me tantum venientis *sibilus* Austri, nec percussa juvant fluctu tam littora (Virg., Eg., 5-82); tristis Tartarea vibratur *sibilus* aura (Claud., L.

(1) Dans le principe, on disait indifféremment *juger* ou *jugerum*, *vas* ou *vasum*; voilà pourquoi Priscien enseigne que *jugerum* (génitif plur.) est pour *jugerorum*; mais ce grammairien est dans l'erreur. Voici ce qui nous reste de ces vieilles formes : Neque mihi ædificatio, neque *vasum*, neque vestimentum ullum est in manu pretiosum (Cat. dans Aul. G., 13-22); aut aurum periit, aut empta ancilla, aut aliquod *vasum* argenteum.... (Plaut., Truc., 1-135); cavis cunctatus *vasibus* hæsit (C. Seq., At.); plus *jugeris* spatio sublimis (Pom. M., 3-5); au moins c'est ce que présentent les meilleures éditions. Ut multo innumeram *jugere* poscat ovem (Tibul., 2-3-42); in Hispania ulteriore metiuntur jugis, in Campania versibus, apud nos... *jugeris* (Varr., R. R., 1-10).

(2) Stagna inter celebrem nunc mitia monstrat Avernum;
Tum tristi nemore atque umbris nigrantibus horrens,
Et formidatus volucri, letale vomebat
Subfuso virus cœlo............... (Sil., 12-121.)

Her., 33; CIC., de Char., 1; LUCIL., de N.); illis e faucibus angues stridula fuderunt vibratis *sibila* linguis (LUCA., 9-631; OVID., M., 10-785, 15-670).... (suave *sibilum*, SERV. d. Non.) [1].

Mænalus. — *Mænalus* argutumque nemus pinosque loquentes semper habet (VIRG., Eg., 8-22, 10-55; STA., The., 9-639); horrenda latebris ferarum *Mænala* (OVID., M., 1-216; VIRG., G., 1-17).

Taygetus. — Gelidique inculta juventus *Taygeti* (LUCAN., 5-52; CIC., Div., 1); virginibus bacchata Lacænis *Taygeta* (VIRG., G., 2-487; STA., Sil., 4-8-53; Achil., 1-427) [2].

Dindymus. — *Dindymon* et Cybelen et amœnam fontibus Iden semper... amavit (OVID., Fast., 4-249); cum lamentata resultant *Dindyma* (STA., The., 12-224); ite per alta *Dindyma*, ubi assuetis biforem dat tibia cantum (VIRG., Æ., 9-616, 10-252).

Ismarus. — Nec tantum Rhodope mirantur et *Ismarus* Orphea (VIRG., Eg., 6-30); te fractis plauxerunt *Ismara* thyrsis (STA., 7-685); juvat *Ismara* Baccho conserere (VIRG., G., 2-37; LUCR., 5-30).

---

(1) *Supellex* fait *supellectilia*, disent Vossius, Port-Royal, presque toutes les grammaires et tous les dictionnaires; il ne se voit nulle part, et *supellex* signifie les *meubles*, ou *mobilier*.

Sal : pro condimento neutrum est (DONAT.); c'est ce qui a fait supposer que ce nom était du neutre; mais il est plutôt masculin. *Sal* masculini generis est... (CHAR., 1); *salem*, quo maxime indigebat, intromisit (FRONT., 3-14); et il n'est jamais autrement dans Pline et dans Celse. Columelle l'a fait neutre une seule fois : *Sal* coctum (13-63-4); vides in conviviis ita poni et *sal* et mel (VARR. d. Char.); *sal* tritum (VEG., Vet., 1-52-4). Charisius est aussi dans son tort, quand il avance que ce nom n'a point de pluriel, dans le sens propre : *Sales* nimios si accipiat caseus (PAL., 6-9-2); *salibus* durata aqua (COL., 7-4-8; VARR., R. R., 5-11-5).

(2) La meilleure raison que l'on puisse donner de cette irrégularité, c'est que ces noms sont neutres en grec (à cause du mot générique ὄρος), et qu'en les latinisant on les a faits masculins (*mons* le demandant ainsi); au pluriel ils ont retenu leur genre primitif.

Pangæus. — *Pangæus* mons (PLIN., 4-11); video *Pangæa* nivosis cana jugis (LUCA., 1-679, 7-482; OVID., Fast., 3-739; VIRG., G., 4-462).

Tænarus. — Dorida tunc Malean, et apertam [1] *Tænaron* umbris, inde Cythera petit (LUCA., 9-37); *Tænara* et aspero regnum sub domino... rumores vacui verbaque inania (SEN., Tro., 405).

Cœlum. — Hoc *cœlum*, hi *cœli*, non *cœla* (R. PAL.). Cependant Vossius et Port-Royal assurent que ce nom n'a point de pluriel, et ils se fondent sur l'autorité de César, qui, dans sa grammaire (AUL. G., 19-8), *l'avait expressément marqué* (ce sont les expressions de Port-Royal); mais César avait remarqué aussi qu'*arena* n'était usité qu'au singulier, et *inimicitia, biga,* qu'au pluriel; il n'était donc pas infaillible. (Voyez ci-après les Remarques sur le singulier et le pluriel de certains mots.)

Epicurei plures volunt esse *cœlos* (CIC. d. Serv. Æ., 1-335); quis potis est *cœlos* omnes convertere? (LUCR., 2-1196; VARR., L. L., 4; ARN., 1). Tous les écrivains ecclésiastiques en ont fait usage; il vient du vieux *cœlus* : *Cœlus*que profundus (ENN. d. Char.).

Elysium. — Amœna piorum concilia *Elysium*que colo (VIRG., Æ., 5-735); per amplum mittitur *Elysium* (ibid., 6-744); *Elysium* nemus [2] (MART., 7-39, 11-6; SEN., Her.

---

(1) Lucain, comme on voit, fait ce nom féminin, et, je crois, avec raison, puisqu'en grec il est ordinairement de ce genre (ἄκρα sous-entendu). On cite, pour prouver le masculin : *Quo Styx et* invisi *horrida* Tænari *sedes?* (HOR., Car., 1-34-10); mais au lieu de *invisi* on trouve *invisa* dans une bonne édition de Londres, de 1701.

Gargara (VIRG., G., 1-103, 3-262; OVID., Ep., 16-107; Art., 1-57; PLINE, 5-30) fait aussi au singulier *Gargarus,* si nous en croyons les anciens grammairiens; les autorités manquent, mais l'analogie confirme cette opinion.

C'est tout le contraire pour *Argos;* pluriel *hi Argi* (SERV., Æ., 4; LUCA., 10-60; VIRG., Æ., 1-24).

(2) *Locum* n'est donc pas sous-entendu, comme l'avait supposé Port-Royal.

Fur., 744). Ceci montre que c'est un adjectif : Tu colis *Elysios* (Mart., 9-52), sous-entendu *campos*, comme le montre le passage suivant : Quamvis *Elysios* miretur Græcia *campos* (Virg., G., 1-38).

Epulum. — Ut pater ejus Xerxis exercitui *epulum* dare ex facili potuerit (Val. M., 8-7-4, 7-4-9; Cic.... Hor...); *epulum* antiqui etiam singulariter posuere (Fest.); *epulæ*....

Delicium. — *Delicium* parvo donabis Dorcada nato (Mart., 13-99, 1-8, 7-43); scito C. Sempronium Rufum, mel ac *delicias* [1] tuas, calumniam maximo plausu tulisse (Cic., Ep., 88)....

---

(1) At ego ad te ibam. — Ad me, mea *delicia* (Plaut., Truc., 5-1-29); mea voluptas, mea *delicia* (id. dans Aul. G., 19-8). Les anciens avaient beaucoup de mots qui se terminaient en *a* et en *um* : *arteria, arvum, castrum, ganea, labium, latrina*, faisaient aussi *arterium, arva, castra, ganeum, labia, latrinum* : Facitque asperiora foras gradiens *arteria* clamor (Lucr., 4-532) ; quaque incedunt, omnes *arvas* obterunt (Næv. d. Non.); *castra* hæc vestra est (Acc. d. Non.) ; credo abductum in *ganeum* (Ter., Ad., 3-3-5 ; Varr. d. Non.) ; *labias* sensim primores amovemus (Aul. G., 10-4 ; Plaut., Sti., 5-4-41) ; credit quemquam *latrina* petisse (Lucil. et Lab. d. Non.). Pour *lanitium* ou *lanicium*, Labérius (dans Non.) a employé *lanitia* ; pour *myrtetum*, Plaute (dans Prisc.) a mis *myrteta* ; pour *prostibulum*, *prostibula* (d. Non.) ; *seplasium* pour *seplasia* (Varr. d. Non.). Plaute (Bacc., 3-4-15 ; Rud., 4-3-55) a préféré *ramenta* à *ramentum*. Vossius indique encore, mais sans autorité, *acetabula, mandibula, vertibula* ; Nonius, *horrea*. Varron (d. Non.) a dit : « *Fulmenta* lectum scandunt, » et Lucilius (ibid.) : « *Fulmentas* quatuor addit ; » Plaute (Tri., 3-2-94).

Menda signifie imperfection naturelle ; *mendum*, faute, méprise, erreur ; cependant Aulu-Gelle a employé *menda* dans le sens de ce dernier : Videbatur compluribus in extremo verbo *menda* esse (1-7). Pour plusieurs noms on trouve même les deux terminaisons dans les bons auteurs : *Amygdala* si parum feracia erunt (Col., Arb., 25-1) ; sed ipsa *amygdala* ad ponendum nova legamus et grandia (Pal., 2-15-7) ; nec minus amaranthus, tum etiam *amygdalæ* (Col., 9-4-3, 11-2-96, 5-10-2) ; — una omnes excitat gemino aut triplici bombo, ut *buccino* aliquo (Plin., 11-10, 10-39) ; *buccina*... arma *margarito* candicantia (Varr. d. Non.) ; — inauris aurea, *margaritum* fulgens (St-Jer., Prov., 25-12) ; gignit et Oceanus *margarita*, sed suffusca et liventia (Tac., Ag., 12 ; Tert.) ; *margarita*.... — bis venit ad *mulctram*, binos alit ubere fœtus (Virg., 3-30 ; Col., 7-8, 8-17) ; illic injussæ veniunt ad *mulctra* capellæ (Hor., Epo., 16-49) ; — *ostreæ* quum appositæ fuissent, multæ quidem...

Balneum. — Hoc *balneum*, hæ *balneæ* et hæc *balnea* (Phoca); mais Varron (L. L., 8) semble condamner ce dernier : Multitudinis nomine publicæ *balineæ*, non *balinea*. In *balnea* transeuntem pæne interemerunt (Suet., Gal., 10); *balinea*, fontes (Plin. J., 2-8; Tac., Ag., 21; Sen., Ep., 80; Ovid., Art., 3-640; Plin., 23-12; Juv., 7-13, 6-375). M. Noël prétend (peut-être en interprétant dans son sens le passage de Varron) que *balineæ* signifie les bains publics, *balnea* les particuliers. Phoca n'a point fait cette distinction, et Port-Royal enseigne que *balnea* ne peut désigner que des bains publics.

Frænum. — *Fræni*, *fræna*, indifféremment....

Rastrum. — *Rastra* est très peu usité : Quum *rastra* et sarcula tantum adsueti coquere (Juv., 15-166); omnes *rastra* et attollunt et adigunt (C. Cels. d. Non.); neque illæ procurvam exspectant falcem *rastros*que tenaces (Virg., Geo., 2-420); non *rastros* patietur humus, non vinea falcem (Virg., Eg., 4-40) [1]....

Jocus. — *Joca* n'est pas moins usité que *joci* : *joca*

---

et macræ (Aul. G., 20-7); grandia quæ mediis jam noctibus *ostrea* mordet (Juv., 6-202; Hor., Sat., 2-4-33; Plin., 32-6; Virg., G., 1-207) —napus et *rapa* duas sationes habent (Col., 11-3-59); *rapæ* napique semina (ibid., 16; Plin., 18-13, 19-10); servare *rapa* consecta in sinape (Varr., R. R., 1-59-4; Mart., 13-16; Plin., 20-3; Col., 12-55-2, 54-1) — æstiva frumenta diximus. *sesamam*, milium, panicum; *sesama* ab Indis venit, et ex ea oleum conficiunt (Plin., 18-10); *sesama*, quæ rigantur, maturius... serenda sunt (Col., 2-10-18, 12-15-3)...... *sesami* sextarius (id., 11-2) —quod fit apud alios jumentis junctis ac *tribulo* (Varr., R. R., 1-52-1); ut corbes, fiscinæ, *tribula*, mallei (id., 1-22-1); non cedente solo pulsibus ungularum *tribularum*que (Col., 1-6-23, 12-50-7).

(1) Les anciens grammairiens ajoutent *porrum* : Hoc *porrum*, in plurali hi *porri* (Phoca); *porros* dicimus in pluralitate, cæterum singulariter hoc *porrum* (Char., 1); mittit præcipuos nemoralis Aricia *porros* (Mart., 13-19, 5-79). Mais on dit aussi *porra* (Virg., M., 74). Il est indubitable qu'au singulier *porrus* est usité comme *porrum* : *Porrus* capitalis, sectilis (Pal., 2-24; Col., 11-3, 8-3; Cels., 2-2-10).

Forum, dans une certaine signification, fait au pluriel *fori* : Ad *foros* in Circo faciendos (Liv., 1-56); loca divisa Patribus Equitibusque, ubi spectacula sibi quisque facerent, *fori* appellati (id., 1-35); quum alii

tua plena facetiarum (CIC., At., 14-14, Fin. 2); *joca* atque seria cum humillimis agere (SAL., J., 96; MACR., 2-3).

Locus. — Dicimus tamen et hi *loci* (PHOCA). Port-Royal ne partage pas cet avis; il dit formellement que *loci* désigne seulement des *lieux de logique*, tandis que, pour des *places ou des endroits, on use toujours de* loca, *quoique Virgile ait dit* devenere locos. Port-Royal s'est étrangement trompé: Magna in bello Dalmatico experimenta virtutis in multos ac difficiles *locos* præmissus Germanicus dedit (PAT., 2-116)...; sed etiam *loci*, quos capiunt, qui idonei felicesque sunt, præpetes appellantur (AUL. G., 6-6); Equitum romanorum *locos* sedilibus plebis anteposuit apud Circum (TAC., An., 15-32); incedunt mœstos *locos*, visu ac memoria deformes (ibid., 1-61, 2-20, 54, 3-21); exerta lingua per inferiores *locos* (J. OBS., 35; VARR., L. L., 4; VIRG., Æ., 1-306, 365, 2-28, 3-638, 9-386); præcipites *locos* vitare, et cætera quæ sint in genere hoc fugienda (LUCR., 4-512; SIL., 1-54, 12-568; CIC. d. Fat., 4, Div., 1-42).

Carbasus. — *Carbasus* ut quondam magnis intenta theatris (LUCR., 6-108); nec mora jam dextras Ithaceia *carbasus* auras poscit (STA., Achil., 1-557; PROP., 4-12-54; VIRG., Æ., 3-357...; CLAUD., 26-232); lateque videbam Punica Niliacis concurrere *carbasa*[1] velis (CLAUD., 15-59; OVID., M., 6-233, 14-533; Fast., 3-587)...

---

malos scandunt, alii per *foros* cursant (CIC., Sen., 6). *Forus* se disait aussi autrefois (SAL.; LUCIL. d. Non.) (φόρος, φόρον.)

Arbutus présente aussi une difficulté : hæc *arbutus*, hæc *arbuta* (PHOCA); mais *arbutum* est latin. Et voici venir des grammairiens qui nous disent que *arbutum* est le fruit, *arbutus* l'arbuste. Virgile leur répondra : Dulce satis humor, depulsis *arbutus* hædis (VIRG., Eg., 3-82); post hinc digressus jubeo frondentia capris *arbuta* sufficere (Geo., 3-301).

Hæc *intibus,* hæc *intiba* (PHOCA); est et erraticum *intubum,* quod... (PLIN., 19-7). De là *intuba*. De plus *intubi* est latin (POM. d. Non.). (Voyez ci-après les noms en *us, um.*)

(1) Hic carbasus, hæc carbasa (PHOCA). Comme on le voit, ce grammairien fait *carbasus* masculin, et Probus est du même avis; mais Priscien et Caper tiennent pour le féminin. On le trouve ainsi partout,

Balteus. — Ce nom fait au pluriel *baltea* : Non prius soluturos se *baltea*... juraverunt (FLOR., 2-4).... Mais on trouve aussi *baltei :* Manipuli et gregarius miles viatica sua et *balteos* phalerasque... loco pecuniæ tradebant (TAC., H., 1-57). *Balteum* se trouve dans les anciens : *Balteum,* quod cingulum e corio habebant bullatum, *balteum* dictum (VARR., L. L., 4).

Il est facile d'expliquer ces anomalies ; presque tous les noms terminés en *us* l'étaient aussi en *um* et *vice versa.* Au lieu de *absinthium,* Varron (dans Non.) s'est servi de *absinthius* : *absinthium* ut bibam gravem. Pour *autumnus* on trouve *autumnum* : *autumnum* ventosum fuerat (VARR. d. Non.) ; pour *barbitus, barbitum* (AUS., Ep., 52) ; ce que je n'oserais condamner, parce qu'en grec ce nom est aussi neutre quelquefois. Pour *calamistrus* ou *calamister, calamistrum* (PLAUT., Curc., 4-4-21) ; pour *candelabrum, candelabrus* (PETR., 75 ; NONIUS) ; pour *capillus, capillum* (PLAUT., Most., 1-3-97) ; pour *canistrum, canister :* salignis *canistros* fieri debere virgultis (PAL., 12-17-1) ; pour *caseus, caseum* (CAT., 76) ; pour *clivus, clivum* (NONIUS) ; pour *compitum, compitus* (VARR.) ; pour *culleus, culleum :* dena *cullea* fiunt (VARR., R. R., 1-2-7) ; pour *dorsum, dorsus :* ita *dorsus* totus prurit (PLAUT., M. G., 2-4-24) ; pour *fretum, fretus :* qui est *fretus* (VARR. ; LUCR., 6-363) ; perangusto *fretu* divisa (CIC., Ver., 5-66, comme lit Aulu-Gelle, 13-20, et il pense que cette terminaison contribue à l'harmonie de la phrase) ; pour *gladius, gladium* (PLAUT., Cas., 5-2-32 ; VARR.,

---

excepté dans Valère-Maxime (1-1-7), où on lit : Quum carbasum, *quem optimum* habebat, foculo imposuisset.... Et il y a même des manuscrits qui portent *quam optimam ;* M. Lemaire a mis *quam*... dans son édition.
— *Siser* erraticum (PLIN., 20-5) ; tres *siseres* (ibid.)

Hoc cepe... in plurali femininum et ordine declinatur (PHOCA et PRISC., 6) ; verum seu pisces, seu porrum et *cepe* trucidas (HOR., Ep., 1-12-21 ; PLIN., 19-6 ; PERS., 4-31). Mais *cepa* (d'où le pluriel *cepæ*) est usité : Cædenda est hortis eruta *cepa* meis (OVID., Fast., 3-340) ; Pompeianam vel Ascaloniam *cepam*... eligito (COL., 12-10-1 ; PAL., 4-10-31 ; VEG., Vet., 3-54-4 ; CELS., 2-2-9, 10).

L. L., 8; voyez la préface); pour *libum, libus* (Non.); pour *lucrum, lucrus* : unde tu pergrandem *lucrum* facias (Plaut., Pers., 4-3-32); pour *medimnum*, *medimnus* (Lucil.); il est étonnant que d'autres auteurs ne l'aient pas ainsi employé, puisqu'en grec il est masculin. Pour *modius, modium* : *modium* salis (Cat., 58); *modia* vicena (Plin., 18-16); cet endroit a été peut-être altéré. Pour *lacertus* ou *lacerta, lacertum* (Acc. d. Non.); pour *mundus, mundum* (Lucil. d. Aul. G., 4-1); pour *nasus, nasum* : .... oculi, *nasum,* labra (Plaut., Amp., 1-1-288... ; Non.); pour *nuntius, nuntium* : *nuntius* generis masculini; neutro apud aliquos non receptæ auctoritatis lectum [1] (Non.); pour *ocymum, ocymus* (Char.); pour *pagus, pagum* (S. Apol., Car., 17-18); pour *pannus, pannum* (Non.); pour *palus, palum* (Varr. d. Non.); pour *pastillus... puteus... rogus, pastillum... puteum... rogum* (Non.); pour *salum... sagum... scutum, salus... sagus... scutus* (Varr.; Tarp. d. Non.); pour *stadium, stadius* : ultra trecentos et sexaginta *stadios* (Macr., s. Sci., 1-15); pour *uterus, uterum* : perii, mea nutrix, obsecro, *uterum* dolet (Plaut., Aul., 4-7-10; Apul. ap. Non.); nunc uter crescit non potes cælari (Cæcil. d. Non.); pour *vultus, vultum* : sed quos utriusque figuræ esse vides juxtim, miscentes *volta* parentum (Lucr., 4-1205; Enn.); pour *tributum... symbolum.... viscum, tributus.... symbolus.... viscus* (Plaut., Ep., 2-2-14; Pseud., 1-1-55; Bac., 1-1-16).

Nombre de noms ont conservé cette double terminaison :

Antidotus (comme en grec). — Hujus regis *antidotus* celebrata est (Aul. G., 17-16).

Antidotum. — Mithridaticum *antidotum*... componitur

---

(1) On lit cependant : Venturæ *nuntia* sortis, vera monent Tuscis exta probata viris (Tibul., 3-4-5); mais il est évident que *nuntia* est adjectif ici. On trouve encore dans Catulle (63-76) : Geminas Deorum ad aures nova *nuntia* referens. Je pense avec Vossius que ce passage a beaucoup souffert de la durée des siècles, et qu'il ne peut rien prouver, en présence du témoignage de Nonius qui, comme on sait, n'est pas sévère.

(Plin., 29-1; Cels., 5-1-7); comburuntur et in *antidota* (Plin., 22-9, 32-3).

Baculus. — *Baculus* regis aureus (Curt., 9-1-30).

Baculum. — Aureum in manu *baculum,* ad latus acinaces (Flor., 4-11-3; Sil., 13-334; Ovid., M., 2-681, 15-655; Cic., Agr., 2-34, Fin., 2, Div., 1-17).

Alabaster ou *alabastrus.* — Quo mox intumescente et in virides *alabastros* [1] fastigiato (Plin., 21-4; Cic., Acad., 2).

---

(1) Au lieu de *acinum,* qui se trouve partout, les dictionnaires et les grammairiens indiquent *acinus,* que je ne puis contester à cause du grec ἄκινος : il faut savoir néanmoins que c'est sans autorité, et que les citations dont on se prévaut doivent être regardées comme non avenues, attendu que ce nom s'y trouve à un cas où il est impossible de distinguer s'il vient de *acinum* ou de *acinus.*

Il faut ajouter *buxus*, qui fait aussi *buxum,* mais seulement pour exprimer le bois de l'arbuste appelé *buis*, et par suite tout ce qui en est fait, tels que sabot, flûte... Uno fixa metu tacitas presserunt orgia *buxos* (Claud., 20-286, 33-209, 35-110, 268, 36-130); concavaque æra sonant, longoque foramine *buxus* (Ovid., M., 4-30); stupet inscia turba impubisque manus mirata volubile *buxum* (Virg., Æ., 7-382; G., 2-449; Ovid., M., 14-537, 12-151, Fast., 6-697). Pour exprimer l'arbuste, *buxus* est le seul à employer; et j'ai encore à signaler ici une étrange erreur de Vossius, erreur dans laquelle a été entraîné Port-Royal, qui a répété *sur parole* la citation de Vossius. Pour réfuter Priscien, qui avait avancé que *buxum* ne pouvait signifier l'arbuste *buis*, ces grammairiens citent un vers d'Ovide que voici : Nec densæ foliis *buxi*, fragilesque myricæ (Art., 3-691). Au lieu de *densæ... buxi* (que j'ai trouvés dans toutes les éditions d'Ovide, sans variantes), Vossius avait lu (je ne sais où) *densum... buxum.* Puis Port-Royal....

Galerus, rum, que l'on ajoute, se trouve, dans tous les auteurs que j'ai lus, à un cas où il est impossible de saisir lequel doit être employé de préférence, du masculin ou du neutre.

Il en est presque de même de *catinus, num;* cependant je puis faire deux citations, peu sûres à la vérité, pour établir l'une et l'autre terminaisons : In sole ponere oportet aquæ *catinos* (Varr., R. R., 1-63); *catinum* fictile oleó unguito (Cat., 84).

Vossius pense que *chiragraphum* seul peut s'employer, et que *chirographus* n'est pas latin. Port-Royal soutient le contraire, fort de ce passage de Quintilien (6-3-100) : Interroganti, an in tabulis quas proferebat *chirographus* esset; et verus, inquit, domine. Cette citation serait concluante, si tout le monde lisait de la même manière, et que les manuscrits fussent d'accord; mais il n'en est rien.

Calcaneus ne se peut prouver par les auteurs; *calcaneum* est plus

Alabastrum. — Cosmi redolent *alabastra* focique Deorum (MART., 11-9).

Carrum. — Eo die per viarum angustias *carra* complura... retraxit (HIRT., B. H., 6).

Carrus. — . . . . (CÆS., B. G., 1-3, 26, 4-14, 6-34).

Cingulus. — Cernis... terram... circumdatam *cingulis*; e quibus duos maxime inter se diversos (CIC., Rep., 6-12); velut duo sunt *cinguli* (MACR., Som., 2-5).

Cingulum. — . . . .

Clypeum. — Dat tellus sonitum et *clypeum* super intonat ingens (VIRG., Æ., 3-709); armis his imperata, galea, *clypeum*, ocreæ, lorica... (LIV., 1-43); ex ea pecunia

---

certain : *Calcanea* scissa rimis rigebant (VIRG., Mor.. 36; ST-JER., Ep., 42).

Palatus est reconnu par Vossius et Port-Royal, se fondant sur un passage de Cicéron (Fin., 2-8) : Nec sequitur ut cui cor sapiat, ei non sapiat *palatus*; mais Davisius a rétabli *palatum* sur la foi de deux manuscrits.

J'éprouve un embarras réel pour *sinus* (petit vase rond). Priscien, Vossius et Port-Royal prétendent que Virgile l'a fait neutre dans ce vers : *Sinum* lactis, et hæc te liba, Priape, quotannis exspectare sat est (Eg., 7-33); mais c'est une supposition toute gratuite, puisque *sinum*, étant à l'accusatif, peut tout aussi bien venir de *sinus* que du nominatif *sinum*. Je me vois donc réduit à un passage de Varron et deux de Plaute : Ubi erat vinum in mensa positum, aut galeola, aut *sinum* (VARR. d. Prisc., 6); præterea *sinus*... cantharus... cyathusque (PLAUT., Rud.. 5-2-32, Aul., 3-6). Bien que l'autorité de Varron semble préférable à celle de Plaute, néanmoins il me semble que *sinus* (δῖνος) doit plutôt être employé que *sinum*.

Hebenus Mareotica vastos non operit postes (LUCA., 10-117; PLIN., 12-4)... (ἔβενος); cependant Virgile a employé *hebenum* (qu'on écrit aussi *ebenum*) : Sola India nigrum fert *hebenum* (G., 2-116).

Costus (κόστος, ὁ) se trouve de même neutre : *Costum* molle date et blandi thuris honores (PROP., 4-6-5). Nec purpurarum sidere clarior delenit usus, nec Falerna vitis, Achæmeniumque *costum* (HOR., Car., 3-1-44).

Je joins ici *œstrus* (οἶστρος), que Port-Royal et Robert-Etienne supposent du neutre aussi bien que du masculin, d'après ce passage : *OEstron* Graii vertere vocantes (VIRG., G., 3-148), lequel ne prouve absolument rien, comme on voit. *OEstrus* (PLIN., 9-16) me paraît le seul à employer.

clypea inaurata in fastigio Jovis posuerunt (id., 35-10, 34 52, 38-34, 40-51).

Clypeus. — Partout.

Crystallus. — *Crystallus*que tuas ornat aquosa manus (PROP., 4-3-52 ; PLIN., 37-33).

Crystallum. — Caucaseo *crystalla* ferunt de vertice lynces (CLAUD., 40-7, 61-1).

Cubitus. — Ad *cubitos* excutiens calamos (VIRG., Cop., 4).

Cubitum. — In tria *cubita* triennio adolevisse (PLIN., 7-16). Le masculin est peut-être préférable pour *le coude*. (Cubitus masculini generis, neutri Lucil... NON.)

Fimum. — Bubulum in cinere calefactum, aut caprinum in vino vel aceto decoctum (PLIN., 28-10); *fimum* vituli cum oleo et gummi manu subactum emendat (ibid.); prodest et *fimum* gallinaceum duntaxat rufum (id., 29-5).

Fimus. — Fumus immittatur factus incenso bubulo *fimo ; hic* enim quasi cognatione generis maxime aptus (COL., 9-14-1); passage horriblement maltraité par Rob. Etienne.

Jugulus. — Non perdam tempora, dixit, a sævis permissa Deis, *jugulum*que senilem confodiam (LUCA., 3-742); jam præbendus erat *jugulus* et fundenda vita cum sanguine (QUINT., Dec., 9-22).

Jugulum. — *Jugula* concava (CIC. d. Fat., 4)...

Pileum. — Cæsis *pilea* suta de lacernis (STA., Sil., 4-9-24); hæc mera libertas ; hanc nobis *pilea* donant (PERS., 5-82).

Pileus. — Crassis arundinibus quasi *pileolos* induere (COL., Arb., 25).

Supparus. — Alterum quod supra a quo *supparus* (VARR., L. L., 4; PRISC., 5; FEST.).

Supparum. — *Supparum* Alexandrinorum insigne est (SEN., Ep., 77; LUCA., 3-363; PLAUT., Rud., 1-2-91).

Crocum. — *Crocum* silvestre optimum ; serere in Italia

minime expedit (PLIN., 21-6 ; PLAUT., Curc., 1-2-7); Corycium nemus, ubi *crocum* gignitur (CURT., 3-4-10).

Crocus. — Pascentur... *crocum*que rubentem (VIRG., G., 4-182 ; Cul., 400; Cir., 97 ; COL., 9-4-4; VEG., Vet., 1-22-1); redolent myrrhæque *croci*que... (OVID., M., 4-393).

Dictamum. — Non est alibi quam in Creta, ramis prætenus, pulagio simile (PLIN., 25-8).

Dictamus. — Capras auditum est in Creta feras... herbam quærere, quæ *dictamus* vocaretur (CIC., N. D., 2-50).

Helleborus. — Et spumas miscent argenti... *hellebo-rós*que graves nigrumque bitumen (VIRG., G., 3-450; COL., 10-17).

Helleborum. — Efficacius *helleborum* ad vomitiones (PLIN., 25-11, 25-5).

Nardum. — *Nardum* gallicum... palma... quorum singulorum selibræ satisfacient (COL., 12-20-5); bacchar quoque radicis tantum odoratæ est a quibusdam *nardum* rusticum appellatum (PLIN., 2-6, 12-12).

Nardus. — Assyriaque *nardo* uncti (HOR., Car., 2-11-16, 4-12-17; Ep., 13-8).

Hyssopum. — Anginæ... medetur... et *hyssopum* cum vino decoctum (PLIN., 26-4, 25-9).

Hyssopus. — Remedia sunt *hyssopus* et sal æquis ponderibus contrita (COL., 7-5-22).

Papyrus. — Docta... testatur voce *papyrus* (VIRG., Cir., 88; VEG., 2-57-1).

Papyrum. — *Papyrum* nascitur in palustribus Ægypti (PLIN., 13-11)....

Thymus. — *Thymum* silvestrem... in vino decoques (VEG., 3-37).

Thymum. — Addito in mortarium... folia lactucæ, folia erucæ, *thymum* viride... (COL., 12-57-1, 9-4-2, 11-3-39; PLIN., 21-10).

Incestus. — Cujus *incestu* stetit nox longior (SEN., H. Fur., 1158; CIC., Brut. 32).

Incestum. — Hoc alterum damnata *incestum* fuit (Sen., Cont., 3); *incesti* damnata et præcipitata de saxo (Quint., 7-8-3)....

Prætextum. — *Prætextum* quidem illi armorum civilium hoc fuit (Suet., Cæs., 33; Sen., Ep., 72).

Prætextus. — .... In nomine urbis ac *prætextu* [1] se-

---

(1) Je n'ai vu *incestus* et *prætextus* qu'à l'abl.; il en est ainsi de beaucoup d'autres noms dont les grammairiens indiquent à tort tous les cas : Naves *missu* Bruti ad portum excubabant (Cæs., B. C., 2-22; 9-19). Dans une autre signification, il s'emploie à tous les cas : Per quinos *missus* (Suet., Claud., 21; Dom., 4)... *Jussu* regis in loca tuta contulerunt (Sal. J., 90); populi *jussu* (Nep., 13-4).... nec miles *injussu* ducis arma capere poterat (Curt., 4-13; Liv., 4-29)...— cujus istum emptorem demonstravi fuisse *mandatu* Cæsenniæ (Cic. p. Cœc., 7, et dans les jurisc.) ; *mandatu* meo. —Earum quippe *accitu* venire (Tac., An., 2-80) ; *accitu* cari genitoris (Virg., Æ., 1-677) — neque id quod fecerit de oppugnatione castrorum, aut judicio aut voluntate sua fecisse, sed *coactu* civitatis (Cæs., B. G., 5-27) ; *coatu* atque *efflagitatu* meo producere ad ignotos (Cic., Verr., 2-5-29).... quum ipsius *rogatu arcessitu*que venissem..... (Cic. de N. D., 1-6) — tuo *arcessitu* huc venio (Plaut., Sti, 2-2-3) ; *admonitu* et *rogatu* meo (Cic., Leg., 3-5) ; flet tamen *admonitu* mortis Elisa tuæ (Ovid., Fast., 3-612). Mais *monitus* s'emploie à tous les cas. Finierat *monitus ;* dictis tamen ille repugnat (Ovid., M., 2-103) ; et vatum timeo *monitus* (id., Ep., 17-239 ; Fast., 3-167, Art., 3-750.... Sta., The., 5-655) ; Val. F., 1-29). Plus souvent à l'ablatif néanmoins. — Quod si hæc vox hujus *hortatu* præceptisque confirmata (Cic., Arch., 1; Plin., 33-1; Nep., 24-1; Pat., 2-89 ; Ovid., T., 5-14-46) ; et blandis *hortatibus* implet (Sil., 8-29, 12-67; Ovid., M., 3-242, où d'autres lisent, peut-être avec raison, *latratibus*) — *permissu* interregis P. Licinius Calvus ita verba fecit (Liv., 5-18, 21, 38; 24-3 ; Tac., An., 2-59 ; Val. M., 4-3-9) — *arbitratu* populi romani (Liv., 38-11) ; isto quidem, inquam, loco, nisi iniquum postulo respondere *arbitratu* meo (Cic., Fin., 4-1; Q. Fr., 2-4 ; de Ora., 2 ; Læl., 2); .... deduntque se... urbem et liberos in ditionem atque *arbitratum*, cuncti, Thebano populo (Plaut., Aph., 1-1-103) — *provisu* Deum (Tac., An., 12-6, 15-8) ; *dispositu provisu*que civilium rerum peritus (id., H., 2-5) — senatus frequens *vocatu* Drusi in curiam venit (Cic. de Or., 2-1); .... diceretque cænaturum apud Cæsarem, *vocatu* ipsius (Suet., Cal., 39) ; o nunquam frustrata *vocatus* hasta meos (Virg., Æ., 12-95) — ita mitto, ut initio mea sponte, post autem *invitatu* tuo mittendum duxerim (Cic., Ep., 7-5) — optio vobis datur utrum velitis casu illo itinere Varenum usum esse, an hujus *persuasu* et *inductu* (Quint., 5-10). De même *suasu* (Ter., And., Arg., 8 ; Tert. ad M., 4-8) — genti Parthorum Vologeses imperitabat, *concessu* fratrum (Tac., A., 12-44) — *compressu* suo diffundit (Cic., Sen., 15).... — quod pars eorum *appulsu* solis exarserit, pars obriguerit... solis *abscessu* (Cic., N. D., 1-10). De même *in-*

natus (Tac., H., 1-76); *prætextu* veteris amicitiæ (ibid., 77; Val. M., 4-4-1).

Effectum. — Ex antecedentibus.... caussis, *effectis*, similibus (Quint., 7-3-29); initia, caussæ, *effecta* (ibid., 28).

Effectus. — Doit être préferé.

Rictum. — Ut *rictum* ejus ac mentum paullo sit attritius (Cic., Ver., 2-4-43); molossum mollia *ricta* fremunt, duros nudantia dentes (Lucr., 5-1067, 6-1193).

Rictus. — Infiniment plus usité.

Punctus. — Non aliud est terra in universo, quam mundi *punctus* (Plin., 2-68, 29-6; Apul., M., 7; Isid., 11-1).

Punctum. — Partout ailleurs.

Eventum. — Semper causæ eventorum magis movent quam ipsa *eventa* (Cic., At., 9-4; Ep., 1-7, 5-12; Div., 2; Rep., 4-6, part.); aut horum *eventa* videbis (Lucr., 1-450).

Eventus. — Plus fréquent.

Suggestus. — Reus in *suggestu* per tribunum ostende-

---

terpositu, interjectu, purgatu (ibid., 2-45, 50) — vestro *impulsu* loquar (Cic. de Or., 3-22, Ep., 9-25, in Pis., 31). Bien qu'on dise *ductu* (quo fieri, ut facile impellantur ad eorum perniciem, quorum *ductu* res male gestæ nuntientur. Nep., 14-5, 4-1; Pat., 2-70; Cic., Arus. R., 3; Leg., M....), *ductus* se décline dans tous ses cas (Cic., Fin., 5; Quint., 1-3, 1-1; Plin., 8-3)...—Id mea minime refert, qui sum *natu* maximus (Ter., Ad., 5-4-27); hic cum esset maguo natu (Nep., 13-3, 14-7; Liv., 2-8, 21-34) — plura quidem feci, quam quæ comprendere dictis in *promptu* mihi sit (Ovid., M., 13-161; Pon., 1-1-24; Lucr., 2-867; Cic....) *Obtentus* se trouve de plus au datif : Sub ejus *obtentu* cognominis (Liv., 1-56; Aul. G., 10-22); tempora reipublicæ *obtentui* sumpta (Tac., An., 1-10; Sal. d. Lep., 6). De même *irrisus*. Je n'ai trouvé les suivans qu'au datif : Corpora extra vallum objecta *ostentui* (Tac., An., 1-29; H., 3-35; Sal. J., 24); vectigalia publica ... partim prœdœ ac *divisui* principum quibusdam et magistratibus erant (Liv., 33-46); si quis *despicatui* ducitur (Cic. p. Flac., 27; Plaut., Men., 4-3-19); aliam postea invenito, quam tu habeas *frustratui* (Plaut., Men., 4-3-22); me sibi habento scurræ *ludificatui* (id., Pœn., 5-5-2).

batur (TAC., An., 1-44, H., 1-45); nec magis proprius spectandi Cæsaris *suggestus* (PL. J., 51).

Suggestum. — Athenis etiam reos de causa capitis e *suggesto* causam dixisse patet (CIC., Tusc., 5-20; Div., 1-54; VARR., R. R., 3-5).

Port-Royal joint ici *vallus, vallum*; mais il est évident que ces deux mots n'ont pas la même signification : *vallum*, retranchement; *vallus*, pieu qui servait à le faire. Ce n'est qu'en prenant la partie pour le tout que Tibulle a dit (1-10-9) : Non arces, non *vallus* erat.

REMARQUES

SUR LE GENRE DE CERTAINS NOMS.

JE suis naturellement amené à examiner les noms qui, sans changer de terminaison au nominatif, sont de plusieurs genres.

Animans. — Adjectif dans l'origine, ce nom est quelquefois du masculin, plus souvent du féminin ou du neutre : A *quo animante* omnes *reliquos* contineri vellet *animantes* (CIC., Tim., 6); ita orientur *animantes, quos*... vivos alatis (ibid., 11); sed hic stilus haud petet *quemquam animantem* (HOR., Sat., 2-1-40); semen... *nulla animans* attigit (PLIN., 23-4); *mutas animantes* quasi alterno latere jacentes finxisse (LACT., Opif., 10; Ins., 5-16; PLIN., 5-8; LUCR., 4-658; CIC....); cæde *animantium, quæ inanima* erant (LIV., 41-18; CIC....).

Specus. — Masculin et neutre au singulier (rarement féminin), ce nom n'est que masculin au pluriel : Est *specus* exesi structura pumicis *asper* (OVID., 4-495; M., 7-409, 3-29, 11-235; SEN., Ep., 41; POM. M., 1-5); Minos Cretensium rex quoque anno *in quoddam prœaltum* et vetusta religione consecratum *specus* secedere solebat

(Val. M., 1-3-1); hic *specus horrendum* sævi spiracula ditis (Virg., Æ., 7-568); *invisum* cœlo *specus* (Sil., 13-425); d'autres (M. Lemaire) lisent *invisus*. *Specum quamdam* nactus remotam latebrosamque (Aul. G., 5-14); sunt et illic *specus vasti*, sunt ingentes recessus (Sen., Nat., 3-16; Liv., 39-33; Cic., At., 15-26; Catul., 61-28; Tac., 15-69, 12-57)[1].

Vulgus. — *Vulgus* tam neutri quam masculini est generis (V. Prob.); quem si *vulgus* secutus esset, peream si centum denariis calicem mulsi emere possimus (Varr., d. Non.); eaque ipsa affinitas haud spreta gratiam Fabio ad *vulgum* dederat (Liv., 6-34); primo prudentes, dein *vulgum*, diutissime provincias fefellit (Tac., An., 1-47); huic ego *vulgum* errori *similem* cunctum insanire docebo (Hor., Sat., 2-3-63; Sil., 14-119); hinc spargere voces in *vulgum* ambiguas et quærere conscius armis (Virg., 2-9); repente signa data; *volgum effusum* oppido cædere, alii ad portam festinare (Sal. J., 69); elataque vox ejus in *vulgum* hisce verbis (Tac., An., 12-21); ignobile *vulgus* (Virg., Æ., 1-153, 2-798; Jun., 15-126; Hor., Carm., 3-1-1.... Cic....); fames in *vulgus* inopia quæstus, et penuria alimentorum (Tac., His., 1-86).

Sexus. — *Virile sexus* nunquam habui ullum (Plaut., Rud., 1-2-19); liberorum capitum *virile sexus* (ou peut-être mieux *secus*) (Liv., 26-47; Tac., An., 4-62; Sal., His., 2; Char., 1; Non.; Aus., Tech.; A. Marc., 16; Arn., 5); ex duobus *sexibus* alter fortior, alter infirmior est (Lact., 1-16; Col., 6-24)[2]....

---

(1) Hic specus quod tam masculinum quam neutrum invenitur. Horatius, carm. 3 : *Quo me, Bacche, rapis tui plenum.... quos agor in specus?* Sed *hoc specus* melius dici in singulari numero, in plurali *hi specus*, Servio placet. Femininum tamen hoc quoque nomen invenitur. A. Gellius, Noctium Atticarum, 6 : *Sole medio...* specum quamdam *nactus remotam latebrosamque, penetro et recondo.* Ennius : ... *tum cava sub monte late* specus *intus patebat.* Pacuvius : .... *Advenio in* scrupulosam specum. Dicebant tamen et *hoc specum* et *hæc specu* (Prisc., 6).

(2) Port-Royal indique *sexum*, je ne sais sur quelle autorité. Robert-

Rubus. — Idæus *rubus* appellatus est, quoniam in Ida, non alias, nascitur (PLIN., 23-13); mella fluant illi, ferat et *rubus* asper amomum (VIRG., Eg., 3-89); *horum* autem *ruborum* semina quam maturissima eligi oportet (COL., 11-3-5; PAL., 1-34-5); alternis ordinibus ferulas, alternis *rubos* in hortis *consitas* habere (COL., 11-3); videt forte vicinum *rubos* late atque alte *obortas* excidentem (AUL. G., 19-12); *acuta rubus* (SEN., Hip.).

Phaselus. — Errant, ut ventis discordibus *acta*¹ *phaselus* (OVID., Am., 2-10-9); et latas *inversa* nudum munita *phaselo* (LUCA., 5-518); viva sed quies ponti *pictam phaselon* adjuvante fert aura (MART., 10-30-13; STA., Sil., 3-5).

Grossus. — Si voles ficum quamvis non natura seram facere, cum *grossuli minuti* erunt, fructum decutito (COL., Arb., 21); *grossi* aqua *decocti* (CELS., 5-12); parvarum genus arborum post autumnum fimo contegunt *deprehensas*que in his hieme *grossos* (PLIN., 15-18); *crudæ grossi*

Etienne et M. Le Franc prétendent que *pelagus* est masculin aussi bien que neutre : il y a long-temps que Vossius a prouvé qu'il n'est que du genre neutre.

(1) *Pampinus*, qui, dans les bons auteurs, est toujours masculin, a été employé comme féminin par Varron. Sane sciendum, *pampinos* numquam Virgilium cum genere dicere, sed Varronem feminino uti frequentius (SERV.). C'est pourquoi Probus, Caper et Sergius rangent ce nom parmi les douteux. D'après ces autorités, Sidoine Apol. (Ep., 5-17) a dit : Sub umbra palmitis adulti quam stipitibus.... pendentibus *pampinus superducta* texuerat. Malum *circumflua* vestit *pampinus* (CLAUD., 24-366); crispatur *opaca pampinus*, et mites undatim ventilat uvus (id., 31-5).

Alvus, au contraire, n'est usité qu'au féminin dans le bon siècle, et se trouve au masculin dans l'antiquité et dans les siècles de décadence. Fragilissi*mus alvus* (CAT., R. R., 1-4); *alvus* feminino genere Virgilius dixit, sed masculino Calvus : Partus *gravido* portabat in *alvo*; et Ælius Cinna : Et scelus *incesto* turpe crescebat in *alvo*; et Laberius et Accius frequenter, quod magis usus celebravit (CHAR., 1); hæc *alvus*, quod veteres frequenter masculini generis protulerunt.... itaque secundum hoc genus bene declinatur. Virgilius tamen prætulit femininum, Æ., 2. (PRISC., 6.)

Colus. — Læva *colum* molli lana retinebat *amictum* (CATUL., 62-311); idem ego Sidonia feci servilia pulla officia, et *Lydo* pensa diurna *colo* (PROP., 4-10-48).

verrucas.... tollunt..... *grossi illitæ* strumas emolliunt et discutiunt (PLIN., 23-7).

Penus. — Nisi *penus annuus* hodie convenit (PLAUT., Pseud., 1-6, Truc., 2-2-19); *magna penus* parvo spatio *consumpta* peribit (LUCIL., POM., NÆV. d. Non.)[1].

Anguis. — Ipse unam omnium *anguem* in cubiculo *visam*... narrare solitus est (TAC., An., 11-11); subito ab ima parte aræ *prolapsam anguem* prospexit (VAL. M., 1-6-4); devolant *angues jubatæ* in compluvium (PLAUT., 5-1-56; d'autres lisent *jubati*); cujus ut aspexit *torta* caput *angue* revinctum (VAR., Aci., d. Non.); nec *mediæ* Marsis finduntur cantibus *angues* (OVID., Med., 39); cantus et *iratæ* detinet *anguis* iter (TIBUL., 1-8-20; CIC., N. D., 1-36; CHAR., 1). Le masculin se trouve partout.

Serpens. — Je le joins ici parce qu'il a la même signification; c'est un véritable adjectif qui se prend substantivement. Il est plutôt du féminin, dit Port-Royal, sous-entendu *bestia*. Numquam somno *damnatus* lumina *serpens* (LUCA., 9-364); tumidas fauces.... *calcatus* rupit letali vulnere *serpens* (SIL., 1-280); *serpens* centum *porrectus* in ulnas (id., 6-153); adversus *unum serpentem* (AUL. G., 6-3); *devicto serpente*, iterum, si vivat Jason, quærimus (OVID., Ep., 6-37); corpora natorum *serpens* amplexus *uterque* implicat (VIRG., Æ., 2-214, 5-273, 11-753; OVID., M., 3-38). Le féminin est bien plus usité.

Canalis. — Au sentiment de Port-Royal, de Vossius, de saint Isidore, *ce nom est mieux au féminin*. Quand il est au féminin, on sous-entend *aqua*; au masculin, *amnis, rivus, alveus*. Flumina *demerso* trahit intemerata *canali* (STA., Sil., 1-2-205); ipsam machinam... in medio ha-

---

(1) Horace l'a fait neutre : Annonæ prosit, portet frumenta *penus*que (Ep., 1-17-72); mais alors il est de la troisième déclinaison, et fait au génitif *penoris*. *Penus*.... variis generibus dictum et varie declinatum est. Nam et hoc penus et hæc penus, et hujus peni et peneris et peniteris et penoris veteres dictaverunt (AUL. G., 4-1); penus quoque et masculini et feminini et neutri invenitur. Neutri genitivus est penoris, ut pecus pecoris (PRISC., 6).

bentem *collocatum* in orthostatis *canalem* faciebat (Vit., 10-19) ; ea, recta continuataque cervice, *quem canalem* vocant...... paullum ad dexteriorem coxam convertitur (Cels., 4, præf.) ; *canalis longus* a summo trunco ad imum debet excudi (Pal., 2-15-17) ; statim deinde *perpetuus canaliculus* humi depressus construatur (Col., 8-15-6) ; quæ per omnia latera *canaliculos* habeant *digitales* (Pal., 6-11-12 ; Vit., 10-15, 4-1 et 3, 7-1) [1].

---

(1) Je pourrais m'en tenir là, puisque le masculin est, je crois, assez bien prouvé ; mais il faut examiner sur quoi repose l'opinion des grammairiens qui voulaient ne nous donner presque ce nom que comme féminin. In ea *perpetua canalis*, in quam et cibus ponitur eis et immittitur aqua (Varr., R. R., 3-11-2) ; *canalem rotundam* facito (Cat., 18-6) ; dicere duas esse quasi *canaliculas* (Aul. G., 17-11 ; Lucil. d. Non.). Voilà les imposantes autorités, les seules autorités pour le féminin. Assurément elles ne peuvent balancer les autres, et conséquemment il faut renverser la règle de Vossius et dire : Ce nom est plutôt du masculin que du féminin.

Callis se trouve au féminin quelquefois : Nos hic pecorum modo per æstivos saltus deviasque *calles* exercitum ducimus (Liv., 22-14). Nonius assure que cet auteur en a usé souvent ainsi.

Cinis... feminino apud Cæsarem et Catulum et Calvum lectum est, quorum vacillat auctoritas : quum jam fulva *cinis* fuerit (Non.) ; *cinere* ut *multa* latet obrutus ignis (Lucr., 4) ; Troja virum et virtutum omnium *acerba cinis* (Catul., 68-90).

Pulvis. — Qui nunc jacet... *horrida pulvis* (Prop., 2-15-35, 2-22) ; jamque fere *pulvis* ad cœlum *vasta* videtur (Enn. d. Non.).

Crinis. — Censeo capiundas *crines* tibi (Plaut. d. Non.).

Funis. — Haud, ut opinor, enim mortalia secla superne *aurea* de cœlo demisit *funis* in arva (Lucr., 2-1153 ; Non.) ; *funem* masculinum esse *funiculus* ostendit (Quint., 1-6-7).

Sentis. — Hæc *teneras* fruticum *sentes* rimatur (Virg., Cul., 55).

Vepris. — Cum lubrica serpens exuit in spinis vestem ; nam sæpe videmus illorum spoliis *vepres* volitantibus auctas (Lucr., 4-68 ; Non.). Je n'ai pas besoin de prévenir le lecteur qu'avec ces noms il ne faut faire usage que du masculin.

Linter, contre la règle générale, est du masculin dans Tibulle (2-5-34) ; ire solebat *exiguus* pulsa per vada *linter* aqua ; et Cicéron (At., 10-10) a fait usage de *lintriculus* : Ego vero vel *lintriculo*, si navis non erit, eripiam me ex istorum parricidio. Ce qui prouve que *linter* a été aussi du masculin.

Scobs ou *scobis* est masculin selon Priscien, féminin d'après Phoca. Le féminin est presque le seul en usage ; mais il est probable que ce nom était aussi masculin : Ibi *educto* omni *scrobe* (Pal., 3-17-7).

Amnis. — Apud abundantem *antiquam amnem* et rapidas undas Inachi (Acc. d. Non. ; Varr., ibid.).

Clunis. — Ce nom a dû être masculin et féminin; on ne le voit que masculin au singulier; au pluriel il est usité aux deux genres : Ad terram *tremulo* descendunt *clune* (Juv., 11-164; Mart., 11-101); *clunes infractos* fero (Plaut. d. Fest.); ubi equos mercantur, opertos inspiciunt; ne, si facies, ut sæpe decora molli fulta pede, emptorem inducat hiantem, quod *pulchræ clunes*, breve quod caput, ardua cervix (Hor., Sat., 1-2-89); extremas in *clunes* desiliunt (Plin., 8-8).

Finis. — Ordinairement masculin au singulier, toujours de ce genre au pluriel, il se trouve au féminin dans de nombreux exemples : Nullane *finis* erit nostro *concessa* dolori? (Prop., 1-16-21); neque necesse est edisseri a nobis, *quæ finis* funestæ familiæ (Cic., Leg., 2-22); *quam finem* vitæ Sardanapalus habet (Ovid., Ib., 314); *certa* quidem *finis* vitæ mortalibus astat (Lucr., 3-1091, 1-562); non cognovit *quæ* sit habendi *finis* (id., 5-1433); *hæc finis* Priami, hic exitus sorte tulit (Virg., Æ., 2-554); nate dea, si nemo audet se credere pugnæ, *quæ finis* standi? (ibid., 5-384); jamque fere spatio extremo fessique sub *ipsam finem* adventabant (ibid., 5-327); *quam* fessis *finem* rebus ferat.... (ibid., 3-145).

Torquis. — Illi virgatis jaculanti ex agmine braccis *torquis* ab incisa decidit *unca* gula (Prop., 4-11-44); causam cognomenti fuisse accepimus *torquis* ex auro induvias, *quam* ex hoste quem occiderat detractam induit (Aul. G., 9-13); *torques aureæ* et scuta cælata fulgent (Varr. d. Non.); *torquem* detraxit, *eam*que *sanguinolentam* sibi

---

Messis. — Potius quam non *magno messe,* non proba vindemia (Lucil. d. Non.)

Ovis. — Ut etiam nutantibus qui *oves duos,* non duas dicunt.... (Varr. d. Non.); Terentio, quando citatus neque respondit, neque excitatus est, ei ego *unum ovem* multam dico (id., ibid.).

Rudens. — Toujours masculin, excepté dans Plaute (Rud., 4-3-1) : Dum *hanc* tibi, quam trahis, *rudentem.*

Lens. — Titinius (dans Nonius) l'a fait masculin : *Lenti* calido, eluellæ, trapulæ, romicæ.

Dens. — Apulée (Apol.) a dit contre l'usage : *dentes splendidas.*

in collum imponit (C. QUAD. d. Non.). Le masculin me semble néanmoins préférable ; c'est le seul qu'aient employé Tite-Live, Cicéron, Quinte-Curce, Quintilien, Stace, Suétone, Justin, Pline. Il paraît qu'Ovide n'a pas craint de faire usage du féminin (Fas., 1-601) : Ex uno quidam celebras, aut *torquis ademptæ*, aut corvi titulos auxiliaris habent.

Scrobs (primitivement *scrobis*). — Haud procul egesta *scrobibus* tellure *duabus* sacra facit (OVID., M., 7-243); mus marinus in terra, *scrobe effossa*, ponit ova et rursus obruit terra (PLIN., 9-51; PAL., 1-5-3; COL., 12-44-4, 4-1-1 et 5); *scrobes* omnis generis, *quos* eris autumno consiturus, hoc tempore præparare oportebit (COL., 11-2-28, 1-10-15 et 7, 4-1-1 et 5); *scrobiculo facto* (id., 4-15-3, 4-6-8; PLIN., 17-19).

Dies. — *Festum* Laertius egerit heras forsan in extremo conjugis orbe *diem* (OVID., T., 5-5-4) ; *festa dies* Veneremque vocat, cantusque merumque (id., Am., 3-10-47; M., 12-150) ; somnia *formoso* candidiora *die* (id., Ep., 15-124) ; non mihi *grata dies* : noctes vigilantur amaræ (id., Ep., 12-169).... ut jam sua limina condas, *extremum* fati sustinet ille *diem* (ibid., 1-114); sed facit *extrema* sacra relata *die* (id., Fast., 2-532); *dies destinatus* illuxit (CURT., 3-6-8); *hic dies* tibi futurus est ultimus (id., 5-11-8); ad *præstitutam diem* permisere se regi (id., 3-1-8); *suprema* citius solvet amor *die* (HOR., Car., 1-13-20) ; crebrisque interrogationibus exquirit, qualem Piso *diem supremum* noctemque exegisset (TAC., An., 3-16, 1-6) ; dein Jugurtha *postero die* cum Aulo in colloquio verba facit (SAL., J., 38) ; at rex *postero die* Asparem, Jugurthæ legatum, appellat (ibid., 112) ; *postera die* circiter horam tertiam pervenit in quamdam planitiem (ib., 68 ; CÆS., B. G., 6-7) ; *postera* quum primo stellas oriente fugarat clara *dies* (VIRG., Æ., 5-42, 12-113 ; FRONT., 2-4 ; TAC., H., 11-48) ; *flexo* in vesperam *die* (TAC., An., 1-16). Ces exemples, qu'il m'eût été facile de multiplier bien davantage, suffisent pour prouver que ce nom admet indifféremment les deux genres. Le seul cas d'exception a lieu avec les adjectifs numéraux, *primus, secundus, tertius*... Alors on ne peut mettre que le masculin : Ad *diem sextum* kalendarum (B. Af., 2) ; *decimo* et *tertio die* (PLIN., 25-5) ; *tertium* ante *diem* scitote decerptum Carthagine (id., 15-18 ; .... LIV. ; .... CIC....). Cependant Columelle (11-1) a mis le féminin, *tertia die* ; du moins on le lit ainsi dans les meilleures éditions. Dans la suite on en a fait un fréquent usage. Le pluriel est toujours masculin [1].

Calx. — Ceux-ci sont encore du douteux, mais plus souvent masculins dans les orateurs ; *cortex*... *pumex*... *imbrex*.... Hic *calx* (PORT-ROYAL). Je ne puis partager, du moins pour *calx*, cette opinion ; et, selon moi, il fallait dire tout le contraire. Quadrupedemque citum *ferrata calce* fatigat (VIRG., Æ., 11-714 ; SIL., 7-696, 13-169, 17-5) ; c'est ainsi que portent les plus anciens manuscrits, confirmés par le témoignage de Nonius, de Charisius et de Vossius. Quoniam sumus ab *ipsa calce*... revocati (CIC. d. Sen., ep. 108, Tusc., 1-8) ; *candidum* ad *calcem* (VARR. d. Non. ; PLAUT., ibid.) ; in portam *rigidos calces* extendit (PERS., 3-103) ; alia vero feminina sunt, ut *fornax, pax, fax, arx, calx, falx* (PRISC., 5) ; *calx*, qua calcamus, qua ædificamus, feminini generis est (CHAR., 1).

Cortex. — Quæ quasi membrana, vel *cortex nominitanda* est (LUCR., 4-48) [2]. Tum Phaetondiadas musco circumdat *amaræ corticis* (VIRG., Eg., 6-63) ; *fissa cortice* vivum reddit onus, vagitque puer (OVID., M., 10-512, 4-375, 8-762, 14-630). Dans tous ces endroits d'Ovide, les

---

(1) Hic et hæc dies.... dum tamen sciamus pluraliter fem. *hæ dies* et *has dies* non oportere non dicere (CHAR., 1 ; DIOM., 1). Vossius dit que cette remarque n'est pas fondée, et assure que Cicéron ne s'y est point conformé, ayant mis : O *reliquas* omnes dies noctesque eas.... J'ai consulté Cicéron et j'ai trouvé (p. Plan., 41) : O *reliquos*....

(2) Sive *amaræ corticis*, seu *medio cortice*, quorum neutrum quidem reprehendo, quum sit utriusque Virgilius auctor (QUINT., 1-5-35 ; NON.).

manuscrits ne sont pas d'accord : M. Lemaire a préféré dans son édition le féminin. En thèse générale, il faut reconnaître que le masculin est bien plus fréquent.

Obex [1]. — *Nullæ obices*, nulli contumeliarum gradus (PLIN. J., P., 47-5); ecce maris *magna* claudit nos *objice* pontus (VIRG., Æ., 10-377; LIV., 9-2); *cerea* destituit resolutis axibus *obex* (S. APOL., Carm., 2-492; Ep., 7-1); portasque petunt, quas *objice firma* clauserat Iliades (OVID., M., 14-780; Priscien lisait autrement ce passage); hinc *victa* proruperat *objice* Nereus (CLAUD., 20-34); *rupto* sic *objice* fudit, laxavitque viam bellis (id., 5-23); huc eat et illuc.... *disjecto obice* rumpatque posteis (SEN., Herc. F., 999). Je ne vois pas pourquoi l'on hésiterait encore et l'on préférerait le masculin avec Port-Royal.

Silex. — Est autem, ut mea fert opinio, vineis *amicus* etiam *silex* [2] (COL., 3-11-8); perjuraque pectora vertit in *durum silicem*, qui nunc quoque dicitur index (OVID., M., 2-706); *Numidicus silex* (STA. 1-2-205; OVID., M., 7-107). Dans Catulle (63-5), les uns lisent, *devolvit illa acuta sibi pondera* silice, les autres *acutus*. Stabat *acuta silex* præcisis undique saxis, speluncæ dorso insurgens (VIRG., 8-233, 6-602, 6-471); nitor, et ingrato facio con-

---

(1) *Imbrex*, masculin dans Pline (servarique inter duos *imbrices*, 17-14), se trouve au féminin dans Plaute (Mil. G., 2-6-24) : Quod meas infregisti imbrices et tegulas.

Pumex. — Quoi dono lepidum novum libellum, *arida* modo *pumice* expolitum? (CATUL., 1-2). Partout ailleurs il est masculin, fréquemment dans Pline, Virgile, Ovide; il est aussi dans Plaute et dans Vitruve.

Vibex ou *vibix*. — Feminina sunt, ut hæc vibex, ilex, silex (PRISC., 5); *vibex* referunt inter virilia (VOSSIUS). Port-Royal semble partager l'opinion de Vossius. Manquant d'autorités, je ne puis que m'en rapporter à la décision de Priscien.

(2) *Silex* omnium consensu feminino appellatur genere.... Masculino Lucretius, 1 : Unde queant *validi silices*, ferrumque creari. Idem, 5 : Non tuere *avulsos silices* a montibus altis (NON.). Hæc... *silex*; autores tamen et *hic silex* inveniuntur proferentes. Juvenalis in 2° : Nec melior *silicem* pedibus quæ conterit *atrum*. Ovid. in 7° Metamorphoseon : Aut ubi terrena *silices* fornace *soluti*. Virgilius in 8° : Stabat *acuta silex* præcisis undique saxis (PRISC., 5).

vicia demens vana Jovi, cupioque mori, moturaque *duras* verba quæror *silices* (Ovid., M., 9-303, 613; Tris., 4-6-14); hic ædes augustæ deæ, templique colendi *religiosa silex*, densis quam pinus opacat frondibus (Claud., 33-201, 37-99, 48-42, 57-4).

Varix. — Ab his ad crura proximus transitus est, in quibus *orti varices* non difficili ratione tolluntur (Cels., 7-31); *eorum varicum* qui in ventre sunt (ibid.); evenit ut in quorumdam ventribus *varices* sint, *quorum* nulla alia curatio est [d'autres lisent *quarum*] (ibid.); si *varicula* intus est, quæ sanari prohibet, *ea* quoque excidenda est (Cels., 5-25); tunc tibi fortissimus quisque et victor doloris occurrat; ille, qui dum *varices exsecandas* præberet, legere librum perseveravit (Sen., Ep., 78); *velandarum varicum* gratia (Quint., 11-3)[1].

Sandix ou *sandyx.* — Pingentes *sandyce sublata*, mox ovo inducentes, purpurissum fulgore minii faciunt (Plin., 35-6); dicitur enim *sandyx indica* talem purpu-

---

(1) Je ne dois pas laisser ignorer au lecteur que Priscien et Phoce font ce nom masculin seulement; mais il est possible aussi que, voulant donner une règle générale, ils n'aient pas bien examiné avant de prononcer. Hic calix... fornix... varix (Phoca); in *ix* si penultima brevis est, masculina sunt, ut hic calix, hic varix (Prisc., 5). Ce qui infirme le témoignage de Priscien, c'est qu'il s'est trompé en plus d'un endroit pour avoir voulu trop généraliser. Masculina sunt, ut panis, funis, amnis, ignis... *corbis*, orbis... (Prisc., 5).

Crux se trouve au masculin : Malo *cruce* fatur uti des Jupiter (Enn. d. Non.).

Lux. — Plautus, Aul. : *Luci claro* disripiamus aurum matronis palam. Varro, Vimarico : Nos ergo nihil egimus, quod legem Lucaniam *luci claro* latam.... Idem in Ephebo... : Hodie, si possumus, quod debemus populo, in foro medio *luci claro* decoquere. M. Tul. Of., 3 : Quum prior ire *luce claro* non queo (Non.). Cum *primo luci* cras nisi ambo occidero (Plaut., Cist., 2-1-49); cæterum rus cras cum filio, cum *primo lucu* (pour *luci* ou *luce*) ibo hinc (Ter., Adel., 5-3-55). Vossius a été tellement frappé de ces autorités qu'il dit en propres termes : *Lux dubium videtur.* Port-Royal a été avec raison plus sévère; d'ailleurs le passage de Cicéron, invoqué par Nonius, ne se trouve point dans le Traité des Devoirs tel qu'il nous est parvenu. Il s'y trouverait même que l'on ne pourrait en conclure que *lux* est douteux : ce ne serait qu'une locution exceptionnelle, conservée des anciens.

Vet., 3-47-10, 4-22-2); totumque eorum palatum defriram facere, si curetur (F. Vopis.); interdum *libyco* fucantur *sandice* pinnæ (Grotius). Le plus sûr est de le faire féminin, genre qu'il a en grec comme en latin.

Stirps. — Omnis deinde soboles, quæ ex *imo stirpe* nata est, quotannis extirpanda est (Col., 5-9-13); capito tibi scissam salicem, ea *stirpem præcisum* circumligato, ne liber frangatur (Cat., 40-2); *stirpem* Teucri nullo discrimine *sacrum* sustulerant (Virg., Æ., 12-770)... et *admorso* signatæ in *stirpe* cicatrix (id., G., 2-379); namque diu luctans, *lento*que in *stirpe* moratus, viribus haud ullis valuit discludere morsus roboris (id., Æ., 12-781, 208)[1]; cætera fluminis ritu feruntur.... nunc lapides adesos, *stirpes*que *raptas*, et pecus et domos volventis una (Hor., 3-29-35); quod idem remedium optime facit *exempta stirpe*, si forte sarculum calcaverit (Col., 6-15-1, 2-2). Dans le sens figuré, c'est-à-dire quand ce nom signifie *race, famille*, il est du féminin: Nec genus unde *novæ stirpis* revocetur, habebit (Virg., G., 4-282; Æ., 3-326, 5-711; .... Sen., Aga., 42; .... Ovid., M., 1-159....). Dans ce sens néanmoins les anciens ont quelquefois fait usage du masculin : Homines Pyrrhus uti memorant a *stirpe supremo* (Enn. d. Non.); qui *stirpem* occidit *meum* (Pac.).

Adeps. — Illi sunt adipes medicaminibus apti (Plin., 8-14, 31-1); proxima in communibus *adipis* laus est, sed maxime *suilli*, apud antiquos etiam religiosi (id., 28-9); inveteratur duobus modis, aut cum sale, aut *sincerus* (ibid.); tunc mitigatis os et palatum salibus frica, et in gulam demitte *præsulsi adipis* librales offas (Pal., 4-10-3; *præsulsæ* se lit aussi dans quelques manuscrits); *adipis* quoque *porcinæ* recentis *coctæ* quantum existimaveris cum oleo optimo et vino summo et melle commisces (Veg.

---

(1) Auctoritas ab oratoribus vel historicis peti solet : nam poetas metri necessitas excusat, nisi si quando, nihil impediente in utroque modulatione pedum, alterum malunt : qualia sunt.... *imo de stirpe recisum*, et.... *aeriæ quo congessere palumbes*, et... *silice in nuda* (Quint., 1-6-2).

cato, libralesque offas in *præsulsæ adipis* liquamine tinctas, lingula demittito (Col., 6-2-7); quæ res ad *creandas adipes* multum conferunt (id., 8-14-11).

Palumbes. — Vivere *palumbes* ad tricesimum annum, *aliquos* ad quadragesimum, Aristoteles auctor est (Plin., 10-35); duæ *unum* expetitis *palumbem* (Plaut., Pæn., 3-3; Pomp. d. Non.); nec tamen interea *raucæ*, tua cura, *palumbes*.... (Virg., Eg., 1-57); namque notavi ipse locum *aeriæ* quo congessere *palumbes* (ibid., 3-59); me *fabulosæ*... fronde nova puerum *palumbes* [1] texere (Hor., 3-4-9).

---

(1) On dit aussi *palumbus* : Hac eadem ratione *palumbos*... pinguissimos facere contingit (Col., 8-8). — Je ne vois pas pourquoi Port-Royal semble préférer le masculin. Je rappellerai à ce sujet un passage de Quintilien cité plus haut.... Poetas metri necessitas excusat, nisi si quando, nihil impediente in utroque modulatione pedum, alterum malunt; qualia sunt.... *aeriæ quo congessere palumbes*..... Cette remarque semble applicable aux exemples suivans : Nec curat Orion leones aut *timidos* agitare *lyncas* (Hor., 2-10); *sola*que culminibus ferali carmine *bubo* (Virg., Æ., 4-462); discerpta ferentes membra *gruis sparsi* sale multo (Hor., Sat., 2-8-87; Lab. d. Non.); ubi tam *teneros volucres* matremque peremit (Cic., Div., 30); namque volans rubra *fulvus* Jovis *ales* in æthra litoreas agitabat aves (Virg., Æ., 12-247); accipiter saxo *sacer ales* ab alto consequitur (id., 11-721, Cul., 528, Mor., 2); sed *ales* sensit adulterium *Phœbeius* (Ovid., M., 2-544, Fast., 1-455); aut oculis *capti* (*a*) fodere cubilia *talpæ* (Virg., G., 1-183); ævoque sequenti cum canibus *timidi* venient ad pocula *damæ* (id., Eg., 8-28); *timidi damæ* cervique fugaces nunc interque canes et circum tecta vagantur (id., G., 3-539); et superjecto *pavidæ* natarunt æquore *damæ* (Hor., Carm., 1-2-9).

Accipiter masculin partout, excepté dans Lucrèce (4-1103) : At variæ fugiunt volucres.... *accipitres* somno in leni si.... sunt... *visæ*que volantes.

Feles. — Ut etsi *felis* non ausim damnare, nec temere tamen usurus sum : quemadmodum neque in masculino usurpare ausim, quamvis Rob. Stephanus in thesauro suo communis esse generis dicat (Vossius). Effectivement Robert-Étienne lui donne les deux genres sans citer aucune autorité. Voici un passage de Cicéron qui justifie l'auteur du *Trésor* de la langue latine, et qui eût peut-être levé les doutes de Vossius : At vero ne fando quidem auditum est, crocodilum, aut ibim, aut *felem violatum* ab Ægyptio (Cic., N. D., 1-29).

(*a*) Fiunt ergo et circa genus figuræ in nominibus : nam et *oculis capti talpæ* et *timidi damæ* dicuntur a Virgilio; sed subest ratio, quia sexus uterque altero significatur; tamqua mares esse talpas damasque quam feminas, certum est (Quint., 9-3-6).

Bombyx. — Ce nom est masculin, quand il désigne l'animal ; féminin, pour la matière qu'il produit : Nec vaga tam tenui discursat aranea tela, tam leve nec *bombyx pendulus* urget opus (MART., 8-33) ; *assyria* tamen *bombyce* adhuc feminis cedimus (PLIN., 11-23). Properce (2-3) a cependant dit : « Nec si qua *arabio* lucet *bombyce* puella ; » mais il est probable que, par une figure familière aux poètes, il aura pris la cause pour l'effet.

Limax. — *Implicitus* concha *limax* hirsutaque campe (COL., 10-324) ; *limacis* inter duas orbitas *inventæ* ossiculum (PLIN., 29-6).

Il paraît extrêmement difficile de fixer le genre des noms de rivières et de fleuves de la première déclinaison. Ce qui cause cette difficulté, c'est que ces noms ne sont presque jamais accompagnés, dans les prosateurs, d'adjectifs ou de relatifs qui puissent en marquer le genre, et que l'autorité des poètes n'est pas toujours admissible, parce qu'ils sont gênés par la mesure des vers, et que, dans mille occasions, ils sont contraints de sacrifier les règles du langage à l'harmonie, sans laquelle la poésie [1] n'est rien.

Priscien les croit masculins, et tâche d'établir son opinion ; mais ses argumens [2] ne me paraissent pas fort concluans : il eût dû, d'ailleurs, s'étendre davantage et multiplier les citations, afin qu'il ne restât plus de doute. De plus, il n'a point saisi le véritable point de la question. Vossius croit qu'ils sont féminins, à cause de leur terminaison ; puis, comme si les citations qu'il fait ensuite

---

(1) Ego autem, etiamsi quorumdam grandis et ornata vox est poetarum, tamen in ea tum licentiam statuo majorem esse, quam in nobis, faciendorum jungendorumque verborum ; tum etiam nonnullorum voluptati vocibus magis, quam rebus inserviunt (CIC., Ora., 20).

(2) Quod Turia et similia fluminum nomina masculina sint, ostendit etiam Sallustius in *am* terminans ejus accusativum in 2° Historiarum : *Inter læva mænium et dextrum flumen Turiam.* Nam si esset neutrum, similis esset accusativus nominativo (PRISC., 5).

eussent produit quelque impression sur lui, il termine par dire qu'en prose du moins il n'oserait faire usage du masculin. Port-Royal n'a point renchéri sur ses devanciers, et il s'en est tenu à la décision de son guide habituel. D'un autre côté ces noms sont masculins en grec [1], et les autorités sont contradictoires. Les dictionnaires ne sont pas même, quant à cela, d'accord avec eux-mêmes [2]. Comme les lecteurs auxquels mon livre est destiné sont bien capables de prononoer par eux-mêmes sur cette question, je me contenterai de mettre sous leurs yeux les passages que j'ai pu recueillir, m'en rapportant entièrement à leur bon sens et à leur raison.

Addua. — Frondentibus humida ripis colla levant, pulcher Ticinus et *Addua* visu *cœrulus* (CLAUD., 28-196); celer Addua nostro sulcatus socero (ibid., 481).

Albula. — Et tanto est *Albula pota* deo (OVID., Fast., 4-68).

Alisontia. — Nec minor hoc tacitum *qui* per sola pinguia labens, stringit frugiferas felix *Alisontia* ripas (AUS., Edy., 3 (10) 371).

Allia. — Nec te peregrina morentur sabbata nec damnis *Allia nota* suis (Ovid., Rem., 220, Art., 1-414); et damnata diu Romanis *Allia* fastis (LUCA., 7-409).

Durentia. — Sparsis *incerta Durentia* ripis. (AUS., Edy., 3 (10) 499).

Duria. — Et roseis *formosus Duria* ripis vellera purpureo passim mutavit ovili (CLAUD., 39-72).

---

(1) Τοὺς Κελτοὺς ἀπὸ μὲν τῶν Ἀκυϊτανῶν ὁ Γαρούμνας· ἀπὸ δὲ τῶν Βελγῶν ὅ τε Μάτρονας καὶ ὁ Σεκάνας διορίζουσι πόταμοι (Com. CÆS., 1-1). Voyez Ptolémée, 2-9...,

(2) Ouvrez celui de Noël; vous trouverez *Allia, Albula,* marqués d'un *m,* tandis que *Garumna* est indiqué fèminin, et (ce qui est plus étrange) sur l'autorité de Tibulle, qui, au contraire, l'a fait masculin. (Voir les exemples.)

Garumna. — Testis Arar, Rhodanusque celer, *magnus*que *Garumna* (Tibul., 1-11) ; *Garumna,* ex Pyrenæo monte *delapsus,* nisi cum hyberno imbre, aut solutis nivibus intumuit, diu *vadosus* et vix navigabilis fertur (Pom. M., 3-2) ; *æquoreæ* te commendabo *Garumnæ* (Aus., Edy., 3 (10) 483).

Mosella. — *Egelidæ* stagnantia terga *Mosellæ* (Aus., Ep. 1) ; salve *magne parens* frugumque virumque *Mosella* (id., Edy., 3 (10) 381) ; *corniger* externas *celebrande Mosella* per oras (ibid., 467).

Matrona. — Non tibi se Liger anteferret, non Axona præceps, Matrona non, Gallis Belgisque intersita fines (Aus., Edy., 3 (10) 462).

Sura. — Proneæ Nemesæque *adjuta* meatu *Sura* (Aus., Edy., 3-355)[1].

Etesiæ (les vents étésiens). — Quæ [navigatio] incurrebat in *ipsos etesias* (Cic., Ep., 15-11) ; venti *etesiæ... quorum* flatu nimii temperantur calores (Cic., N. D., 2-53 ; Plin., 2-49 ; Aul. G., 2-22). De plus, c'est un mot grec, masculin[2] dans cette langue ; cependant les dictionnaires nous le donnent comme féminin.

Advena, convena, agricola, cœlicola, ruricola, alienigena, indigena, Grajugena, conviva, verna, parri-

---

(1) *Acheron,* partout masculin, se trouve au féminin dans Plaute, au rapport de Nonius : Verumenimvero *nulla* adæque est *Acherons,* atque ubi ego fui (Capt., 5-4-2). Robert-Etienne lit *nullus ;* en tout cas je ne vois pas la nécessité de cette subtile distinction faite par Vossius et répétée par Port-Royal, de l'Achéron fleuve et de l'Achéron pris pour les enfers.

(2) Τῶν ἀνεμῶν...... οἱ θερούς, ὡς οἱ ἐτέσιαι λεγόμενοι (Arist. d. Mund.).

Les noms de montagnes sont très réguliers, c'est-à-dire que la terminaison est une règle presque infaillible pour en connaître le genre, qui

cida; adolescens, infans, parens, conjux, auctor, augur, civis, municeps, comes, custos, dux, hostis, homo, hospes; index, interpres, infans, judex, patruelis, princeps, sacerdos, antistes, satelles, testis, vatis, s'emploient au masculin et au féminin : Ante meos oculos adducitur *advena*[1] pellex (Ovid., Ep., 9-14) ; est e Corintho hic *advena* anus paupercula (Ter., Heaut., 1-1-44; Varr., R. R., 3-5). *convena* undique multitudo (A. Marc., 15-13; Sol., 50). sæpe etiam Juno, *maxima cœlicolum,* conjugis in culpa flagravit quotidiana (Catul., 68-138). sic vocant *indigenam*[2] ex frumento *potionem* (Flor., 2-18-12). postquam conveni *convivas meas* (Pomp. d. Prisc.). cumque hic veritus est *optimæ adolescenti* facere injuriam (Ter., And., 3-3; Cic., Div., 1-17). De là *adolescentula* dans Térence (And., 1-1-91) et dans Plaute (Epid., 1-1-41). *Optima* tu proprii nominis *auctor* eris (Ovid., Fast., 5-192) ; ultima quid referam quorum mihi cana *senectus auctor?* (id., Ep., 14-110; Virg., Æ., 12-159; Cic., Div., 1-15). aquæ nisi fallit *augur* annosa *cornix*

---

d'ailleurs est exactement indiqué dans les dictionnaires. Il y a cependant des exceptions. *Ossa,* par sa terminaison et par l'usage universel, est féminin; mais Ovide l'a fait d'un autre genre : Atque dedit saltus a *summo* Thessalus *Ossa* (Ib., 287). De même *OEta* : Titan *summum* prospicit *OEtam* (Sen., H. Fur., 133). Quoique féminin en grec (Strab., 9), *Othrys* est masculin en latin : Solstitiale caput *nemorosus* summovet *Othrys* (Luca., 6-338; Sta., Ach., 1-238 : Val. F., 6-393).

(1) Quæ vero, cum apud Græcos communia sint vel mobilia, apud Latinos in *a* desinunt tantum, nec ex masculinis in *us* desinentibus transformantur, communia sunt tantum, et pæne omnia a verbis sunt composita, vel derivata, et hic et hæc agricola, cœlicola, advena, parricida, grajugena, conviva (Prisc., 5).

(2) On peut même les joindre à des noms neutres : Tempore *ruricolæ* patiens fit taurus *aratri* (Ovid., Trist., 4-6-1) ; neque *vino alienigena,* sed patrio usuros (Aul. G., 2-24; Plin., 14-6) ; credidimus fatis, utendum est *judice bello* (Luca., 1-227) : essent qui generum Minoa *auctoribus extis* jungere... suaderent (Virg., Cir., 367) ; Italiam *fatis* petiit *auctoribus,* esto, Cassandræ impulsus furiis (id., Æ., 10-67); si fortuna ferat, rerum nos summa sequatur, *imperium*que *comes* (Luca., 5-26) ; dicimus verna puer, verna puella, verna mancipium (Phoca) ; advena mancipium (Prisc.); *sidera* sunt *testes,* et matutina pruina (Prop., 2-9-41; Hor., Car., 4-4).

(Hor., Carm., 3-17-12); simque *augur cassa* futuri (Sta., The., 9-629). petierunt ut sibi *cives romanas* ducere uxores liceret (Liv., 38-34; Plaut., Pæn., 1-2; Cic., Bal.). De même *municeps* (Plin., 35-11). culpam *pœna* premit *comes* (Hor., 4-5-24); liberalitati *quas* aptiores *comites*, quam humanitatem et clementiam dederim (Val. M., 5-1; Ovid., Pon., 1-2-40). ..... natarum hæc altrix, eadem et *fidissima custos* (Sta., The., 1-530; Val. F., 5-239). *ars* est *dux* certior quam natura (Cic., 4-4); virtute *duce* (Cic., Ep., 10-3.... Val. F., 5-139). quoniam *homo* nata esset (Cic., Ep., 4-5). illa vero vitiosissima, quæ jam humanitas vocatur, invicem qualiacumque laudandi, cum est indecora et theatralis, et severe institutis scholis aliena, tum studiorum *perniciosissima hostis* (Quint., 2-2-10). o nimium faciles, o toto pectore captæ, non venit hæc nostris *hospes amica* choris (Ovid., Fast., 6-510). fuit illa simplicitas antiquorum.... humanitatis et continentiæ *certissima index* (Val. M., 2-5-5). tum avis illa videri posset *interpres* et satelles Jovis (Cic. Div., 2-35). quæ fluxa fuere, quartum intra mensem *defuncta infante* (Tac., An., 15-23; Quint., 6-1). de cespite virgo se levat, et salve numen, *me judice*, dixit (Ovid., M., 2-429); et sumus, ut fatear, tam *sæva judice*, sontes (Luca., 10-368). et rudis ad partus, et *nova miles* eram (Ovid., Ep., 11-48). age si mihi nulla jam reliqua ex amitis, *patruelis nulla*, proneptis nulla manet (Pers., 6-53). habebatque pantomimos fovebatque effusius, quam *principi* [1] *feminæ* conveniret (Plin. J., 7-24); illa sapientia, *quam principem* dixi (Cic., Of., 1-13). sacra Cereris.... per *Græcas* semper curata sunt *sacerdotes*, et græca omnia nominata (Cic., Bal., 24, Div., 1-34; Liv., 39-13; Virg., Æ., 6-321, 554; Sta., The., 2-21). cujus *antistites* perpetua virginitate *sanctæ* (Pom. M., 3-6; Val. M., 1-1-1). Néanmoins *antistita* existe, et ce mot paraît être de bonne latinité : Tractata comis *antistita* Phœbi non profecturas

---

(1) De même *parens.... conjux.... bos.... canis.... sus.*

tendebat ad æthera palma (Ovid., M., 13-410); *icta*que barbarico Cibeles *antistita* [1] buxo (Virg., Cir., 166). hic Jovis altisoni subito *pinnata satelles* arboris e trunco serpentis saucia morsu (Cic. Mar., Fin., 2-13). ut *legem* adjutricem et *testem* adhibeamus (id., Top., 25); *inducta teste* in senatum (Suet., Claud., 11). sanctissima *vates præscia* venturi (Virg., Æ., 6-65); cunctantem et *vati* portat sub tecta sybillæ (ibid., 22, 3-491; Val. F., 1-5; Claud., 22-338)....

NOMBRE DES NOMS.

On a contesté et l'on conteste encore le pluriel d'une infinité de noms qui sont usités à ce nombre; en général, on enseigne que les noms qui expriment les vices et les vertus, des qualités bonnes ou mauvaises, n'ont point de pluriel. Me voilà réduit à entrer encore une fois dans de longs détails, que je prie le lecteur de me pardonner.

Arena. — Non deterius tamen etiam pinguibus *arenis* vel congesticia humo proveniunt (Col., 2-10-18, 1, præf.); disjectasque inter et vix pervias *arenas* (Tac., A., 2-61; Pal., 2-13-10); libens insanientem navita Bosphorum tentabo, et arentes *arenas* littoris Assyrii (Hor., Carm., 3-4-31; Virg.... Ovid.... Vit., 5-8).

Astutia. — Aliter leges, aliter philosophi tollunt *astutias* : leges quatenus manu tenere possunt; philosophi, quatenus ratione et intelligentia (Cic., Of., 3-17); cuicumque mortalium, nedum veteri et provido duci, *astutiæ* barbaræ patuissent (Tac., A., 13-38; Ter., And., 3-4-25).

(1) Sacerdotes quoque feminas M. Cicero antistitas dicit, non secundum grammaticam legem; nam quum insolentias verborum a veteribus dictorum plerumque respueret, hujus tamen verbi in ea parte sonitu delectatus : *sacerdotes Cereris*, inquit, *atque illius fani* antistitæ (Aul. G., 13-20).

Audacia. — Non enim jam sunt mediocres hominum libidines, non humanæ ac tolerandæ *audaciæ* (Cic., Cat., 2-5); qui formæ vitæ iniit, quam postea celebrem miseriæ temporum et *audaciæ* hominum fecerunt (Tac., A., 1-74; Cat. d. Festus).

Avaritia. — Nec omnes *avaritias* [1], si æque avaritias esse dixerimus, sequitur etiam ut æquas esse dicamus (Cic., Fin., 4-27).

Conscientia. — Te *conscientiæ* stimulant maleficiorum tuorum (Cic., Par., 2).

Duritia. — Magis discutit sudores, *duritias* magis diffundit (Plin., 23-4-4, 26-6).

Fama. — Quodam Sallustius loco dixit, *inter arma civilia æqui boni* famas *petit;* Aruntius non temperavit, quominus primo statim libro poneret, *ingentes esse* famas *de Regulo* (Sen., Ep., 114). Il me semble que Sénèque blâme l'affectation que mettait Aruntius à employer avec une complaisance ridicule certains mots assez rares, bien placés dans les auteurs qui s'en sont servis, sans condamner les expressions mêmes dans les écrivains qu'Aruntius mettait si souvent à contribution. Arnobe a dit : *Inhonestas vos* famas *adjungere Diis vestris* (7). Plaute l'aurait aussi employé (Tri., 1-2-149), si nous voulions en croire plusieurs savans éditeurs.

Fiducia. — Fidei bonæ existimabat manare latissime, idque versari in tutelis, societatibus, *fiduciis* (Cic., Of., 3-17).

---

(1) Je ne parle point de *amicitia, culpa*, dont le pluriel est aujourd'hui universellement reconnu. Arnobe (6) s'est servi de *benevolentiæ: Benevolentias* cunctis individua exhibere. Par lui-même cet auteur n'est pas de grand poids; mais ici il a l'analogie pour lui. Il est même à remarquer que l'on trouve dans Arnobe une foule de mots semblables, que de prime-abord l'on croirait de basse latinité, et qu'avec un peu plus de réflexion on découvre, non sans quelque étonnement, dans Cicéron et les autres auteurs du même temps. *Elegantiæ* ne se voit nulle part; mais Vossius insinue, peut-être avec raison, que l'on pourrait dire, sermonis veneres et *elegantias*.

Fuga. — *Fugas* civium, urbium eversiones, fratrum, conjugum, parentum neces..... superstitionem fovebant (Tac., H., 5-8); neque aliud Civilis amicitia paratum, quam vulnera, *fugas*, luctus (ibid., 24); non vidit Agricola.... tot fæminarum *exilia* et *fugas* (Tac., Ag., 45); texuntque *fugas* et prælia ludo (Virg., Æ., 5-593).

Gloria. — Quæ potestates, quæ *gloriæ*, quæ amicitiæ (Cic., Her., 3-8); honorum gradus summis hominibus et infimis sunt pares, *gloriæ* dispares (id., Plan.); memorare veteres Gallorum *glorias* (Tac., A., 3-45); paucorum arbitrio belli domique agitabatur; penes eosdem ærarium, provinciæ, magistratus, *gloriæ* triumphique erant (Sal. J., 41; Aul. G., 1-2; Plaut., M. G., 1-1-2). Nous disons aussi *toutes les gloires* pour *tous les genres de gloire*.

Gaza. — Beatis nunc Arabum invides *gazis* (Hor., Carm., 1-29; Sen., H. OEt., 621, H. Fur., 166); Attalicas *gazas* hæreditarias populi romani, navibus impositas Romam deportavit (Just., 36-4; Luca., 2; Claud., 10-226; Val. M., 3-7-1). Si on vient nous dire que Cicéron, Tite-Live.... ne se sont servis de ce mot qu'au singulier, nous répondrons qu'en lisant ces auteurs il est facile de voir qu'ils ne voulaient parler que d'un trésor. Justin, d'ailleurs, l'a probablement pris dans Trogue-Pompée.

Inertia. — Charisius, Vossius et Port-Royal le donnent comme ne pouvant se dire au pluriel. Animi aut quemaddodum affecti sunt, virtutibus, vitiis, artibus, *inertiis* (Cic., Part., 10).

Insania [1]. — Incideram in hominum pugnandi cupidorum *insanias* (Cic., Ep., 4-1); larvæ hunc atque intem-

---

(1) Vossius et Port-Royal ajoutent ici, par une distraction un peu forte, *inimicitia*, qu'ils font figurer ensuite parmi les noms qui n'ont point de singulier.

Je ne parle point de *ira*, qui se trouve fréquemment dans les bons auteurs : Liv., 4-9, 44, 3-66... Ter., And., 3-6-19; Virg., Æ., 4-564... Sen., N., 5-18; Aul. G., 1-26; Plin. J., P., 8.

Justitiæ, as, ne se trouve que dans les écrivains ecclésiastiques.

periæ, *insaniæ*que agitant senem (PLAUT., 4-4-15; PLIN., 26-11).

Insolentia. — Quum *insolentias* verborum a veteribus dictorum plerumque respueret (AUL. G., 13-29).

Intelligentia. — Rerum plurimarum obscurarum necessarias *intelligentias* enudavit, quasi fundamenta quædam scientiæ (CIC., Leg., 1-9); quoniam principio rerum omnium quasi adumbratas *intelligentias* animo ac mente conceperit (ibid., 22).

Invidia. — Ut odia, *invidiæ,* despicationes adversantur voluptatibus (CIC., F., 1-20); malivorum obtrectationes et *invidias* non prosternat atque obterat (CIC., Ep., 5-9).

Iracundia. — Dolores, *iracundias,* metus, lætitias, cupiditates (CIC., Orat., 9); non profecto probares, si, consilio pulso, libidines quæ sunt innumerabiles, *iracundiæ*ve tenerent omnia (CIC., Rep., 1-38, ad Q. F., 1-1, F., 1-8); ferendas parentum *iracundias* et placandum animum (TAC., A., 14-4).

Jactura. — *Jacturæ* rei familiaris erunt faciundæ, labores suscipiendi (CIC., F., 2-24).

Lætitia. — Quod quia præter opinionem mihi accideret .... repente incessi omnibus *lætitiis* (CIC., Ep., 2-9, Ora., 9); hic exsultat enim pavor ac metus : hæc loca circum *lætitiæ* mulcent (LUCR., 3-143); molestiæ, *lætitiæ,* cupiditates, timores, similiter omnium mentes pervagantur (CIC., Leg., 1-11).

Lascivia. — Perturbatus erat paribus *lasciviis* ad cupidinem et fastidia (TAC., 11-36); sed lyricorum quoque jucunditatem et elegorum *lascivias* (id., Dia., 10).

Malitia. — Inde everriculum *malitiarum* omnium, judicium de dolo malo (CIC., N. D., 3-30); quas enim Græci κακίας appellant, vitia malo quam *malitias* nominare (CIC., Fin., 3-11).

Militia. — Illic sit quicumque meos violavit amores, optavit tantas et mihi *militias* (TIBUL., 1-3-82).

Molestia. — Is quisquis est, qui moderatione et constantia quietus animo est.... ut nec tabescat *molestiis,* nec frangatur timore (CIC., Tusc., 4-17, Ep., 6-13); irarum et *molestiarum* muliebrium satagebat (AUL. G., 1-17); ut non modo omnes absterserit senectutis *molestias,* sed effecerit mollem etiam et jucundam senectutem (CIC., Sen., 1)....

Tristitia. — Honesta quidem, sed ex quibus deterrima orirentur, *tristitiis* [1] multis (TAC., A., 11-28).

Natura. — Ea et ipsa tota natura fervida est et cæteris *naturis* omnibus salutarem impertit calorem (CIC., N. D., 2-10); propterea quod omnes *naturas* ipsa cohibet et continet (ibid., 13); aquatiles piscium *naturæ*.... facilius in humore perdurant (VIT., 1-4)....

Perfidia. — *Perfidias* Plautus non refugit (VOSSIUS). Je ne puis rien citer ici.

Sapientia. — Qui si virtutes ebullire nolent, et *sapientias* nihil aliud dicent, nisi eam viam qua efficiantur eæ voluptates quas supra dixi (CIC., Tusc., 3-18).

Vita. — Uno et eodem temporis puncto nati, dissimiles et naturas et *vitas* et casus habent (CIC., Div., 2-45).

Acerbitas. — Referatis patri ac fratri, quibus *acerbitatibus* dilaceratus..... miserrimam vitam pessima morte finierim (TAC., A., 2-71, 13-50) [2].

---

(1) Si donc nous ne pouvons donner des exemples de *mæstitiæ, arum,* je ne crois pas que l'on puisse en conclure qu'il n'est pas latin, après tant de noms semblables qui s'emploient fort bien au pluriel. Il serait, à mon avis, plus juste de penser que l'occasion de le placer a manqué aux auteurs latins, ou qu'il existe peut-être sans que nous l'ayons remarqué.

(2) Par analogie, ou parce qu'ils les avaient vus dans des ouvrages qui nous manquent à présent, des auteurs du Ve siècle ont donné le pluriel à *crudelitas*, *immanitas :* Turpitudines *crudelitatibus* mixtæ (ST-AUG., Civ., 2-26; J. CAPIT., Macr., 211); omnibus tyrannicis *immanitatibus* (ST-AUG., ibid.).

Affinitas. — Sequuntur connubia et *affinitates*, ex quibus etiam plures propinqui (Cic., Of., 1-17); neque hospitia modo cum primoribus eorum, sed *affinitates* quoque jungebat (Liv., 1); ne *affinitatibus*, ne *propinquitatibus* misceamur, cavent (Liv., 44-24); leges, jura, judicia, suffragia, consuetudines, præterea et *familiaritates* (Cic., Of., 1-17).

Amœnitas. — Quæ multitudo et varietas insularum; quæ *amœnitates* orarum et littorum? (Cic., N. D., 2-30); Vitellius contemptor in dies segniorque, ad omnes municipiorum villarumque *amœnitates* resistens, gravi urbem agmine petebat (Tac., H., 2-87); studiorum *amœnitates* quærere (Plin., 6, præf.).

Assiduitas. — Neque laborum perfunctio, neque perpessio dolorum per se ipsa allicit; nec patientia, nec *assiduitates*, nec vigiliæ, nec ea ipsa quæ laudatur, industria, ne fortitudo quidem (Cic., Fin., 1-15).

Calliditas. — Servi venere in mentem Syri *calliditates* (Ter., Heaut., 5-1-14).

Caritas. — Cari sunt parentes, cari liberi, propinqui, familiares; sed omnes omnium *caritates* patria una complexa est (Cic., Of., 1-17). Claudius Mamertinus a dit depuis : Cæterorum regum atque imperatorum *caritates* admodum raræ.

Celeritas, tarditas. — Ut esset quædam mensura evidens, quæ in istis octo cursibus *celeritates*, *tarditates* declararet (Cic., Tim., 9); eorum trium fecit pares *celeritates* (id., ibi., 7); cavendum est, ne aut *tarditatibus* utamur in gressu mollioribus, ut pomparum ferculis similes esse videamur, aut in festinationibus suscipiamus nimias *celeritates*, quæ quum fiunt, anhelitus moventur, vultus mutantur, ora torquentur (Cic., Of., 1-36)[1].

---

(1) Bien qu'on ne trouve pas *velocitates*, je ne craindrais pas de m'en servir dans l'occasion.

Debilitas. — Morbos quoque et *debilitates* et ægritudines corporum, quas patiuntur homines (AUL. G., 6-1).

Felicitas. — Nec quemquam esse ego hominem arbitror, cui magis bonæ *felicitates* omnes adversæ sient (TER., Eu., 2-3-33).

Festivitas. — Gorgias avidior est generis ejus, et his *festivitatibus*.... insolentius abutitur (CIC., Ora., 52).

Gracilitas. — Habet certos sui studiosos qui non tam habitus corporis opimos, quam *gracilitates* consectentur (CIC., Brut., 16).

Graviditas. — Ab eo luna illuminata *graviditates* et partus afferat, maturitatesque gignendi (CIC., N. D., 2-46).

Hilaritas. — Cæteræ *hilaritates* non implent pectus, vultus remittunt, viles sunt (SEN., Ep., 33).

Impietas. — At vero scelerum in homines atque *impietatum* nulla expiatio est (CIC., Leg., 1-14).

Impunitas. — Immunitates, pœnas innocentium, *impunitates* noxiorum (SUET., G., 15).

Liberalitas. — *Liberalitates* Neronis... per quinquaginta equites romanos ea conditione revocandas curavit (SUET., Gal.. 15).

Libertas. — Pecunias et *libertates* et ante dono datas (TAC., A., 15-55).

Maturitas. — Quumque temporum *maturitates*...... suspecti essent (CIC., N. D., 1-36, 2-46).

Mediocritas. — Hic mihi afferunt *mediocritates;* quæ si naturales sunt, quid opus est consolatione? (CIC., Tusc., 3-31); *mediocritates* perturbationum vel morborum animi, mihi non sane probant (ibid., 10, et Aca., 2-44).

Nobilitas. — Claudius, quanquam *nobilitatibus* externis mitis, dubitavit tamen accipere captivum pacto salutis (TAC., A., 12-20; CIC., Of., 1-32).

Novitas. — *Novitatibus* excitantur probarique dominis per alios magis quam per ipsos laborant (PLIN. J., 1-4).

Obscuritas. — Jam vero, quo pertinent *obscuritates* et ænigmata somniorum (Cic., Div., 2-64; Aul. G., 20-1).

Orbitas. — *Orbitates* quoque liberorum prædicantur, eorumque qui gravius ferunt, luctus aliorum exemplis leniuntur (Cic., Tusc., 3-24).

Opportunitas, habilitas. — Omitto *opportunitates habilitates*que reliqui corporis (Cic., Leg., 1-9); adnotabant periti, non alium ducem *opportunitates* locorum sapientius legisse (Tac., Ag., 22); magnæ *opportunitates* ad cultum hominum.... aliæ aliis in locis reperiuntur (Cic., N. D., 2-52 et 53)....

Paupertas. — Horum temporum divitiæ, illorum *paupertates* (Varr. d. Non.).

Pravitas. — *Pravitates* animi recti vitia dicuntur (Cic., Par., 3); non solum in rectis, sed etiam in *pravitatibus,* insignis est humani generis similitudo (id., Leg., 1-11, 9); corruptos sæpe *pravitatibus* uxerum maritos (Tac., A., 3-34, Dia., 28).

Proceritas. — Quum miraretur Lysander et *proceritates* arborum, et directos in quincuncem ordines.... et suavitatem odorum qui afflarentur ex floribus (Cic., Sen., 17)....

Prosperitas. — Improborum *prosperitates* secundæque res redarguunt, ut Diogenes dicebat, vim omnem Deorum ac potestatem (Cic., N. D., 2-37).

Raritas. — Quum patent foramina eorum et *raritates,* arenæ mixtionem in se corripiunt (Vit., 5-8); humore penetrante in foraminum *raritates* (id., 2-5).

Salubritas. — Uti in primo libro de *salubritatibus* est scriptum (Vit., 5-3).

Sanctitas. — Et in nostro populo, et in cæteris, Deorum cultus religionumque *sanctitates* existunt in dies majores atque meliores (Cic., N. D., 2-2).

Severitas. — Inter censorias *severitates,* tria hæc exempla in litteris sunt castigatissimæ disciplinæ (Aul. G., 4-20).

Siccitas. — Qui quum propter *siccitates* paludum, quo se reciperent, non haberent.... omnes fere in potestatem Labieni venerunt (Cæs., 4-38). Voyez *brevitas, sublimitas, asperitas, perennitas, immensitas*, à l'article des noms terminés en *o*.

Sterilitas. — Continuæ *sterilitates* cogunt me de remissionibus cogitare (Plin. J., Ep., 10-24).

Suavitas. — Sic tibi persuade, te mihi carissimum esse, prropter multas *suavitates* ingenii, officii, humanitatis tuæ (Cic., Ep., 3-1).

Varietas, diversitas. — Ut enim in corpore magnæ dissimilitudines sunt......, sic in animis existunt etiam majores *varietates* (Cic., Of., 1-30, N. D., 1-2, Agr., 22); illæ quoque accessere *diversitates* (Flor., 3-10-6).

Altitudo, longitudo, latitudo, amplitudo, crassitudo, magnitudo. — Ferrum amant, venera temperent, laqueos apprehendant, vastas *altitudines* circumspiciant (Val. M., 9-12-1); ædibus aræostylis columnæ sic sunt faciendæ, uti *crassitudines* earum sint partis octavæ ad *altitudines* (Vit., 3-2); adde huc fontium gelidas *peremitates*.... speluncarum concavas *altitudines*, saxorum *asperitates*, impendentium montium *altitudines*, *immensitates*que camporum (Cic., N. D., 2-39); tertia *altitudinum* ratio, cœli mensura, non circuli, intelligitur, subire eas aut descendere per profundum aeris oculis existimantibus. Huic connexa *latitudinum* signiferi obliquitatisque caussa est (Plin., 2-16); quæ ratio lunæ *sublimitatibus* maxime approbatur (ibid.); in hac immensitate *latitudinum, longitudinum, altitudinum,* infinita vis innumerabilium volitat atomorum (Cic., N. D., 1-20); omnium *longitudinum* et *brevitatum* in sonis, sicut acutarum graviumque vocum, judicium ipsa natura in auribus nostris collocavit (Cic., Ora., 51); propter has *amplitudines* sepulcrorum quas in Ceramico videmus, lege sanctum est, ne quis sepulcrum faceret operosius, quam quod decem homines effecerint triduo (id., Leg., 2-26).

Fortitudo. — Sunt ergo domesticæ *fortitudines* non inferiores militaribus ; in quibus plus etiam quam in his, operæ studiique ponendum est (Cic., Of., 1-22).

Multitudo. — Partim exquirebant duces *multitudinum,* qui pretio vexare soliti (Sal. C., 50).

Valetudo. — Sic cæcitas ferri facile possit, si non desint subsidia *valetudinum* (Cic., Tusc., 5-39; Tac., A., 6-50, H., 3-2) [1].

Adeps. — Illi sunt *adipes* medicaminibus apti (Plin., 8-36, 9-38).... dum sciat... sibi quoque tenuandas *adipes* et quidquid humoris corrupti contraxerit, emittendum, si esse sanus ac robustus volet (Quint., 2-10-6) ; corporatura pecudis operarii debet esse nervis et musculis robusta, non *adipibus* obesa (Col., 8-14).

Aer. — Propter inclinationes cœli.... et *aeres* locorum qui sunt salubres aut pestilentes (Vit., 1-1) ; semper calor quum excoquit, *aeribus* firmitatem eripit (id., 1-4) ; Lucret., 4-292).

Bilis. — *Biles* detrahere non percoctam [brassicam] putant (Plin., 20-9 ; Veg., Vet., 3-50).

Cinis. — Sic utinam.... in *cineres* ars mea versa foret (Ovid., Tr., 5-12-68) ; congerie e media tum primum cognita præpes subvolat et *cineres* plausis everberat alis (id., M., 14-577 ; Virg., Æ., 2-431, 10-59 ; Mart., 1-1, 11-51).

---

(1) Il me paraît inutile de m'arrêter à établir *similitudines, dissimilitudines, formidines....* Ils se trouvent partout et spécialement dans Cicéron.

Dominatio. — Dum adipiscerentur *dominationes* multa caritate (Tac., A., 12-30) ; segnis et *dominationibus* aliis fastiditur (id., 13-1).

Pulvis. — Non utimur quia auctoritate deficit : cui si collibuisset, quomodo *cineres,* sic *pulveres* dicere, nihil impediret (Prisc., 7); o nec paternis obsoleta sordibus, nec in sepulchris pauperum prudens ames novemdiales dissipare *pulveres* (Hor., Epod., 17-48).

Pestis, pestilentia. — Cum his furiis et facibus, cum his, inquam exitiosis prodigiis ac pæne hujus imperii *pestibus* bellum inexpiabile dico esse susceptum (Cic., Ar. R., 2, Tusc., 2-8); animorum labes et *pestilentias* (Aul. G., 1-2).

Labes. — An vero tu parum putas investigatas esse a nobis *labes* imperii tui (Cic. in Pis., 34); ut multa oppida corruerint, multis locis *labes* factæ sint, terræque desederint, flumina in contrarias partes fluxerint (id., Div., 1-35, p. Flac., 3, Of., 3; Aul. G., 1-2).

Pernicies. — Quæ *pernicies* fere ad internecionem prosternunt Teucros (Col., 8-14-9).

Tussis. — Semen juniperi *tusses* concoquit et duritias (Plin., 2-24-8, 3-2-25).

Quies, spes. — (Voyez la 5e déclinaison.)

Sal. — (Voyez page 67.)

Cruor. — Semianimemque sinu germanam amplexa fovebat cum gemitu, atque siccabat veste *cruores* (Virg., Æ., 4-687); arma nondum expiatis uncta *cruoribus* (Hor., Carm., 2-1-5; Val. F., 7-552). Mais *sanguis* est toujours singulier, excepté dans les psaumes : Viri *sanguinum,* declinate a me... libera me de *sanguinibus*.... ce qui vient de l'hébreu.

Pallor. — Quæ contage sua *palloribus* omnia pingunt (Lucr., 4-337); quum denotandis tot hominum *palloribus* sufficeret sævus ille vultus... (Tac., Ag., 45).

Rigor. — In medicina indicum *rigores* et impetus sedat, siccat oris ulcera (Plin., 35-6).

Rubor. — Tum vero iste cœpit clamare ista voce, quæ vel facile cuivis *rubores* elicere posset (Cic., Her., 4-10); quamvis Milesia magno vellera mutentur, Tyrios incocta *rubores* (Virg., G., 3-307) [1].

Autumnus [2]. — Puisque l'on dit *æstates, hiemes* (tum ad meridiem *æstates* et *hiemes* efficit, Cic., N. D., 2-19), il est tout naturel qu'*autumnus* ait un pluriel : Perque hiemes æstusque et inæquales *autumnos* (Ovid., M., 1-117, 6-439); deque viro factus, mirabile! femina septem egerat *autumnos* (ibid., 3-317, P., 1-8-28). *Ver* seul n'a point de pluriel; on dit *verna tempora.*

Convictus. — Sobrios quoque *convictus*, nedum temulentos, ignorans (Tac., A., 13-15); Libonem ornat præturа, *convictibus* adhibet (id., A., 2-28).

Fumus. — Quæ tenuem exhalat nebulam *fumos*que volucres, et bibit humorem (Virg., G., 2-217); vendere nec vanos circum palatia *fumos* (Mart., 4-5, 2-90, 14-118, 3-12).

Egressus. — Illa non furtim, sed multo comitatu ventitare domum, *egressibus* adhærescere (Tac., A., 11-12; Sen., Ag.); non vestigiis odorantes *ingressus* tuas (Cic., Pis., 34).

Exortus. — Non est dubium etiam in *exortibus* matutinis numerum augeri (Plin.).

Venatus. — Feminis non convivia tantum virorum, verum etiam conspectum interdicunt : carne non nisi *venatibus* quæsita vescuntur (Just., 41-3); esse in montanis

---

(1) *Timor* et *terror* se trouvent de même partout. Je ne désespère pas qu'avec de l'attention on ne trouve quelque jour *sopores, vigores :* Nimios solis defendit *ardores* (Cic., Sen., 15).

(2) *Alvus* (comme *venter*) : Sapor [raphini] asper et medicamenti instar ad eliciendas alvos (Plin., 19-5).

terræ Indiæ homines caninis capitibus et latratibus, eosque vesci avium et ferarum *venatibus* (AUL. G., 9-4; OVID., Ep., 5-17; MAC., 7-2).

Luctus. — Quo optato impetrato, Theseus in maximis fuit *luctibus* (CIC., Of., 3-25).

Metus. — Possunt enim cuiquam esse utiles angores, sollicitudines, diurni et nocturni *metus?* (CIC., Of., 3-21, Div., 2-72.... VIRG.... STA.... OVID...[1].)

Pax. — Leges, jura, judicia, bella atque *paces*, postremo divina et humana omnia penes paucos erant (SAL. J., 31); bella quis et *paces* longum diffundit in ævum? (HOR., Ep., 1-3-7); ac prece quæsit ventorum pavidus *paces* animasque secundas (LUCR., 5-1233; PLIN. dans Char.).

Nex, mors, exitus, interitus. — Ut apud Homerum quotidianæ *neces interitus*que multorum sedationem mœrendi afferunt (CIC., Tusc., 3-27); fas ideo miscere *neces* (VAL. F., 3-381); laudatis antiquorum *mortibus exitus* pares (TAC., His., 1-3); præclaræ *mortes* imperatoriæ: philosophi autem in suis lectulis plerumque moriuntur (CIC., Fin., 2-30); *mortes* et sepulturæ demonstrantur Deorum (CIC., N. D., 1-42; JUST., 12-1, 19-3)....

Lux. — Liliaque et Tyrias imitata papavera *luces* (MANIL., 5-253); post septem *luces* Junius actus erit (OVID., F., 6-115, 39.... VIRG... MART...); quum multis *lucibus* ante fuderit assiduas nubibus Auster aquas (OVID., P., 2-1-25).... pro festis *lucibus* et sacris (HOR., 4-14). De même *sol*, non-seulement dans le sens figuré, mais aussi

---

(1) *Salutes* se trouve dans les écrivains ecclésiastiques : Magnificans *salutes* regis sui (psau. 17). Je ne voudrais pas dire *salutes regis*, mais si, d'après l'usage, on peut dire *mortes, vitæ regum,* je ne vois pas pourquoi l'analogie ne nous autoriserait pas à mettre *incolumitates*, *salutes* regum.

dans le sens propre : Formiis duo *soles* interdiu visi ; cœlum arsit (J. Obs.. 12) ; quum hæc victimis expiarentur, *soles* tres circiter hora tertia diei visi, mox in unum orbem contracti (id., 69.... Liv....) ; spectare oliveta in Faronium loco exposita *solibus* censet (Plin., 15-5)....

Æs. — *Æra* legum de cœlo tacta, quid habent observatum ac vetustum? (Cic., Div., 2-21) ; pernice chorea armati in numerum pulsabant *æribus æra* (Lucr., 2- ; Ovid.... Virg....)

Allium [1]. — Rapido fessis messoribus æstu *allia* serpyllumque contundit olentis (Virg., Eg., 2-12) ; quatuor educit cum spissis *allia* fibris (id., Mor., 88) ; *allia* cum cepis, cereale papaver acantho jungite (Col., 10-314).

Altum. — Ecce autem gemini a Tenedo tranquilla per *alta* (horresco referens) immensis orbibus angues incumbunt pelago (Virg., Æ., 2-203).

Callum (tous les grammairiens sans exception le privent du pluriel). — Sed et *callis* quibusdam ex prurigine corporis assiduoque et vehementi strigilis usu plurifariam concretis (Suet., Aug., 80).

---

(1) Parmi les noms de plantes, de fruits, les uns sont usités au pluriel et connus de tout le monde, tels que *frumenta, musta, vina, lupini, avenæ, fraga ; mella, ceræ, pices ; cardui, urticæ, malvæ ;* d'autres n'ont évidemment que le singulier, comme *ador, siligo, hyssopus, anethum, piper, cannabis, triticum ;* mais *hordeum* est plusieurs fois dans Virgile : Grandia sæpe quibus mandavimus *hordea* sulcis (Virg., Eg., 5-36, G., 1-210 et 317). Je crois que c'est une autorité suffisante, et je ne suis nullement ébranlé des censures de Servius, ni de l'improbation de Clédonius, qui rapporte ce vers attribué à un contemporain du poète : *Hordea* qui dicit, superest ut *tritica* dicat. D'ailleurs Virgile n'est pas le seul auteur où nous voyions *hordea : Hordea*que ingenti fœnore reddit ager (Ovid., F., 1-694, M., 14-273, Med., 53, 56). *Fœnum* a été mis au pluriel par Apulée (M., 3) : .... *fœna* rodebam.

Vossius assure avoir lu dans Vitruve *orichalca, stanna ;* le premier de ces mots est aussi dans Stace : Emicat effigies, et sparsa *orichalca* renident (The., 10-654).

Ævum. — Persequar ut cunctos, nulli datus omnibus *ævis,* tam procul a patria est, horridiorve locus (Ovid., P., 1-3-83, M., 2-649; Plin., 14-2, 35-14).

Electrum. — Inde fluunt lacrymæ, stillataque sole rigescunt de ramis *electra* novis (Ovid., M., 2-365, Am., 3-12-37); vera minus flavo variant *electra* metallo (Mart., 8-51; Claud....).

Fascinum. — Satyrion distinguitur internodiis et radice *fascinis* utili (Plin., 26-10).

Gaudium. — Et tamen noris quibus advoceris *gaudiis,* idus tibi sunt agendæ (Hor., Carm., 4-11-4); hic tu qua lætitia perfruere? quibus *gaudiis* exultabis? (Cic., Cat., 1-10; Tac., A......; Virg. (plus de six fois); Ovid. (plus de trente); Luca.... Mart.... Sta.... Claud.).

Lutum. — Apud Ciceronem in epistolis ad Hirtium est plurali numero « *luta* et limum aggerebam » (Non.); lutum et macellum singulariter exire memento, licet Memmius « ista *macella* » dicat, et Cæsar « *luta* » (Caper).

Macellum. — Outre Memmius cité par Caper, on lit : « Princeps Niliacis raperis, Coracine, *macellis* » (Mart., 13-85).

Solum. — Sol radiantibus oculis lustravit æthera album, *sola* dura, mare ferum (Catul., 63-40); arida tantum ne saturare fimo pingui pudeat *sola* (Virg., G., 1-80).

Pus. — Explet vulnera, si coquatur, ad siccanda præcipue utilis et capitis doloribus et ad deprehendenda *pura* (Plin., 35-6)[1].

---

(1) Quelques noms non-seulement n'ont point de pluriel, mais ne sont pas même usités à tous les cas du singulier : Est enim sativa et altera suæ *spontis* (Col., 9-4); quod suæ *spontis* statuerat finem (Varr., L. L., 5); sua *sponte*.... ubi non potuit nubes capere *impetis* auctum (Lucr., 6-326). Le génitif n'est, je crois, que dans cet auteur, au lieu que *impete* se trouve partout : *Impete* nunc vasto fertur (Ovid., M., 3-79).... Lucrèce seul a mis *impetibus* : Quamlibet in partem tradunt res ante ruuntque *impetibus* crebris (Lucr., 1-293).

Une remarque universelle, c'est que les noms propres n'ont point de

NOMS

DONT LE SINGULIER EST CONTESTÉ.

Angustiæ. — *Angustia* conclusæ orationis non facile se ipse tutatur (Cic., N. D., 2-7). Vossius cite de Pline *angustia loci*, et l'indique au livre 14-1 ; je ne l'ai point trouvé.

Argutiæ. — Nunquam, quod equidem scio, tam importuna tamque audaci *argutia* fuit noster Probus, ut Sallustium vel subtilissimum brevitatis artificem periphrasin poetarum facere diceret (Aul. G., 3-1, 12-2; Apul., M., 1); *argutiola* hæc, sicuti mox ostendemus, frivola et inanis est (id., 2-7).

Bigæ, quadrigæ. — Euchrides pinxit *bigam* regis cum victoria (Plin., 35-11); Pausanias in capulo gladii *quadrigam* habuit cælatam (Val. M., 1-8); vix unius *bigæ* adjectione honorari passus est (Suet., Tib.); Myrmecides quidam in eodem genere inclaruit, a quo *quadrigam* ex eadem materia, quam musca ingereret alis, fabricatam.... (Plin., 7-21, 34-8, 36-4; Sta., The., 1-338, Sil., 3-4-46; Mart., 6-46).... Varron, qui rejetait *quadriga,* l'a même employé dans un de ses ouvrages, comme le rapporte Aulu-Gelle.

Blanditiæ. — Ille meos nunquam patitur requiescere postes, arguta referens carmina *blanditia* (Prop., 1-16-16); facilis est ista occursatio et *blanditia* popularis (Cic. p. Plan., 12 ; Plaut., Bacc., 1-1-16, Truc., 2-2-66).

---

pluriel ; il y a cependant des tournures de phrase qui obligent à s'en servir, et alors on en peut user : *Alexandri, Cæsares.... Democritos, Zenonas, inexplicitos*que *Platonas,* quidquid et hirsutis squalet imaginibus, sic quasi Pythagoræ loqueris successor et hæres (Mart., 9-48) ; germani *Thucydidæ* (de vrais Thucydides) (Cic., Orat.); nanciscetur enim pretium nomenque poetæ, si tribus Anticyris caput insanabile nunquam tonsori Licino commiserit (Hor., Art., 301)....

Cæremoniæ. — Accedere ipsius *cæremoniæ* difficultates, quæ consulto vitarentur (Tac., An., 4-16); videbaturque potus sacros et *cæremoniam* loci toto corpore polluisse (ibid., 14-22); Ephesii Milesiique, hi Apollinis, illi Dianæ, *cæremonia* occupavisse civitates (ibid., 4); qui non negligentia privatum aliquod commodum læserit, sed perfidia legationis ipsius *cæremoniam* polluerit (Cic., Rep. Ar., 39, Leg., 2....; Cæs., B. G., 7-2). Cependant M. Lemaire a préféré le pluriel dans l'édition qu'il nous a donnée de César.

Copiæ. — Parva cum *copia* et ea tironum, neque omni exposita, in Africa contra magnas copias.... se expositas videbant (Com. Cæs., B. At., 10); ipse cum expedita *copia* in eum locum citatim contendit (ibid., 80); pedestremque *copiam* in secunda acie minus passus 400 a castris suis constituunt (ibid., 38; Virg., Æ., 2-564; Sil., 2-267); te magnopere hortor, ut quam primum cum omni *copia* huc venias (Pomp. d. Cic., At., 8-12); augebatur illis *copia*, atque ex castris cohortes per oppidum crebro submittebantur (Cæs., B. C., 1-45; Plaut., Amp., 1-1).

Facetiæ. — Adductus stilo atque *facetia* sermonis Plauto congruentis, quasdam alias probavit (Aul. G., 3-3); atque ego scio nonnullos, et cum primis Ælianum istum, *facetiæ* sibi habere (Apul., ap.).

Fallaciæ. — Ubi nulla movet *fallacia* nisum (Virg., Cor., 378; Plaut., Pœn., 3-164, Pseu., 2-4-75).

Habenæ. — In scalis latuit metuens pendentis *habenæ* (Hor., Ep., 2-2-15); ille [turbo] actus *habena* curvatis fertur spatiis (Virg., Æ., 7-380, 9-587, 11-579; Macr., 6-2); Latiæ diffisus *habenæ* (Sil., 13-34; Val. F., 3-525; Aul. G., 14-1).

Illecebræ. — Quæ tanta ulla unquam in homine *illecebra* juventutis fuit? (Cic., Cat., 2-4); delectatus videbatur *illecebra* quæstionis (Aul. G., 12-5); impunitatis spes magna est *illecebra* peccandi (Cic. p. Mil.; Plaut...).

Ineptiæ. — Amori accedunt etiam hæc..... insomnia,

ærumna, *ineptia*, stultitiaque adeo et temeritas (PLAUT., Merc., 1-1-26); ita me Dî ament, ut video ego tuam *ineptiam* (TER., Adel., 4-7-31); fuit *ineptiolæ* hujus ista materia (AUS., Ep. Gri.).

Inimicitiæ. — .... Libidini ira, excandescentia, odium, *inimicitia*, discordia, indigentia, desiderium et cætera hujusmodi (CIC., Tusc., 4-7); odium, ira inveterata, *inimicitia*, ulciscendi tempus observans (CIC., ibi., 9).

Latebræ. — Videant ne quæratur *latebra* perjurio (CIC., Of., 3-29); ut si diem *latebræ* vitavisset, Terracinam ad cohortes fratrem perfugeret (TAC., H., 3-85); sed te mirificam in *latebram* conjecisti (CIC., Of., 3-29); et sese furata juventus dat pœnas *latebræ* (SIL., 12-301; SUET., Ner., 48).

Præstigiæ. — Ut ipse transitus efficiat aliquam utique sententiam, et hujus velut *præstigiæ* plausum petat (QUINT., 4-1-77).

Sarcinæ. — Si tibi jam reditusque placent, patriique penates, non ego sum classi *sarcina* magna tuæ (OVID., Ep., 3-67); essem militiæ *sarcina* fida tuæ (PROP., 4-3-46); unde venienti imponam *sarcinam* seni (PLAUT., Mos., 2-1-83).

Alpes. — Sed neque ramosa numerabis in ilice glandes, nec quot apes Hyble, nec quot in *Alpe* feræ (OVID., Art., 3-150); dixit et extemplo frondosa fertur ab *Alpe* (CLAUD., 24-287, 15-82); opposuit natura *Alpem*que nivemque; diducit scopulos, et montem rumpit aceto (JUV., 10-151); agmine nubiferam rapto supervolat *Alpem* (LUCA., 3-299, 1-688; S. APOL.... AUS.). Il faut cependant remarquer que le singulier ne se trouve que dans les poètes, lesquels l'emploient quelquefois préférablement au pluriel, comme il paraît par les passages de Juvénal et de Lucain.

Ambages, compages, impages. — O semper tactia sortes *ambage* malignæ! (CLAUD., 26-552; OVID., M.,

7, 8....; Sen., Œd.; Plin., 2-9; Sta., The., 4-645); quæ *ambages* Vespasianum et Titum prædixerat (Tac., H., 5-13). — Stimulo fluctuque furoris *compages* humana labat (Luca., 5-119); quotiesque minantur rumpere *compagem* impositam (Sil., 12-145; Luca., 3-491); ima atque simplici *compage* (Lact., Op., 10, Ins., 3-2).... — latitudo *impagis* flat tympani tertia parte (Vit., 4-6).

Compedes. — Concursu plurium injiciuntur catenæ, ac *compede* trahebatur (Tac., An., 12-47); Hebrusque nivali *compede* vinctus (Hor., Ep., 1-3-3, Epo., 4-4.... Tibul.... Mart....); et solitos tardæ passurus *compedis* orbes (Claud., 19-3).

Dapes. — Nunc in reluctantes dracones egit amor *dapis* atque pugnæ (Hor., Carm., 4-4-12, Sat., 2-6-89, Ep., 1-17-51); sacrum Herculi, adhibitis ad ministerium *dapem*que Potitiis ac Pinariis, quæ tum familiæ maxime inclytæ ea loca incolebant, factum (Liv., 1-7); illa Deo sciet agricolæ pro vitibus uvam, pro segete spicas, pro grege ferre *dapem* (Tibul., 1-5-28); non tibi succurrit crudi Diomedis imago, efferus humana qui *dape* pavit equos? (Ovid., Ep., 9-68; Fas., 5-521, Ep., 16-206); ubi *daps* profanata comestaque erit, verno arare incipito (Cat., 50-2, 132-2).

Fines. — Quand ce mot signifie *limites, frontières*, on ne le peut, disent les grammairiens, y compris Port-Royal et Vossius, employer qu'au pluriel : Quibus venientibus ad *finem* legatio Veientium obviam fuit (Liv., 4-58); vagantes per utrumque *finem* (Liv., 2-49, 10-35, 33-37, 35-27, 38-15, 40-16); Ostorius longinquis in agris, apud *finem* Ligurum, id temporis erat (Tac., A., 16-15); Æthiopiæ forma, ut diximus, nuper allata Neroni principi raram arborem ebenum Meroen usque a Syene *fine* imperii (Plin., 12-4); *finis* imperii regis terminatus Armenia (Pat., 2-37); quum a summis Alpium jugis, quæ *finem* Italiæ terminant, initium ejus finium haud multo plus 200 millibus passuum abesset (Pat., 2-109).

Fores. — Sed *foris* concrepuit..... aperta est *foris* (Plaut., Sti., 1-2); forte accidit, ut.... lictor Sulpicii, quum is de foro se domum reciperet, *forem,* ut mos est, virga percuteret (Liv., 6-34); in quem [lectum] se ligneo ponte recipiebat, quum *forem* cubiculi extrinsecus a custodibus apertam, interiorem claustro ipse diligenter obserasset (Val. M., 9-13-4); exclusus *fore,* quum Longarenus foret intus (Hor., Sat., 1-3-67; Ovid., Ep., 12-150, Am., 1-6, Art., 2-528; Cic. p. Corn.....).

Mores. — Quæ tui *moris* cognovi, abunde servata sunt (Curt., 5-2-21....); Galeria imperatoris uxor, non immixta tristibus; et pari probitate mater Vitelliorum, Sextilia, antiqui *moris* (Tac., H., 2-64); nedum inter certamina vitiorum, pudicitia aut modestia, aut quidquam probi *moris* reservaretur (Tac., A., 14-15); nec Persis Macedonum *morem* adumbrare, nec Macedonibus Persas imitari indecorum est (Curt., 10-3-14; Liv., 39).

Partes. — Ad interficiendum Perdiccam, ducem *partis* alterius, mittit (Just., 13-3); Lucium Cassium *partis adversæ* cum decem rostratis navibus obvium sibi neque refugit (Suet. J., 63); inter suæ *partis* homines.... de injuria decreti palam in foro concionati manu facta virginem ex domo matris rapiunt (Liv., 4-9); ni Fabius concilio neutri *parti* acerbo rem expedisset (Liv., 3-1); ipse medios et neutrius *partis* suorum sibi numero futuros pronuntiavit (Suet. J., 75; Cic., Ep., 13-30; Quint., F., 2-25).

Sordes. — Vossius cite de Plaute : Uno etiam in medio oculo parum *sordis* est. Præterea illa, quæ prætereunda non sunt.... nullam in re pecuniaria contentionem, nullam in re familiari *sordem* posse proferri (Cic., Flac., 3, At., 1-16); inveniri recta foramina repleta quasi *sorde* rubri coloris (Col., 9-11-5); auriculas citharæ collecta *sorde* dolentes (Hor., Ep., 1-2-53).

Artus. — Toujours pluriel excepté dans Lucain (6-754) : tunc omnis palpitat *artus*; tenduntur nervi.

Ilia. — Ab hoc ventriculo lactes in homine et ove, per quas labitur cibus, in ceteris *ile* (PLIN., 11-37) ; hoc *ile* et hæc ilia facit (SERV.).

Insignia. — Ultro regium *insigne* sumere cohortatur (TAC., A., 12-49) ; direpto ex capite regni *insigni*, laceratàque veste, quam ex spoliis occisi regis induerat (CURT., 7-5-24, 4-4-11, 8-12-14, 3-3-19 ; CÆS., B. G., 2-20 ; CIC.... VIRG.... OVID....).

Spolia. — Jupiter, hæc hodie tibi victima corruet Acron : voverat, et *spolium* corruit ille Jovi (PROP., 4-11-16); nando per 200 passus, evasit ad proximam navem, elata læva, ne libelli quos tenebat madefierent ; paludamentum mordicus trahens, ne *spolio* potiretur hostis (SUET. J., 64 ; SEN., Ag., 841, Æt., 785, 1147 et 1665); *spolium* ex alienis ruinis ferunt (SEN., Cont., 9).

Subsellia. — Quod non plane sella erat, *subsellium* dictum (VARR., L. L. 4) ; homo resupinus, super *subsellium* aut lectum, est collocandus (CELS., 7) ; scis tu me dudum esse imi *subsellii* virum (PLAUT., 3-2-33) ; hic *subsellium* quoddam calce premens, dextra pedem defringit (CIC. ad Her., 4-55).

Tempora (tempes). — Iit hasta Tago per *tempus* utrumque stridens, trajectoque hæsit tepefacta cerebro (VIRG., 9-417) ; usque dum tremulum movens cana *tempus* anilitas omnia omnibus annuit (CATUL., 61-162) ; per geminum transcurrit *tempus* arundo (SIL., 12-414) ; dubitanti Graccho quid esset, neque tamen locum in quo constiterat, relinquenti percutit *tempus* (CIC. ad Her., 4-55).

Verbera. — Pressos temone cruento impavidus concendit equos Gradivus, et ictu *verberis* increpuit (OVID., M., 14-821) ; quos diri conscia facti mens.... surdo *ver*-

bere cædit (Juv., 13-194; Mart., 14-71; Virg... Ovid... Sta.... Lucr....).

Viscera. — Homo non profundæ modo, sed intempestivæ quoque ac sordidæ gulæ ne in sacrificio quidem unquam temperavit, quin inter altaria ibidem statim *viscus* et farra, pæne rapta e foco, manderet (Suet., Vit., 13); *visceris* unius hoc vitium est (Suet.; Cels., 3-2-5); vitiato *viscere* illo.... (Plin., 30-3).

ADJECTIFS.

Bien que les adjectifs se déclinent absolument comme les noms, nous avons cependant pensé qu'il serait utile d'en faire un article séparé, imitant en cela les grammairiens modernes. Ce que toute langue présente de plus difficile, ce sont les anomalies, qui exigent des connaissances approfondies de la part des grammairiens et une attention toujours soutenue de la part des étudians. Or, comment captiver l'attention, comment se faire comprendre, si, au lieu de dégager ce que l'on traite des choses qui n'en font point essentiellement partie, on entasse exceptions sur exceptions; si l'on accable le lecteur en lui présentant des listes interminables de mots qui s'écartent de la règle ordinaire!

ADJECTIFS

DES 1re ET 2e DÉCLINAISONS.

Ces adjectifs, terminés pour le masculin les uns en *us*, les autres en *er*[1], sont très réguliers. Nous retrouvons au génitif singulier l'antique terminaison *ai*, que nous avons signalée pour la 1re déclinaison : *Nigrai* noctis ad umbram (LUCR., 5-541); neque fulgorem reverentur ab auro, nec clarum vestis splendorem *purpureai* (id., 2-51....); jamque omnis campis exercitus ibat apertis, dives equum, dives *pictai* vestis et auri (VIRG., 9-26).

En poésie, *um* remplace *orum* assez souvent : Crudeles gaudent in tristi funere fratres, et *consanguineum* mensas odere timentque (LUCR., 3-73); irritata canum.... *molossum* ricta (id., 5-1066); genus humanum mutæque natantes *squammigerum* pecudes, et læta arbusta feræque, et variæ volucres (id., 2-342); arduus inde Acragas ostentat maxima longe mænia, *magnanimum* quondam generator equorum (VIRG., Æ., 3-704; STA., Sil., 5-3-10); corpora *parvum* dependent (STA., The., 1-609); *innumerum* flatus... equorum (VAL. F., 2-130).

Plerique a été usité au singulier, ce que prouve l'adverbe *plerumque* (tempus); il se voit encore dans Salluste : Antea *pleraque* nobilitas invidia æstuabat (SAL., c. 23); ubi *plerumque* noctis processit (id., J., 109); *pleræque* Africæ imperitabat (ibi., 79, 84; CIC., 3-3)[2].

---

(1) *Prosper* faisait d'abord *prosperus* (voir la page 23) et il se trouve ainsi même dans Cicéron : Deinde est hominum generi *prosperus* et salutaris ille fulgor, qui dicitur Jovis (CIC., Rep., 6-10).

— *Asper, aspera, asperum,* se contracte quelquefois dans les poètes : Improvisum *aspris* veluti qui sentibus anguem pressit humi nitens, trepidusque repente refugit (VIRG., Æ., 2-380; STA., The., 1-622).

(2) Je me proposais de montrer que *gemini, cæteri,* ne sont pas moins usités au singulier qu'au pluriel; mais comme ils sont très bien

ADJECTIFS

DE LA 3e DÉCLINAISON.

Quelques-uns de ces adjectifs ont au nominatif trois terminaisons, d'autres deux seulement ; ils n'en ont qu'une pour la plupart.

1° Les premiers sont terminés en *er, is, e,* et la terminaison *is* s'emploie aussi pour le masculin : Locus quæritur, *celebris* an desertus.... (Cic. ad Her., 2-4 (Prisc., 3) ; ergo *alacris,* cunctosque putans excedere palma, Æneæ stetit ante pedes (Virg., Æ., 5-380) ; quidve es *alacris*[1]? (Ter. d. Char., 1) ; Ceos accepimus ortum Caniculæ diligenter quotannis solere servare, conjecturamque facere.... *salubris*ne an pestilens annus futurus sit (Cic., Div., 1-57).

2° Ceux de la 2e terminaison (*is* pour le masc., *e* pour le neutre) ont l'ablatif en *i,* et suivent en cela les noms en *e, al;* les poètes néanmoins les terminent en *e* quelquefois (comme nous avons vu *laqueare* pour *laqueari,* page 47) : Extaque de porca cruda *bimestre* tenet (Ovid., Fas., 4-158) ; hoc mihi, nam repeto, fore ut a *cœleste* sagitta figar, erat verax vaticinata soror (Ovid., Ep., 16-277) ; huc se de Latia pinu Phœbeius anguis contulit, et finem, specie *cœleste* resumta, luctibus imposuit (Ovid., M., 15-744) ; his dictis curæ amotæ, pulsusque parumper corde

---

indiqués dans tous les dictionnaires latins, je me trouve dispensé de ce soin. *Singuli* se trouve au singulier dans les anciens : Atat *singulum* video vestigium (Plaut., Cis., 4-2-29).

(1) *Alacris* sive *alacer* (utrumque enim dicimus) (Asc. in Verr., 2). La terminaison *er* a été aussi en usage pour le féminin : Interea *volucer* motis conterrita pennis *fama* volat (T. Pet. d. M., R. R., 216) ; fames *acer* augescit hostibus (Næv.) ; *acer* hiems (id. d. Prisc., 5).

— *Celer,* que je n'ai point trouvé au génitif pluriel, fait *celerum,* dit Vossius.

dolor tristi ; gaudet *cognomine* terra (Virg., Æ., 6-383); *forte* fidelique opere adjutus (Liv., 45-14)[1].

Le génitif pluriel se contracte rarement, même dans les poètes : Ad quem ventura recurrit *agrestum* bona cura (Virg., Cul., 20); pictasque exure carinas : *Cœlestum* vis magna jubet (id., Æ., 7-432) ; tu *bijugum* pictis insignia frenis colla premis lyncum (Ovid., M., 4-24). Et encore je ne sais si, dans ce dernier exemple, *bijugum* vient de *bijugis* plutôt que de *bijugus,* plus fréquent.

3° Les adjectifs d'une seule terminaison ont ordinairement l'ablatif en *e* ou en *i :* A locuplete vel locupleti.... a terete vel tereti facit.... hebes ab hebete vel hebeti..... vigil, quod quidam trium generum putant esse debere, a vigile vel vigili facit ablativum (Prisc., 7) ; præterea lateris *vigili* cum febre dolorem si capere pati (Juv., 13-229 ; Claud., 5-59). — hic et hæc et hoc inops, ab inope vel inopi. Cicero in Frument. : *Hanc pecuniam tantam tam ex ærario* inopi *et exhausto* (Prisc., ibid.); cum sene nos *inopi* turba vagemur inops (Ovid., Ep., 14-114 ; Liv., 1-30, 2-14 ; inter quas difficultates ne spes quidem præmii foret ex hoste vago, non tantum pecuniæ, sed etiam sedis *inope* (Just., 38-7). — anceps ab ancipite vel ancipiti (Prisc., ibi.). Moi, je ne trouve que la terminaison en *i* pour *anceps* et *præceps :* Bellum *ancipiti* Marte gestum est (Liv., 21-1; Val. M., 5-1; Virg., Æ., 3-47...); si quid adhuc audax, ex *præcipiti*que petendum (Ovid., M., 13-378 ; Hor., Sat., 2-3-293; Virg., G., 3-103, Æ., 2-460, 8-257; Plin. J., P., 16). — memor a memore vel memori.... a concorde vel concordi.... (Prisc., 7).

---

(1) Charisius, fort de l'autorité de Pline (du moins il le dit), voulant que les noms et les adjectifs désignant des hommes finissent en *e* et non en *i,* cite de Pomponius Céna, *ex* humile *rege....* incolume *illo ;* de Cicéron, *quo stante et* incolume.... *quo excellente et* nobile *viro.* Je ne sais jusqu'à quel point on peut y ajouter foi ; car les hommes systématiques voient partout des autorités irréfragables pour accréditer leurs savantes théories.

Ici même remarque que pour les précédens : Ad Mæcenatem *memori* si mente recurras (Hor., Sat., 2-6-31; Virg., Æ., 9-447); ex quo ipse se *concordi* quadam amicitia et caritate complectitur (Cic., Tim. 5); is, meditata oratione .... contumeliasque et invidiam in populum romanum effudit; turbidus miscendis seditionibus et plerumque gratus *vecordi* facundia (Tac., H., 4-68); in civitate *discordi*, et, ob crebras principum mutationes, inter libertatem ac licentiam incerta (ibid., 2-10). — ab hoc duplice vel duplici, ab hoc supplice vel supplici dicimus (Prisc., 7); proxime quum apud centumviros in *quadruplici* judicio dixissem (Plin. J., Ep., 4-24); Antigonus quum *multiplici* bello et Ptolemæi regis et Spartanorum premeretur (Just., 26-2; Plin. J., 6-33); commodius esse arbitror *duplici* spe utier (Ter., Phor., 4-2-13, Heaut., p. 6; Lucr., 5-881); *triplici* pubes quam Dardano versu impellunt (Virg., Æ., 5-119, 6-549....); pensilis uva secundas et nux ornabat mensas, cum *duplice* ficu (Hor., Sat., 2-2-122); Nileus qui se genitum *septemplice* Nilo ementitus erat (Ovid., M., 5-187); cede Deæ, veniamque tuis temeraria dictis *supplice* voce roga (ibid., 6-33; Luca., 6). Frontin a dit aussi : *triplice acie* (3-2). — artifex.... ab artifice vel artifici; Statius in 1° Achil. : Qualiter *artifici* [1] victuræ pollice ceræ accipiunt formas (Prisc., 7).

---

(1) D'autres lisent *artificis* (Sta., Achil., 1-135). Priscien dit encore, *ab hoc audace vel audaci;* mais il est bien certain que *audaci, multiplici, simplici, felici, truci,* se rencontrent généralement dans les prosateurs : *Pervicaci* adcusatione conflictatus (Tac., An., 13-33); *pertinaci* studio (Val. M., 2-44); .... cum *truci* oratione (Tac., His., 4-42; Liv., 45-10).... Il n'y a guère que les poètes qui fassent usage de *supplice, truce;* Cicéron a toutefois dit : Hujusmodi me aliquid ab hoc horrido et *truce* tribuno exspectasse (Leg. Ag., 2-25). Il en faut dire autant de *par, dispar, impar* : Voluntate *dispari* (Suet., Vit., 5); *pari* fraude.... *pari* ratione.... *pari* jure (Just., 7-5, 8-2, 9-8).... bellatorque sua prensus sine *compare* bellat (Ovid., Art., 3-359); accumbit cum *pare* quisque sua (id., Fast., 3-326, 192). Et je ne sache que personne, excepté Sénèque, ait dit en prose : Cum *pare* contendere anceps est (de Ira, 2-34). Dans ces exemples, *par,* de plus, est pris substantivement, ce qui a pu en modifier la terminaison.

Hospes, sospes, deses, dives, pauper, cœlebs, compos, paraissent avoir l'ablatif en *e* seulement : Quo *sospite*[1] nunquam res equidem Trojæ victas aut regna fatebor (VIRG., Æ., 8-470); sum patria ex Ithaca.... Trojam, genitore Adamasto *paupere* (mansissetque utinam fortuna!) profectus (VIRG., Æ., 3-615, 6-812; HOR., Sat., 26-81); una ministrarum, fusis utrinque capillis, incessit, totumque tulit *prædivite* cornu autumnum (OVID., M., 9-91; HOR., Ep., 2-15); jamque alio moliris iter, nec *deside* passu ire paras (STA., Sil., 5-2-61); quam neque sancta Venus molli requiescere somno desertum in lecto *cœlibe* perpetitur (CATUL., 68-6); ab hoc et ab hac *cœlibe* (ST.-AUG.); tibi grandævi lassique senes *compote* voto reddunt grates (SEN., Aga.[2], 365); parca sed est Sparte; tu cultu *divite* digna (OVID., Ep., 16-189).

Les participes présens n'admettent point la terminaison *i*: Deo *jubente*... in bello nihil adversi accidit, non *prædicente* me (CIC., Ep., 6-6....); dux magno est in periculo, si quid illo *imperante* adversi acciderit (NEP....); Jove *tonante, fulgurante,* comitia populi habere nefas

---

(1) Quæritur, an cum hic et hæc et hoc hospes et sospes dicatur, unde Lucanus in 5° hospes *in externis audivit curia tectis,* et Statius in 4° Thebi *accipias fessisque libens iterum* hospita *pendas flumina,* et Juvenalis in 5° *nunquam depositum tibi* sospes *erit* : possit ab hoc sospiti vel sospite dici, quod apud nullum adhuc legi, sed ab hoc hospite et sospite (PRISC., 7).

(2) *Uber, degener,* que Priscien décline *ubere, degenere,* se terminent aussi en *i,* et il ne me souvient même pas d'avoir jamais vu *ubere. Uberi* solo intra quadraginta pedes.... arbores disponantur (COL., 5-6-11, 1-2; QUINT., 2-19); si me *degeneri* stravissent fata sub hoste (LUCA., 4); prece haud *degenere* permotus (TAC., An., 12-19).

Concolor, discolor, ne font point *concolore, discolore,* comme l'insinue Port-Royal, qui pose en principe que *les composés suivent la règle de leurs simples;* mais *concolori*.... Equis virisque non auro, non concolori veste; sed ferro atqae ære fulgentibus (CURT., 3-3-26; FLOR., 1-16; PEIN., 33-5). — *Alipes* se termine bien en *i*: atque hanc alipedi pulsantem corpora curia (VAL. F., 5-612). — *Vetus* fait *veteri* d'après Port-Royal; *vetere* est le plus commun : omisso *vetere* consilio (SAL., 5-70; in Academia *vetere* (CIC., Leg., 1-10; LIV., 41-11; VAL. M., 1-6-11).

(Cic., Div., 2-18....). Mais quand on les prend adjectivement, on leur donne à volonté l'une ou l'autre terminaison : *Insequenti* luce (Hirt., G. B., 17....); *candenti* ferro (Varr., R. R., 3....); *excellenti* animo ac virtute (Cic., Arch.....); tum Calchas hæc est *fidenti* voce locutus (Cic., Div., 2-30).

Le pluriel neutre est en *ia*, comme dans les autres adjectifs de la 3e déclinaison; *vetus* cependant fait *vetera* : Neque ego hæc sine causa tam *vetera* vobis.... decanto (Cic., Rep., 2-31). On dit *plura* plutôt que *pluria*, qui se rencontre cependant dans quelques auteurs : Ita *pluria* principiorum in sese genera, ac varias docet esse figuras (Lucr., 2-587, 3-1098); confirmandi genera *compluria* (Cic., Æco. d. Donat, d. Sig., cité par Priscien, 7); quædam minora, sed numero *pluria* (Sen., Ben., 3-5; Aul. G., 5-18, 18-6). *Plurium* et *complurium* font voir que *pluria* est régulier; mais l'usage est pour *plura* [1].

Les adjectifs *degener, congener, pauper, pubes* (puberis), *concolor, discolor, versicolor, memor, cicur, vigil, dives, hospes, sospes, compos, impos, inops, seminex, supplex, cœlebs, vetus*, ont le génitif pluriel en *um* : Suorum *congenerum* sunt præstantissimi (Gal., 3-29); minus tertia parte *puberum* ingenuorum (Suet., J.,

---

(1) Vossius enseigne que *hospes, sospes, pauper*, font *hospita, sospita, paupera;* et il en donne pour preuve *hospita... flumina* (Sta., The., 4) : pour moi, je crois que *hospita* vient de *hospitus*; et d'ailleurs on ne voit nulle part *sospita paupera*, qui paraissent devoir être rangés dans la classe des mots que les Latins eux-mêmes auraient craint d'employer. — *Memor* manque aussi pour le neutre : neque enim dicimus *memora* vel *memoria* numina (St.-Aug.).—Victrix, ultrix, nutrix, qui semblent être seulement les féminins de *victor...* s'emploient bien pour le neutre, surtout au pluriel : certius omnia surgunt *victrici* concepta solo (Claud., 28-25); res Agamemnonias victriciaque arma secutus (Virg., Æn., 3-54; Luca., 1-347); non me latet quam tua pro latio *victricia* castra laborent (Claud., 1-137, 24-127, 29-218); retento armorum *victricium* honore (Sen., Ep. 120). — Mandabat Tyriis *ultricia* bella futuris (Sil., 2-423); potuit ut *ultricia* Grais virginibus dare tela pater .. (Sta., The., 5-117; Prisc., 7). — Omniaque infantum mixta *nutricia* turba (Manil., 3-131).

42 ; Liv., 26-46). ungula pulsu incita nec domini *memorum* proculcat equorum (Virg., Æ., 12-524) ; quam varia genera bestiarum vel *cicurum* vel ferarum (Cic., N. D., 2-39). inclusam Danaen turris ahena, robustæque fores, et *vigilum* canum tristes excubiæ munierant satis (Hor., Carm., 3-16). quum plebs et novas tabulas et divisionem agrorum *divitum* impotenter flagitaret (Just., 16-4) ; divitias sine *divitum* esse (Cic., Her., 4-14, Rep., 1-32 ; Plin. J., 8-17). et soror clari ducis et decoræ supplice vitta virginum matres, juvenumque nuper *sospitum* (Hor., Carm., 3-14-7). nec multitudine *compotum* ejus doni vulgari laudam (Liv., 1-10). quum tu in annonæ caritate in consules, in senatum, in bona fortunasque locupletium, per causam *inopum* atque imperitorum, repentinos impetus comparares (Cic. d. S., 5). *seminecum* letum peragit gravis ungula pulsu (Sil., 4-164). commune est, quod omnes vulgo probarunt.... hujusmodi : ut majoribus natu assurgatur, ut *supplicum* misereatur (Cic., Inv., 1-30) ; fretus constantia *supplicum* (Curt., 10-4-14). Salluste (Frag.) a mis *supplicium* : Quum aræ.... *supplicium* sanguine [1] fœdarentur. Non ideo minus ad summum tendendum est, quod fecerunt plerique *veterum* (Quint., 1-1...). horum et harum *cœlibum* (St-Aug.).

Locuples, sapiens, nocens, innocens, se terminent en

---

(1) Mais tous les autres adjectifs terminés de la même manière rentrent dans la règle générale. Conjurati evinculis *triplicium* catenarum dixere causam (Suet., Nar.). — Scripta *simplicium* hominum (Cic., Brut., 52...).

— *Cœlites*, qui se prend presque toujours substantivement, fait *cœlitum* : quædam *cœlitum* societas (Plin. J., 7-33 ; Tac., A., 5-25).

— *Consors* doit faire *consortum*, au jugement de Port-Royal ; St.-Aug., dans sa grammaire, indique *consortium, dissortium*. Je partage ce dernier avis : les autorités manquent.

— *Plurum*. Modestus putat esse dicendum... sed consuetudo *plurium* cum *i* dicit (Char., 1).

Il m'a été impossible de trouver *uber* au génitif pluriel. *Alipes, deses, particeps, præceps,* doivent faire *alipedum,* ainsi que les autres qui ont quelque rapport avec ceux-ci.

um ou en *ium* : Fama, fortunæ, otium hominum *locupletum* (Cic. ad Q., 1-1...); is est noster exercitus hominum *locupletium* (id., At., 1-19). secundæ res *sapientium* animos fatigant (Sal. C., 11; Cic., Arc., 6); quum... animi qui sanari voluerint præceptisque *sapientium* paruerint, sine ulla dubitatione sanentur (Cic., Tusc., 3-3); illos qui temere *sapientum* sibi nomen adsciverant, erroris stultitiæque damnaverunt (Lact., 4-1; Cic., Leg., 1-23). quæ malitia *nocentum* exaruerunt, virtute optimatum revirescent (Cic., Her., 4-34); justitiæ partibus utemur, si aut *innocentum* aut supplicum dicemus misereri oportere (ibid., 3-3); exitium tot *innocentium* (Tac., H., 4-7). Il paraîtrait que *potens* et *impotens* devraient être susceptibles de la même contraction; je ne me souviens pas d'avoir vu en prose *potentum,* excepté dans Aurélius Victor : gratia *potentum.* Des grammairiens enseignent que *prudens* fait mieux *prudentum,* que je crois n'avoir jamais rencontré. Les poètes terminent souvent en *um,* surtout les adjectifs en *ans, ens* : Si pateant pectora *ditum* quantos intus sublimis agit fortuna metus! (Sen., At., 648). ululatuque atria complent; sed sonus armorum superat, gemitusque *cadentum* (Ovid., M., 5-154). Musa loquebatur, pennæ sonuere per auras, voxque *salutantum* ramis veniebat ab altis (ibi., 295); nunc precor ut vivant, et non ignava *legentum* otia delectent, admoneantque mei (Ovid., T., 1-7-25). sono plausuque simul, fremituque *canentum* (ibid., 4-2-53). oriturque miserrima cædes *defendentum* armis aditus, inque arma *ruentum* (Virg., Æ., 11-886); exclusi, ante oculos *lacrymantum*que ora parentum, pars in præcipites fossas, urgente ruina, volvitur (ibid.). hinc exaudiri gemitus iræque leonum vincla *recusantum* et sera sub nocte *rudentum* (ibid., 7-15...). at Capua aut mœstis *ululantum* flebile matrum quæstibus, aut gemitu *trepidantum* exterritæ patrum (Sil., 13-258); .... inde tremit tellus, et rex ipse *silentum,* ne pateat, latoque solum retegatur hiatu (Ovid., M., 5-356...). Tacite n'a pas craint de faire cette contraction : Laudante filium pro rostris Tiberio, senatus populusque habitum ac voces *dolentum*, simulatione magis, quam libens, induebat (Tac., A., 4-12); et minui sibi invidiam, adempta *salutantum* turba (ibid., 41).

Les adjectifs de la 3e déclinaison ont beaucoup de rapport avec les noms de la 2e classe : on peut même dire que le masculin et le féminin de ces adjectifs se déclinent de la même manière que les noms. Comme on dit « questus... ductu aquarum labefactas *ædis* suas » (Tac., A., 1-75); « ut miserit.... *triremis*, quarum subsidio discrimini eximeretur » (ibid., 2-55); on dira semblablement : Octavia, quamvis rudibus annis, dolorem, caritatem, *omnis* [1] adfectus abscondere didicerat (Tac., A., 13-16); pascuntur vero sylvas et summa Lycæi, *horrentis*que rubos, et *amantis* ardua dumos (Virg., G., 3-315); *omnis* homines, qui sese student præstare cæteris animalibus, summa ope niti decet (Sal., C., 1); in Capitolio nocte avis gemitus *simileis* hominis dedit (J. Obs., 25); ejusdem familiæ Deos et *hospitalis* mensas obtest*ans* (Tac., A., 2-65); ut primum truncos sensere *valentis* (Virg., G., 2-456); ille *furentis* Centauros letho domuit (ibid., 456); ni miles romanus preces, et adversum *aspernantis*, minas interjecisset (Tac., A., 1-23, 49, 51, 57, 65); si auxilia et socii

---

(1) Hos et has omnis. Sallustius in Catilina, *omnis homines*... Terentius in And. : *omnis nos gaudere.* Virgilius in 3° Georg. : *et pinguis unguine ceras.* Idem in 4° : *aquas dulcis et frondea semper tecta petunt*.... In *er* quoque desinentia, quæ in *i* terminent ablativum, similiter faciunt accusativum pluralemque per *is*, raro per *es*, ut acer ab acri, hos et has acris. Virgilius in 11° ; *metuensque moneret* acris *esse viros.* Similiter.... salubres vel salubris. Virgilius in 12 : *sparsitque* salubris *ambrosiæ succas, et odoriferam panaceam*..... hos et has celeres vel celeris quod est frequentius. Idem in 4° : *et* celeris *defer mea dicta per auras*..... In *x* terminantia..... accusativum plerumque par *es* efferunt. Lucanus in 1° : et *qui tauriferis ubi de Monania campis explicat*, audaces *ruere in certamina turmas ;* raro per *is*. Virg. in 4° : *deinde* tenacis *suspendunt ceras*..... Terentius in Phor. *ego te* compluris *adversum ingenium meum menses tuli.* Hor. in 1° Epis. : *cum tibi sol tepidus* pluris *admoverit auras.* Cicero pro Corn. : *quæ intermissa* compluris *amas* (Prisc., 7).

Facilioreis Cœcilius, inquit Plinius ; idem et *sanctioreis* ait (Char. 1).

adversum *abscedentis* legiones (ibid., 1-36....); proderit et tonsum gallæ admiscere saporem *arentis*que rosas (VIRG., G., 4-267).

COMPARATIFS ET SUPERLATIFS.

DIMINUTIFS.

Dans plusieurs langues, les noms, comme les adjectifs, sont susceptibles d'augmentation et de diminution, c'est-à-dire que le même mot, en prenant une forme nouvelle, signifie plus ou moins. La langue latine n'admet point de noms augmentatifs; mais les adjectifs, par l'addition de quelques lettres, augmentent leur signification; c'est ce qu'on appelle comparatifs et superlatifs. Les diminutifs sont communs aux noms et aux adjectifs.

En prenant la terminaison *i* de l'adjectif, et y ajoutant *or, us,* l'on a le comparatif : Omnium rerum ex quibus aliquid acquiritur, nihil est agricultura *melius,* nihil *uberius,* nihil *dulcius,* nihil homine libero *dignius* (CIC., Of., 1-42). Le superlatif se forme par l'addition de *ssimus, a, um* : Homines *honestissimos,* eosdemque *gratissimos,* et tua necessitudine *dignissimos,* summo beneficio tibi tuisque devinxeris (CIC., Ep., 13-7).

Vetus (originairement *veter*[1]) suit la règle des adjectifs en *er,* et fait *veterrimus* : Ut *veterrimi* poetæ, qui hæc

(1) Quum *veter* accubuit Priamus sub Marte Pelasgo (ENN. d. Prisc.); *veter* latorum terminus sic jusserat (ACC.). *Nuperus,* peu usité (PLAUT., Cap., 3-5-60), fait *nuperrimus,* que je n'ai jamais vu ; mais *nuperrime,* dont Cicéron s'est servi (Iven., 1), prouve que *nuperrimus* est latin, ou du moins l'a été. L'analogie autoriserait *saturrimus* ou *saturissimus,*

ne suspicati quidem sint, Stoici fuisse videantur (Cic., N. D., 1-15). *Maturus* fait *maturissimus* ou *maturrimus* : Hæc atque talia dictitans, amplecti Britannicum, robur ætatis quam *maturrimum* precari ; .... adolesceret, patris inimicos depelleret (Tac., A., 12-65 ; Cic. d. Ora., 3-20 ; Cæs., B. G., 1-33 ; Sal., Frag. ; Tac., A., 1-63, 15-74).

Humilis, similis, facilis, forment leur superlatif en *illimus*[1] : *Humillimo* solo eandem aquam diutissime immoratam ; et quanto prior quæque pars terrarum siccata sit, tanto prius animalia generare cœpisse (Just., 2-1-17 ; Val. M., 9-3-3). male est, Cornifici, tuo Catullo.... quem tu, quod minimum *facillimum*que est, qua solatus es allocutione ? (Catul., 38-4....) ; nam ut omittam, quod ei amorem *difficillimum* et carissimum ab meretrice avara (Ter., Eun., 5-4-4). at tu nil nisi Cecropides, truncoque *simillimus* hermæ (Juv., 8-53) ; exponit Reguli mandata ; addit preces, ut decebat optimum virum pro *dissimillimo*, parce (Plin. J., 1-5) ; ita *facillime* quid *verisimillimum* esset, inveniri posse Socrates arbitrabatur (Cic., Tusc., 1-4).

Sanctius n'approuve que ces trois superlatifs en *illimus*, et Gueroult n'en indique pas davantage. Les rudimens y ajoutent *imbecillimus* et *gracillimus*, sans autre autorité

---

que Despautère admet, contrairement à l'opinion des autres grammairiens. Il n'y en a pas d'exemples dans les auteurs.

In *r* desinentia positiva *rimus* faciunt superlativum (Prisc., 3). Perizonius, dans ses remarques sur Sanctius, prétend qu'Aulu-Gelle a mis *crebrissimus* (2-30), et certaines éditions le présentent ainsi ; mais les autres et l'usage constant, à cet égard, doivent le faire rejeter. *Celerissimus*, qu'Ennius a employé, ne prouve rien, puisque autrefois on disait *celeris, celere*.

Etiam veterrimus notandum est quod in *us* ejus positivum desinat, tamen formam terminentium in *s* servat in superlativo (Prisc., 3).

(1) Facillimus, gracillimus, humillimus, agillimus (Prisc., 3) ; agilior, agillimus (id.) ; docilissimus, agilissimus (Char., 2) ; humillime, facillime, gracillime (ib.). Comme l'on voit, Priscien veut *agillimus*, Charisius *agilissimus*, et c'est ce dernier que je préfère ; il a beaucoup de rapport avec *fragilissimus*.

que la routine. Voici ce que j'ai trouvé : Si *imbecillimis* fortior est (Sen., Ep., 85) ; dum *imbecillissima* mænium quærit (id., Ep., 59) ; cibis utendum ex *imbecillissima* et media materia, magisque assumendæ dilutæ potiones (Cels., 6-4-2). Il ne s'agit plus maintenant que de savoir lequel des deux il faut employer de préférence, ou s'ils doivent tous deux être admis et regardés comme latins ; je suis de ce dernier avis, faisant venir *imbecillimus* de *imbecillis*, et *imbecillissimus* de *imbecillus*. Quant à *gracillimus*, il nous est garanti par les anciens grammairiens ; nous n'avons pas d'autre autorité.

Entior, entissimus [1], sont les terminaisons des comparatifs et superlatifs des adjectifs en *dicus, ficus, volus* : Qui quidem duo *maledicentissimi*, nescio quomodo, in illo uno laudando consenserunt (Nep., 7-11...) ; solos ex Neronis emissariis vel *maleficentissimos* incolumes præstitit (Suet., G., 15) ; quorum *malevolentissimis* obtrectationibus nos scito de vetere illa nostra diuturnaque sententia prope jam esse depulsos (Cic., Ep., 1-7).

Dives est indiqué généralement comme faisant *ditior, ditissimus* ; Port-Royal reconnaît *divitior* (sans le prouver néanmoins), et dit formellement qu'il n'a point de superlatif. *Dis ditis* forme *ditior, ditissimus* ; *dives, divitior* et *divitissimus* : Ecce venit magno *dives* Philomela paratu, *divitior* forma (Ovid., M., 6-452) ; nec venio Graias veluti spectator ad urbes : oppida sunt regni *divitiora* mei (Ov., Ep., 16-34) ; quis vero *divitiorem* quemquam putet, quam

(1) Magnificentior et magnificentissimus, munificentior, munificentissimus, quum videantur a positivo magnificens et munificens derivari (Prisc., 3) ; benevolens (Aul. G., 14-7 ; Plaut., Merc., 4-5) ; invenio apud vetustissimos *beneficissimus* [Cat.] *mirificissimus* [Ter., Phor., 5-6] *magnificissimus* [Acc.]. (Prisc., 3).

Quelques grammairiens prétendent que les adjectifs en *loquus* suivent la même règle, mais c'est sans autorité : on trouve seulement dans Plaute (Tri., 1-2-163) : « Nihil est profecto stultius neque stolidius, neque *mendaciloquius*, neque argutum magis, neque *fidentiloquius*, neque perjurius. » Je n'oserais pas non plus employer ces comparatifs.

eum, cui nihil desit, quodquidem natura desideret? (Cic., Rep., 1-17; Calp., 3-63; Mart., 1-77, 4-55, 5-40; Lucr., 5-1118). educatus est in domo Periclis.... eruditus a Socrate; socerum habuit Hipponicum, omnium græca lingua loquentium *divitissimum* (Nep., 7-2); fuit perpetuo pauper, quum *divitissimus* esse posset, propter frequentes delatos honores potestatesque summas.... (id., 19-1); *divitissimum* [Midam] fore prædictum est; quod evenit (Cic., Div., 1-36); Mamerco homini *divitissimo* prætermissio ædilitatis consulatus repulsam attulit (Cic., Of., 2-17, Par., 6-2); rerum verborumque scientia *divitissimus* (S. Apol., 4-2).

Bonus, malus, magnus, parvus, font, comme chacun sait, *melior optimus, pejor pessimus, major maximus, minor, minimus*[1].

Invitus, diversus, falsus, fidus, invisus, consultus, apricus[2], n'ont point de comparatif, d'après Port-Royal et la grammaire des Jésuites; il en est de même de *grandis*[3], si nous nous en rapportons à Charisius. Il me sera

---

(1) Bonus optimus, malus pessimus, magnus maximus, parvus minimus, multus plurimus (Prisc., 3); ces comparatifs sont extrêmement irréguliers. comme l'on voit; mais la langue latine n'est pas la seule qui présente de semblables anomalies pour ces adjectifs. Au lieu de *minimus*, des écrivains d'une autorité inférieure ont fait usage de *parvissimus*. Quamvis funditus omnis summa sit infinita, tamen parvissima quæ sunt ex infinitis constabunt partibus æque (Lucr., 1-61-608; Veg., R. M., 1-18; Varr., d. Non.).

(2) Les mêmes grammairiens y ajoutent (avec plus de raison) *novus, sacer, persuasus, meritus, bellus, invictus, inclytus;* il semblerait néanmoins que si l'on ne trouve pas *novior,* c'est que les auteurs n'ont point eu occasion d'en faire usage. Varron (L. L., 5) fortifie cette conjecture: A novo declinatum *novius* et novissimus. *Sacrior* ne m'aurait point paru plus incorrect que *acrior, macrior,* si ce n'est que Varron le condamne formellement: Si dicant similiter declinari cum similia essent, macer, sacer, tener, non discreparent, in heis macrior *magis sacer* et tenerior (L. L., 7).—Magis rudis (Char., 1). *Bellior* ne saurait être condamné; verio nunc ad alterum genus testamenti.... in quo Græci *belliores* quam nostri (Varr., Test., d. Non).

(3) Non enim.... grandior dicitur (Char., 2).

facile de prouver le contraire par de nombreux exemples : Adimere, inquit, omnem recusationem Crasso volui, quem ego paullo sciebam, vel pudentius, vel *invitius*.... ad hoc genus sermonis accedere (Cic. d. Ora., 2-89). Il ressemble d'ailleurs beaucoup à *divitior*. Pauci autem quos medios cohors prætoria disjecerat, paullo *diversius*, sed omnes tamen advorsis vulneribus, conciderant (Sal., C., 61); quid enim *diversius* esse putandum...? (Lucr., 3-805); nec armorum cultu *diversior* unquam confluxit populus (Claud., 21-153; Plin., 19-19). — Nihil est hominum inepta persuasione *falsius*[1] (Petr., 71); quanto est abjectior et *falsior* ista? (St-Aug., Civ., 7-5). — Uxores eorum filiasque nubere servis suis, proposita recusantibus morte, compellit, ut eos sibi *fidiores* et dominis infestiores redderet (Just., 16-5-2); Thracibusque et aliis Barbaris urbes tradidit habitandas, *fidiora* hæc genera hominum fore ratus in bello romano (Liv., 40-3). — Urtica quid esse *invisius* potest? (Plin., 22-19); quo illum miserabiliorem redderet, se fecit *invisiorem* (Val. M., 4-7-4); T. Venius.... in dies quanto potentior, eodem ictu *invisior* erat (Tac., H., 1-12); Nero crudelis nullaque *invisior* umbra (Mart., 7-20); quo quis versutior et callidior est, hoc

---

(1) Il a beaucoup de rapport avec *salsior*, non contesté. — Festus rejetait aussi *falsior*.

Ceci peut faire voir combien il est dangereux de trancher les questions sans les avoir examinées à fond. Quand même, après bien des recherches, on ne trouverait pas telle forme, telle locution que l'analogie semble justifier d'ailleurs, il n'en faudrait pas brusquement conclure qu'elle n'est point latine, mais seulement conseiller de n'en pas faire usage. On ne saurait trop se mettre en garde contre cette imprudente précipitation par laquelle le demi-savoir se laisse si facilement entraîner. Le grammairien Charisius prononça (peut-être sur cette phrase de Salluste, C., 22 : quo inter se *fidi magis* forent) qu'on ne pouvait pas dire *fidior*. Lancelot crut avoir des raisons plus que suffisantes de déclarer que *fidus* n'avait point de comparatif. Avec un peu de réflexion il eût été facile de voir que *fidior* n'est pas plus choquant que *fœdior*, très fréquent dans les auteurs (Cic., Of., 2-8; Liv., 2-23; Flor., 1-13); le doute eût été alors prescrit par la sagesse. J'aurais souvent l'occasion de faire de telles remarques, si je ne craignais de lasser la patience du lecteur.

invisior[1] et suspectior, detracta opinione probitatis (Cic., Of., 2-9, Rep., 2-26). — Illa vero stulto rege *consultior*... jussa abnuit (S. S., 2); septentrionales populi *inconsultiores* (Veg., R. M., 1-2); reciperare gloriam avidius quam *consultius* properabat (Tac., H., 2-24); paullo *inconsultius* Massicam aggreditur (Sal. J., 35; Just., 44-5; Liv., 22-24, 41-14; Cæs., B. G., 1-45; Tac., A., 3-16). — Multi putant in ejusmodi stagnis longos piscibus recessus, et flexuosos in lateribus specus esse fabricandos, quo sint *opaciores* æstuantibus latebræ (Col., 8-17-5). — Exemplis *grandioribus* decuit uti (Cic., Div., 1-16, Brut., 19); donativum *grandius* solito (Suet., Gal., 16; Plin., 11-16).

Ingens a le superlatif, quoi qu'en puisse dire Port-Royal; pourquoi *ingentissimus*, employé par un auteur (Veg., R. M., 4-8), ne se dirait-il pas tout aussi bien que *indigentissimus, indulgentissimus?*

Exterus, inferus, posterus, superus, font *exterior, extremus* ou *extimus, inferior infimus* (on dit aussi dans le même sens *imus*), *posterior postremus* (*postumus*), *superior supremus* ou *summus; dexter sinister, dexterior*[2] *dextimus, sinisterior, sinistimus.* Du vieux *citer*

---

(1) De même *improvisus :* Quo *improvisior* graviorque pestis fuit (Tac., 2-47).

(2) *Dexterius* cornu in quo eram (Gal., d. Cic., Ep., 10-30); cornu *sinisterius* (ibid.); quum in *dexteriore* cornu pulsa legis romana (Just., 31-8); *sinisteriore* funali equo, quum filius *dexteriore* veheretur (Suet., Tib., 6; Mart., 5-62; Cels., 4, Præf....); Vossius et Port-Royal, par une contradiction manifeste, reconnaissent comme superlatifs *citimus* de *citerior, ultimus* de *ulterior, extimus* de *exterior,* et ne veulent pas que *dextimus* de *dexterior, sinistimus* de *sinisterior,* le soient; il est pourtant évident que tous sont formés à peu près de la même manière. Si la raison qu'ils donnent de leur décision (savoir, que *dextimus, sinistimus* s'emploient comme positifs) était admissible, il faudrait regarder aussi comme positifs *dexterior, sinisterior,* parce que partout on pourrait les remplacer par *dexter, sinister.* De plus, *extremus, postremus, proximus* ne seraient non plus que de simples positifs, puisque dans certaines phrases ils le paraissent tellement, que des auteurs leur ont donné les formes du comparatif et du superlatif :

(*citer* ager, CAT. d. Prisc.), nous avons *citerior citimus*; *prior, primus* (de *præ* probablement); *propior proximus* (de *propus*, d'où est venu l'adverbe *prope*); *potior potissimus* (de *potis*, les anciens disaient *potissum* pour *possum*); *interior intimus* (de *inter*, qui vraisemblablement était autrefois adjectif); *ulterior ultimus* (de l'adjectif *ulter*, d'où *ultra* s'est formé); *anterior*, sans superlatif; *ocior ocissimus* (du positif ὠκὺς, comp. ὠκίων); *sequior* (quod *sequius* est, LIV., 2-37; VARR. d. N.).

Juvenis[1], *adolescens*, *senex*[2], n'ont point de superlatif, et font au comparatif *juvenior* et (par syncope) *junior*, *adolescentior*, *senior*.

Infinitus, que Broder et M. de Blinières mettent au nombre des adjectifs qui n'ont ni comparatif ni superlatif, fait *infinitior*, ainsi que Port-Royal l'avait reconnu : Partium distributio sæpe est *infinitior* (CIC., Top., 8).

Impunitus, æternus, divinus, diuturnus, sont fort usités au comparatif : Qui tu *impunitior* illa quæ parvo sumi nequeunt opsonia captas? (HOR., Sat., 2-7-105; PERS., 5-130); nec est ligno ulli *æternior* natura (PLIN., 14-1); nullum *æternius* lignum (ibid.); ingenium cui sit, cui mens *divinior*.... des nominis hujus honorem (HOR., Sat., 1-4-43); nam mihi ipsi celeriter nuntiatum est.... dixisse

---

Si quid novissimo est *extremius* (APUL., M., 1); quod cunctis est *extremius* (ibi., 7); *extremissimi* locorum (TERT., Apo. 19). omnium natorum *postremissimum* nequissimum existimatote (C. GRAC., d. AUL. G., 15-12); quo jure deputor vobiscum *postremissimus* omnium (TERT., C. F., 1); ut possit videri nullum animal in terris homine *postremius* (APUL., Deo Soc.). clementiæ *proximiorem* (SEN., Ep., 108); et *proximius* est dans Manilius (3-518).

(1) Juvenis, junior aut juvenior (CHAR., 2); quamvis *juvenior*, quamvis robustior alligari se patitur (TER., M. G., 24); sacerdotium idem et consulatum multo etiam *juvenior* quam ille, sum consequutus (PLIN. J., Ep., 4-8); unus.... et animo fortior et ætate *juvenior* et corpore validior (APUL., 8; CAL., 9-11).

(2) Non enim dicimus *senissimum* (R. PAL.).

Port-Royal indique *licentior* sans positif; mais *licens* existe : Gressus *licens* (MART., 4-8); joci *licentes* (STA., Sil., 1-6-93).

te, nihil illo Atinati somnio fieri posse *divinius* (Cic., Div., 1-28, 27....). hic qui diligitur, vellem *diuturnior* esset (Ovid., M., 4-472, Fas., 6-219); quo *diuturnius* Servii regnum esset (Liv., 1; Cic., Ep., 7-5). De même *longinquus, propinquus, supinus* : Quorum [hominum] si ætas potuisset esse *longinquior*, futurum fuisse, ut omnibus perfectis artibus, omni doctrina hominum vita erudiretur (Cic., Tusc., 3-28, Fin., 3-14; Plin., 14-6); mitius exilium paulloque *propinquius*[1] opto (Ovid., P., 4-4-51; Varr., L. L., 7, 9); *supinior* arborum tonsura (Plin., 17-23; Mart., 2-6).

Opimus et *silvester*[2] sont aussi usités au comparatif : Earum, quas venabatur feras, membra *opimiora* ad specum mihi suggerebat (Aul. G., 5-14; Cic., Ora., 47); *silvestriora* omnia tardiora (Plin., 16-27).

Les adjectifs en *dus, ivus, ne se comparent point*, dit Port-Royal[3], pour la terminaison *dus* ; il devait s'expliquer plus clairement, et n'excepter que ceux en *endus, undus*; car il est impossible de supposer qu'il ait voulu comprendre dans l'exception *albidus, candidus, fœdus, facundus*,

---

(1) Plusieurs grammairiens modernes ont donc grand tort de donner à *propinquus, proprior* pour comparatif.

(2) Mais *Crispus*, que Port-Royal joint à ceux-ci, a de plus le superlatif : Cappadocia.... deinde candida est, et *crispissimi* folii, ut in provincia Bætica et finibus Gaditani municipii, mense Marte recte pangitur (Col., 11-3-26).

(3) *Almus, balbus, canus, canorus, cicur, claudus, degener, dispar, egenus, magnanimus, mediocris, memor, mirus, vetulus, unicus*, nous sont donnés avec plus de raison par le même grammairien comme n'ayant point de degrés de comparaison, bien que *mirus* se soit dit au comparatif, « quid hoc *mirius?* » (Varr., d. Non.), et que *par* (d'où vient *dispar*) ait été employé au superlatif : eodem Hercle vos pono et paro, *parissimi* estis iibus (Plaut., Curc., 4-2-20; Aul. G., 20-2).

Les noms de nombre n'admettent point de comparaison, excepté *secundus*, quand il signifie heureux : militia *secundiore* fama fuit (Suet. J., 2; Cæs., B. G., 1-14); omnibus *secundissimis* rebus (Cic., Ep., 15-8; Suet., Gal., 9).

Il est inutile de remarquer que les adjectifs possessifs et ceux de matière n'ont ni comparatif ni superlatif, puisqu'ils rentrent dans l'exception des adjectifs en *ius, eus, patrius, aureus*.

fœcundus, frigidus, gelidus, splendidus, sordidus...... On ne peut pas même priver du comparatif et du superlatif tous les adjectifs en *andus, endus, undus* : Jam fero *nefandissima* (Verrius d. Quint., 3-8-45); ferrem tamen adhuc suspiciones tuas, *nefandissime* senex, si dissimulanter indicia tanti sceleris agitasses (QUINT., Dec., 18-11); *nefandissima* quæque tyrannicæ crudelitatis exercuit (JUST., 16-4); *nefandissimum* caput (id., 18-7). — *verecundioremne* coram putamus in postulando fore, quam fuerit tum, quum misit mandata ad senatum? (CIC., Phi., 12-5); theatra, porticus, nova templa *verecundius* reprehendo, propter Pompeium (id., Of., 2-17, Fin., 2-34; QUINT., Dec., 19-7; VAL. M., 7-7-1; LACT., 5-3); puer *verecundissimus* (PET., 25; PLAUT., Rud.); epigramma Pacuvii *verecundissimum* et purissimum, dignumque ejus elegantissima gravitate (AUL. G., 1-24). — Hinnus qui appellatur, ex equo et asina, minor est, quam mulus corpore, plerumque *rubicundior* (VARR., R. R., 2-8). — Candidus, effœtæ *tremebundior* ubere porcæ (COL., 10-396). — A l'exception de *fugitivus,* ceux qui ont cette terminaison rentrent dans la règle générale : Quid isto *festivius* fore arbitramur..... (CIC., Verr., 5); o mi pater *festivissime* (TER., Ad., 5-9-26); tantum mœrorem *festivissimo* convivio intulit, ut regia omnis repentino luctu incenderetur (JUST., 38-8; AUL. G., 9-15, 13-4); candidior nivei Galatea ligustri, floridior pratis, longa procerior alno, splendidior vitro, tenero *lascivior* hædo (OVID., M., 13-791); cubicula plurifariam disposita tabellis ac sigillis *lascivissimarum* picturarum.... adornavit (SUET., Tib., 43). — Quid hoc loco inhonestius, aut quid *intempestivius?* (VAL. M., 7-8-9); ea cassita in sementes forte congesserat *tempestiviores* (AUL. G., 2-29).

Per, præ, devant un adjectif, ajoutent à sa signification[1]; ainsi *prægravis* signifie très fâcheux ; *permagnus,* fort

---

(1) Deinde est mons *præaltus,* ei quem ex adverso Hispania attollit, objectus (POM. M., 1-3); cur igitur hæc tanta facimus, quum cætera

grand. Des grammairiens (les modernes) en ont conclu que les adjectifs commençant par *per, præ,* ne pouvaient avoir de comparatif; l'usage cependant les admet (en partie) : Mundi ille fervor purior, *perlucidior,* mobiliorque multo, ob easque causas aptior ad sensus commovendos quam hic calor noster (Cic., N. D., 2-11; Hor., Car., 1-13-16). Hoc *præclarior* laus tua, quem non minus constat optimum esse quam maximum (Plin. J., P., 88-8; Lucr., 1-730); hoc *præclarissimum* ejus facinus non pari modo probatum est ab omnibus (Nep., 20-1; Cic......). Viam exercitui nullam esse, paucis et expeditis *perdifficillimum* aditum (Liv., 40-21). Cum.... adhuc *perpaucissimis* agricolis contigerit (Col., 3-20). Seque in *præaltissimum* puteum, appendicem parvulum trahens, præcipitat (Apul., M., 8). Major alia pomo et suavitate *præcellentior,* quo sapientiores Indorum vivunt (Plin., 12-6) ; quamquam videmus Virgilium *præcellentissimum* vatem eadem causa hortorum dotes fugisse (id., 14, præf.). Cum victus cujusdam pauperis prece, *præpotentiori*[1] cuidam supplicarem (Salv., G. D., 4). Ut *perplurimum* refert (Plin., 2-57). Je ne vois rien en cela que de très conforme au génie de la langue latine, puisque *maxime* (qui est bien plus fort que *per*) se met devant les superlatifs : Ego *maxime gravissimam* omnium non agi tantum arbitror, sed quodam modo actam esse (Liv., 41-23) ; sive hanc aberrationem a dolore

---

perparva sint? (Cic., Leg., 2-19); *per* mihi *brevis* et non magnæ in dicendo contentionis fore videtur (Cic., Cluc., 1); quid tam præter consuetudinem, quam homini *peradolescenti* imperium atque exercitum dari? (Cic., L. M., 21); mihi *peracerbum* fuit.... (Plin. J., 6-5); idem castris *percommodum* fuit (Liv., 22-43); tum *perdifficilis*, Brute, et *perobscura* quæstio est de natura Deorum (Cic.. N. D., 1-1); suspicor hominem ipsum, quem tibi commendo, *perdignum* esse tua amicitia (Cic., Ep., 13-6); hæc quidem est *perfacilis* et *perexpedita* defensio (Cic., Fin., 3); *pergratus, pergrandis, perhonorificus, perhorridus, perhospitalis, perhumanus, perignarus, perindulgens, perinfamis, perinfirmus, peringratus, perlucidus, persapiens..... præacutus, præcurus* (*percarus,* plus usité), *prægrandis......*

(1) Il n'est pas besoin d'indiquer *præsentior, præsentissimus ; præstantior, præstantissimus.*

delegerim, quæ *maxime liberalissima*, doctoque homine dignissima, laudari me etiam oportere (Cic., At., 12-38, Verr., 2-66); quanto grandior apis, atque etiam rotundior, tanto pejor; si vero sævior, *maxime*[1] *pessima* est (Col., 9-3-2; Aul. G., 13).

Nous arrivons enfin à la grande exception des adjectifs en *eus, ius, uus;* je crois qu'on peut regarder comme de bonne latinité les comparatifs et superlatifs suivans : His mulieres adjungere, quæ sequantur greges ac cibaria pastoribus expediant, eosque *assiduiores* faciant, utile arbitrati multi (Varr.[2], R. R., 2-10-6); ita sunt *assiduiores* (ibid., 9-16); quum Alexandria capta.... mox vasa aurea *assiduissimi* usus conflaverit omnia (Suet., Aug., 71); *assiduissime* mecum fuit Dionysius Magnes (Cic., Brut., 91). Nam nihil *egregius* quam res secernere apertas a dubiis (Lucr., 4-479); *egregius* cænat meliusque miserrimus horum (Juv., 11-12). Qui nunc *exiguissima* legata, theatralis operæ corollarium, accipient ab hærede, qui non spectabat (Plin. J., 7-24-7); de fratrum populo pars *exiguissima* restas; quique dati leto, quæque dedere, fleo

---

(1) Je crois qu'il sera utile d'ajouter de nouvelles autorités : Apud Helvetios *longe nobilissimus* et ditissimus fuit Argetorix (Cæs., B. G., 1-2); Suevarum gens est *longe maxima* et bellicosissima Germanorum omnium (ibi., 4-1); vir *longe eloquentissimus* Græciæ (Cic., Brut., 97); principi *longe* omnium in dicendo gravissimo et eloquentissimo Platoni (Cic., d. Or., 1); egressum magna me accipit Aricia Roma, hospitio modico; rhetor comes Heliodorus, Græcorum *longe doctissimus* (Hor., Sat., 1-5-3 et 89)....... Homini *in primis improbissimo* respondent (Cic., Verr., 5); id *apprime rectissime* dicitur (Cic., Fin., 3); *perquam Maximo* posset exercitu comparato (Curt., 4-6-2).

(2) Quod iter longius *arduius*que erat a curia (Cat. d. Prisc.); asperrimo atque *arduissimo* aditu (ibid); mulier *egregiissima* forma (Pacur., ibi.); sive derivetur aqua, ut *exiguior* facta minus sit navigabilis (Ulp., L. 1, leg. 3); eligendus est a prætore ad quem maxime res pertinent, vel is qui *idoneior* est (ibid.; Tert., Pal., 3); quibus necessarius qua Deus, et quidem melior, quo *necessarior,* latere non debuit (Tert., ad Marc.); quæ videntur membra corporis infirmiora esse *necessariora* sunt (Ep. Cor., 1-11); idque *perpetuius* atque firmius repsit (Cat., d. Prisc., 3); sed a beneficiis..... fugit quam maxima fugela, *perpetuissimo* curriculo (ibid.)

(Ovid., Ep., 14-115). Quis apud populum romanum de illius dignitate *industrius,* quis senatui sæpius dixit? (Cic., d. S., 11); imperator laudem capit, exercitum meliorem et *industriorem* facit (Cat. d. Prisc., 3; Plaut., Most., 1-2; C. Grac. d. Prisc., 3). Omnibus reis *noxior* ac sollicitior (Sen., Cle., 1-13; Cat. d. Prisc., 3); quæ alia vita esset, si leones ursique regnarent, si serpentibus in nos, ac *noxiissimo* cuique animali daretur potestas? (Sen., Cle., 1-26). Testamento..... cohæredem optimæ uxori et *piissimæ* filiæ Domitianum scripsit (Tac., Ag., 43); vobis quidem, o fidelissimi *piissimi*que civium atque amicorum, grates ago habeoque.... (Curt., 9-6-17); etiam ante hoc crimen *piissimos* (Quint., Dec., 6); quod utrumque *piissime* et idem et fortissime tulit (Sen., Ep., 34 et 36); sensibus *piissimis* (id., C. ad Pel., 26; Flor., 4-7; Apul., M., 9 et 11; Char., 2, et dans tous les auteurs ecclésiastiques) [1]. Dissertans.... sumi bellum etiam ab ignavis, *strenuissimi* cujusque periculo geri (Tac., H., 4-69); *strenuissimus* [2] quisque aut occiderat in prælio, aut graviter vulneratus discesserat (Sal. C., 61). Nec rursus

---

(1) Malgré ces nombreuses et imposantes autorités, quelques grammairiens ne veulent pas de *piissimus,* se fondant sur ce passage de Cicéron : Tu porro ne pios quidem, sed piissimos quæris ; et quod verbum omnino nullum in lingua latina est, id, propter tuam divinam pietatem, novum inducis (Phil. 13); il est clair que l'orateur romain, cherchant tous les moyens de perdre Antoine dans l'esprit de ses concitoyens, s'acharne sur cette proie, censure amèrement jusqu'aux expressions de son ennemi : cependant il ne peut rien trouver à blâmer dans *piissimus,* sinon que c'est un mot nouveau. Dès que ce mot là, nouveau au temps de Cicéron, a été sanctionné par les écrivains postérieurs, je ne vois aucune raison qui en puisse interdire l'emploi.

(2) *Strenuiori* deterior si prædicat suas pugnas, de illius ore fiunt sordida (Plaut., Ep., 3-4); fundi delectat virtus te, villica paullo *strenuior* si evaserit (Lucil.). Ces autorités ne me paraissent pas suffisantes; et je ne suis nullement de l'avis de plusieurs grammairiens modernes, qui l'indiquent probablement par la seule raison qu'ils ont trouvé *strenuissimus* bien établi : mais le superlatif peut être incontestable, sans que le comparatif ait même jamais été employé, et *vice versa.* De plus, un ancien grammairien se prononce contre *strenuior : pius strenuus....* et similia, comparativa non possunt habere, superlativa autem habent.... ut *piissimus, strenuissimus* (Dion., 1).

jubeo, dum sit *vacuissima,* quæras (OVID., Pon., 3-1-141)[1].

Beaucoup de participes présens et passés rentrent dans la classe des adjectifs, et prennent les degrés de comparaison : Perfugæ, minume cari et locorum *scientissumi,* hostium iter explorabant (SAL., J., 100; PAT., 2-77). Nihil illo regno *spoliatius*, nihil rege *egentius* (CIC., At., 6-1). Quo enim est ipsum nomen *amantius indulgentius*que maternum, hoc illius matris.... singulare scelus, majore odio dignum esse ducetis (id., Clu., 5). Homo et mei *observantissimus* et sui juris dignitatisque retinens (id., Q. F., 1-2). Non fuit in terris vocum *simulantior* ales (OVID., Am., 2-6-23). Sallustius proprietatum in verbis *retinentissimus* (AUL. G., 10-20). Corpora *intolerantissima* laboris atque æstus (LIV., 10-28, 5-48). Sed populis nomen posuit *metuentior* hospes (SIL., 8-502; OVID., F., 6-259....). Omnium talium *appetentissimus* (SUET., D., 14). Homo est alieni *abstinentissimus* (PLIN. J., 6-8; COL., 12-4; AUS., G., Act.). Marius *cupientissima* plebe consul factus est (SAL., J., 84). Id mihi et ad brevitatem est aptius, et ad reliquas res *providentius* (CIC., Ep., 3-1); ne qua parte videar hanc de me fiduciam *providentissimi* destituisse (PLIN. J., 4-17). Sanctius et *reverentius* visum est nomen Augusti (FLOR., 4-12-66....).... Adeo spreta in tempore gloria *cumulatior* redit (LIV., 2-47). Nunquam alias ante latinum nomen romano imperio *conjunctius* fuit (id., 4-4). Quo Actiacæ victoriæ memoria *celebratior* in posterum esset (SUET., Aug., 18; LIV., 5-23, 24). Ne in ipsa urbe *conspectior* mors foret (TAC., A., 4-11). Inter Phæstiadas... *laudatissima*[2] formæ dote fuit virgo (OVID.,

---

(1) Je ne vois pas pourquoi l'on joint *tenuis,* puisque l'on n'excepte que les adjectifs en *eus, ius, nus :* il n'est évidemment pas compris dans ces terminaisons. Aussi rien de plus fréquent que *tenuior, tenuissimus : pinguissimus* [sanguis] asinis, hominis *tenuissimus* (PLIN., 11-38.....)..

(2) O mihi here salve, Hanno, *insperatissime* mihi tuisque filiis (PLAUT., Pœn., 5-3-8).

M., 9-715, Ep., 19-131; Plin., 17-23). Quo vires ejus *testatiores* fiant (Val. M., 8-9-2; Hirt., B. G., 8-44). Est ut in transferendis faciendisque verbis tranquillior, sic in ipsis numeris *sedatior* (Cic., Or., 52). Cætera manus equitum ibat, *productiore* cornuum sinistro (Tac., A., 13-40). An esse ulla major, aut *insignitior* contumelia potest (Liv., 4-4). Cur credatur somniantium visis, quæ multo etiam *perturbatiora* sunt, non intelligo (Cic., Div., 2-59). Nihil est amabilius, nec *copulatius,* quam morum similitudo bonorum (id., Of., 1-17). *Contemptissimorum* consulum levitatem audaciamque pertimui (id., Sext., 16). In sermonibus nuper fuit.... multos in vetere memoria altissimum dignitatis gradum ascendisse ignobilissimos prius homines et *despicatissimos* (Aul. G., 15-4). Ut nemo tota juventute haberetur prior, nec *probatior* primoribus patrum (Liv., 27-8); gratulatio tua est mihi *probatissima*[1] (Cic., Ep., 4-11). Hæc quidem pars Suevorum in *secretiora* Germaniæ porrigitur (Tac., M. G., 41). Victus prælio, non multo quam post naufragium *comitatior,* trepidus Antiochiam confugit (Just., 27-2-6; Plin., 10-37); Asclepiadem ferunt.... quum quidam quæreret, quid ei cæcitas attulisset, respondisse, puero ut uno esset *comitatior* (Cic., Tusc., 5-39). Nisi qui a philosophia, a jure civili, ab historia fuisset *instructior* (id., Brut., 43); *instructior* doctrinis (id., Fin., 1-9); vitiis decem *instructior* (Hor., Ep., 1-18-25; Cic. ad Brut., 17). Inferior paullo est Aries, et flamen ad Austri *inclinatior* (Cic., Phæn., 22). Paulo a turba *seductior,* audi (Pers., 6-41). Homo omnium æquissimus, atque a cupiditate *remotissimus* (Cic., Verr., 2-2-37, Flac., 29). Nemo unquam urbanitate, nemo lepore, nemo suavitate *conditior* (id., Brut., 48). Te habebimus testem nostri..... in *conjunctissimam* tibi rempublicam amoris (Cas. d. Cic., ep. 12-13).

(1) De même *desideratus, optatus, delectus, exquisitus, ignotus, vulgatus, expeditus, impeditus, exercitatus, ornatus, pressus, occultus, unctus, imitatus, auctus* (au moins pour le comparatif), *erectus, editus, munitus, honoratus, elatus, pacatus.*

Quand on ne veut pas ou qu'on ne peut pas former le comparatif, on met *magis* avec le positif; *multum, valde, perquam, apprime, admodum, bene, per* ou *præ* devant l'adjectif, tiennent lieu du superlatif, mais seulement lorsque le superlatif français est absolu, c'est-à-dire s'il y a *bien, très*[1], *fort*, avant le positif; car *maxime* seul rend *le plus* : Cornua parva quidem, sed quæ contendere posses facta manu, puraque *magis*[2] *pellucida* gemma (Ovid., M., 2-856....)..... *Multum ineptos* labores, ut primum fuerit occasio, relinque (Plin., Ep., 1-9; Hor., Ep., 1-10-2; Ovid., M., 4-155). In Hispania nihil novi; sed exspectatio *valde* magna (Cic., Ep., 15-17; Vit., 10-22); sin dicit obscurari quædam, nec apparere, quia *valde* parva sint, nos quoque concedimus (Cic., Fin., 4-12); *valde* mihi bonus est (id., At., 1, d'où vient *valde bona* dans l'Ecriture; Cic., At., 15-13.....). Instat et necessitas agrorum locandorum *perquam* molesta (Plin., 7-30; Cic....); Campana luxuria *perquam* utilis civitati nostræ fuit (Val. M., 9-9-1). In quadam epistola Atei Capitonis scriptum legimus Labeonem antistium legum atque morum populi romani jurisque civilis doctum *apprime* fuisse (Aul. G., 13-12; Varr., R. R., 3-2; Ter.....). Habetis sermonem *bene* longum hominis, utinam non impudentis (Cic. d. Or., 2-88); ne supportare possit.... Cassii classis *bene* magna cui præest Sextilius Rufus.... facile præstabit (Cas. d. Cic., Ep., 12-13); cum *bene* magna caterva (Cic., Mur., 33); vas olearium quam maximum, et aut novum, aut certe *bene* solidum præparari oportet (Col., 12-51-1); a Cicerone mihi litteræ.... *bene* longæ (Cic., At., 14-7); in clamando quidem video eum esse *bene* robustum atque exercitatum (id., Verr., 1); antiquitatis *bene* peritus (id., Brut., 21); *perbene*[3] latine loqui (ibid., 28). Eum colere

---

(1) *Très* vient vraisemblablement de *ter* : O ego *ter* felix, si pennis lapsa per auras Gnosiasis possim castris insistere regis! (Ovid., M., 8-51); *ter*que quaterque beati (Virg., Æ., 1-94, 4-589).

(2) Magis bonus, magis malus (Diom., 1).

(3) Commodum ad te dederam litteras de pluribus rebus, quum ad me

cœpi non *admodum* grandem natu (Cic., Sen., 4); Hamilcar.... Carthaginiensis, primo Punico bello, sed temporibus extremis, *admodum* adolescentulus in Sicilia præesse cœpit exercitui (Nep., 22-1; Tac., A., 1-2; Aul. G., 3-13....). Tum mihi ille dixit.... *per* fore accommodatum tibi, si ad illam maritimam partem provinciæ navibus accessissem (Cic., Ep., 3-5...). (Voyez page 137.) Erant nobis *perirati* (ibid., 9-6). — Hoc velut domestico exterritus visus Delphos ad *maxime*[1] inclytum in terris oraculum mittere statuit (Liv., 1-56); quæris rem *maxime* necessariam, et in qua hanc materiam consummari decet, quemadmodum ingrati ferendi sint (Sen., Ben., 7-26); severe et celeriter in *maxime* noxios animadversum (Liv., 26-16......).

Le diminutif des noms et des adjectifs en *us, a, um*[2], se fait *en ulus, ula, ulum,* et en *olus, ola, olum,* si la

---

bene mane Dionysius fuit (Cic., At., 10-16); *bene* penitus (id., Verr., 2-70).

On se sert encore de *magnopere*, *vehementer:* Id ego Tadio et gratum esse intellexi, et *magnopere* jucundum (Cic., At., 1-8); ut transeundi superius iter *vehementer* esset *periculosum* (Hirt., 6-5-30, 38). Voyez les adverbes de quantité.

(1) Maxime rudis, maxime proprius, maxime sobrius (Char., 1); *maxime* bonus, maxime malus (Diom., 1).

(2) Il ne s'agit que de la première et de la deuxième déclinaison.

— *Rana* fait *ranula* dans Apulée (M., 9); mais on voit bien plus souvent *ranunculus*. *Lagena* forme de même son diminutif: Quum venabere, licebit, auctore me, ut panarium et lagunculam.... feras (Plin. J., 1-6); Cicéron (d. Ora., 2-57) a dit, au lieu de *mendaciolum, mendaciunculum;* les modernes ont introduit *historiuncula*. Ces diminutifs ressemblent à ceux qui viennent des noms en *o* de la troisième déclinaison (voyez plus bas).

—Cicéron a préféré *satyriscus* (grec) à *satyrulus* : Dionysii mater.... somniavit se peperisse *satyriscum* (Cic., M. D., 1-20).

— *Novellus* de *novus* : Tum, credo, quum me arbustum videre Miconis atque mala vites incidere falce *novellas* (Virg., Eg., 3-11; Ovid., Art., 1-138....); *novellus* paraît venir de *novulus*, premier diminutif; mot

terminaison est en *eus, ea; ius, ia, ium* : Cervæ paulo ante partum perpurgant se quadam *herbula* quæ seselis dicitur (Cic., N. D., 2-50). Memor in Italia pristinæ licentiæ militaris ac rapinarum certorum hominum, *parvulam* modo *caussulam* nactus Cæsar (Com. Cæs., B. A., 54). Quærit, si in mari jactura facienda sit, equine pretiosi jacturam faciat, an *servuli* vilis (Cic., Of., 3-33). *Tabidulam*que videt labi per viscera mortem (Virg., Cir., 102). Nos.... patria nostra delectat; cujus rei tanta est vis, ac tanta natura, ut Ithacam illam, in asperrimis *saxulis*, tanquam *nidulum*, affixam, sapientissimus vir immortalitati anteponeret (Cic. d. Ora., 1-44). Disce, docendus adhuc quæ censet *amiculus* (Hor., Ep., 1-17-3). *Frigidulam* injecta circumdat veste *puellam* (Virg., Cir., 251). Quum pulli *pennulis* uti possunt, tum volatus eorum matres prosequuntur (Cic., N. D., 2-52). *Litterulæ* minutæ (id., Ver., 2-4-43). De même *arcula, cellula, lacrymula, rimula, silvula, virgula, villula, sarcinulæ; hortulus, græculus, ramulus; granulum, barbatulus, languidulus, pallidulus, auritulus* [1].... Magnum *peculiolum* erunt qui sole-

---

mal sonnant, qui, pour cette raison, sera tombé en désuétude. Nous avons des exemples de ce double diminutif : Hortensius..... quum haberet piscinas magna pecunia ædificatas ac *loculos*, ita sæpe cum eo ad villam ivi (Varr., R. R., 3-17; Plaut., Mil., 3-2-36). De là *loculi*, bourse ou sac : Si quid adhuc superest in nostri fæce *locelli*, munus erit; nihil est, ipse *locellus* erit (Mart., 14-13; Val., M., 7-8-9).— Constat Augustum puero adhuc salutanti se inter æquales apprehensa *buccula* dixisse (Suet., Gel., 4); *buccellas* misisse tuas te Pontia, dicis (Mart., 6-75). Ainsi *tantulus, tantillus.... turba, turbula, turbella* (plus usité).... *hædus, hædulus, hædillus.....*

(1) Quelques diminutifs particuliers finissent en *aster* : In surditate vero quidquam est mali? erat *surdaster* M. Crassus (Cic., Tusc., 5-40). Ut ex duobus æque justis ac prudentibus, comatum et *crispulum* malis, quam *recalvastrum* (de *calvaster*) (Sen., Ep., 66). Est alius quidam *parasitaster* (a) *parvolus* (Ter., Adel., 5-2-4). Cicéron, dans son Traité de l'Orateur, a fait usage de *Antoniaster; pinaster* et *oleaster* dérivent de *pinus* et de *olea*, quoique l'on trouve un autre diminutif du second :... quam quidam propter similitudinem *oleastellum* vocant (Col., 12-49...) *Antoniaster.... Catulaster....* (Prisc., 3).

(a) Aut hic *lætaster*, aut *formaster* frigidus (Titin. d. Fest.).

cismum putent[1] (Quint., 1-5). Sæpe est etiam sub *palliolo* sordido sapientia (Cic., Tusc., 3-23). Nostram... tu nunquam ne in somnis quidem vides nisi cum pelle caprina, cum hasta, cum *scutulo*, cum *calceolis* repandis (id., N. D., 1-29). *Tulliola, deliciolæ* nostræ, tuum *munusculum* flagitat, et me ut sponsorem appellat (id., At., 1-8). Ideo non erubuit [Socrates], quum interposita arundine cruribus suis, cum *parvulis filiolis* ludens ab Alcibiade risus est (Val. M., 8-8-1). Post est *sicilicula argenteola* (Plaut., 4-4-125). *Commentariolus, cuneolus, alveolus, doliolum, negotiolum, prædiolum, aureolus, cereolus..... gloriola, bestiola, unciola....*

2° Les noms et les adjectifs en *er, ra, rum* (ordinairement précédés d'une consonne); *nus, na, num; mus, ma, mum,* terminent leurs diminutifs en *llus, lla, llum* (voyez plus haut *lagena*) : Si mei similes erunt, idem hic... *agellus*[2] illos alet, qui me ad hanc dignitatem perduxit (Nep., 19-1). Surgit *pulchellus* puer (Cic., At., 1-13). Quoquo

---

(1) Quintilien ne se prononce point; la question était assez difficile. Au reste, si c'est un solécisme, un poète s'en est rendu *coupable* : Nil dubium, *magna* est *fornacula* (Juv., 10-82).

(2) D'*agellus* se fait un autre diminutif : *Agellulum* hunc.... tute quem vides, herique *villulam hortulum*que pauperis tuor (Catul., 20-3). — *Puer* fait *puerulus* (autrefois *puellus,* Aul. G., 19-11) : Ut secundum servorum, secundum exulum, secundum *puerulorum* tabulas possessio videatur ex edicto dari (Cic., Top., 4). *Puella* (premier diminutif de *puera* : antiqui etiam puellas *pueras,* sicut et pueros puellos dictitarunt, Suet., Cal., 8), forme *puellula* : Floridam ipse *puellulam* matris e gremio suæ dedis (Catul., 61-47).

— *Scutra, scutula* ou *scutella* (demus *scutellam* dulciculæ potionis, Cic., Tusc., 3-19) : Bessalem ad *scutulam* sexto pervenimus anno (Mart., 8-71). On trouve aussi *mammula* et *mamilla* (Cels., 7; Varr., R. R., 2-3; Juv., 6-400).

Asinus asellus, geminus gemellus, bonus bellus, pugnus pugillus, agnus agnellus.... annulus annellus, oculus, ocellus, populus popellus, catulus catellus, liber libellus.... unus ullus, vinum villum.... pistrinum (*autrefois* pistrina) pistrilla.... fabula fabella, tabula tabella, libra libella, capra capella, umbra umbella, sacer sacellus, miser misellus.... ara arula, terra terrula, littera litterula... signum sigillum... tigellum... lucellum (Prisc., 3).

modo res se habebit, illius *misellæ* et matrimonio et famæ serviendum est (id., Ep., 14-4). Est non magnus, verum *aureolus*, et, ut Tuberoni Panætius præcipit, adverbum ediscendus *libellus* (id., Aca., 2-44). Nec cityso saturantur apes, nec fronde *capellæ* (Virg., Eg., 10-30). Granaria modicis *fenetellis* aquilonibus inspirentur (Col., 1-1). De même *umbella, dolabella.* — Exaugurare fana *sacella*que statuit (Liv., 55). Qua ex conjunctione naturæ.... convenire potest, aut fissum jecoris cum *lucello* meo, aut meus quæsticulus cum cœlo, terra, rerumque natura? (Cic., Div., 2-14....). *Cerebellum, flabellum, flagellum....* — Demitto auriculas, ut iniquæ mentis *asellus* (Hor., Sat., 1-9-20). *Agnellum, hædillum* me tuum dic esse (Plaut., Asin., 3-3-77). Tum *bellus* (de *bonus*) ille et humanus Suffenus.... (Catul., 22-9). Ædepol quidem *bellula* es (Plaut., Mil., 4-1-42). Modo namque *gemellos,* spem gregis, ah! silice in nuda connixa reliquit (Virg., Eg., 1-14). Super terræ tumulum, noluit quid statui, nisi *columellam* (Cic., Leg., 2-26). *Corollam* nova nupta de floribus, verbenis, herbisque a se lectis sub amiculo ferebat (Festus; Plin., 21-2....). Duo tamen *sigilla perparvula* tollunt, ne omnino inanes ad istum prædonem religionum reverterentur (Cic., Ver., 2-4-43). Transmisso per viam *tigillo,* capite adoperto, velut sub jugum misit juvenem (Liv., 1-26). Verum infirma *scamellorum* obice fultæ fores (Apul. l. Herm.); mais *pannus* fait *panniculus* : Quarum delicias et *panniculus* bombycinus urit (Juv., 6-259). *Lunula.....*

Quelquefois la terminaison *lus, la,* suit la même règle : Epicuri imaginem non modo in poculis nostri familiares, sed etiam in poculis et in *annellis* habent (Cic., F., 5; Hor., Sat., 2-7-9). Os et labra tibi lingit.... *catellus* (Mart., 1-84). Puellæ flendo *turgiduli* rubent *ocelli* (Catul., 3-17). Nihil debet esse in philosophia commentitiis *fabellis* loci (Cic., Div., 2-38). Congestis undique succis indormis inhians, et tanquam parcere sacris cogeris, aut pictis tanquam gaudere *tabellis* (Hor., Sat., 1-1-72). Vulteium mane Philippus vilia vendentem tunicato scrula *popello* occupat, et salvere jubet (Hor., Ep., 1-7-61).

Palus, talus, ala, paulum, velum, forment extraordinairement leurs diminutifs : Vel si ita non competis, *paxillis* adactis tabulæ superponantur (Col., 8-8; Plin., 17-21). Subter *taxilli,* alti circiter digitorum ternum, suppositi librant spatium imum (Vit., 10-13). Illyricum peteres; campi montesque latebant; *vexillum* navale dares (Claud., 21-173). Nihil primo aspectu contemptius, equi hominesque *paululi* et graciles (Liv., 35-11); *paululum* abscede illinc (Plaut., Asin., 5-2-75....). Medium habet *pauxillo* levius (Cels., 5; Lucr., 3-230....); jampridem apud me reliquum *pauxillulum* nummorum (Ter., Phor., 1-1-3....). *Mala* quoque assumpsit *x,* cum facit *maxilla* [1] (Prisc., 3).

3° Les noms en *o* terminent leur diminutif en *unculus, uncula* : An tu, inquit, *carunculæ* vitulinæ mavis, quam imperatori veteri credere? (Cic., Div., 2-24). Hoc detracto ..... ægritudo erit sublata illa mœrens; morsus tamen et *contractiunculæ* quædam animi relinquentur (id., Tusc., 3-34). Neque tam desipiens fuisset [Epicurus], ut *homunculi* [2] similem deum fingeret (id., N. D., 1-44). Videretis vix duarum male plenarum *legiuncularum* instar in castris regis (Liv., 35-49). Vidit Homerus, probari fabulam non posse, si *cantiunculis* tantus vir irretitus teneretur (Cic.,

---

(1) Cicéron (Ora., 45) semble ne point partager cette opinion : Quo modo vester *Axilla, Ala* factus est, nisi fuga litteræ vastioris? quam litteram etiam e *maxillis* et *laxillis* et *vexillo* et *taxillo,* consuetudo elegans latini sermonis evellit. Il est certain toutefois qne, dans la plupart des phrases, *paxillus, taxillus....* sont, par le sens qu'ils présentent, de vrais diminutifs.

(2) Il fait aussi *homulus, homuncio* : Quid cessat hic *homulus* (d'autres *homullus,* qui se trouve dans Lucrèce, 3-925), ex argilla et luto factus Epicureus, dare hac præclara præcepta sapientiæ clarissimo et summo imperatori genero suo? (Cic., Pis., 25); nos homunciones sumus, omnia nobis negare non possumus (Sen., Ep., 116; Juv., 5-133) Ter., Eun., 3-5-43). *Pusio,* qui semble venir de l'ancien *pusus,* fait *pusillus* : Cottæ, quod negas te nosse, ultra Silianam villam, est.... *villula* sordida et valde *pusilla* (Cic., At., 12-27).

Fin., 5-18). *Carbunculus, sermunculus, siphunculus, tirunculus, ædificatiuncula, ambulatiuncula, annotatiuncula, cœnatiuncula, conciuncula, commotiuncula, descriptiuncula, disputatiuncula, imaguncula, indignatiuncula, lectiuncula, narratiuncula, oratiuncula, potiuncula, punctiuncula, quæstiuncula, stipulatiuncula, virguncula.*

4° La terminaison *er, or, us,* ajoute *culus, cula, culum;* dans *ax, ix, ox, es, is* (y compris *mons, lens, pars, venter....* qui faisaient autrefois *montis, lentis....*), on ôte *x, s :* Sed olim prodigio par est in nobilitate senectus ; unde fit ut malim *fraterculus* esse gigantis (Juv., 4-98 ; Cic., Verr.). Cur autem de *passerculis* conjecturam facit, in quibus nullum erat monstrum ; de dracone silet, qui.... lapideus dicitur factus ? (Cic., Div., 2-30). Est e Corintho hic advena anus *paupercula* (Ter., Heaut., 1-1-44 ; Hor., Ep., 1 ; Varr., R. R., 1). *Tuberculum* parvulum (Cels., 7-3-2). Nunc, Pol, ego demum sum liber, meum *corculum,* melliculum, *verculum* (Plaut., Cas., 4-4-14). *Musculorum jecuscula*[1] (pour

---

(1) *Arbuscula* : in eo arbusculas esse oportet quæ ferant glandem (Varr., R. R., 3-15 ; Col., 11-2) ; *rumusculus* : Tum etiam illi quinque, qui imperitorum hominum *rumusculos* aucupati, tum illum absolverant, jam suam clementiam laudari.... nolebant (Cic., Clu., 38).

— *Fur* fait *furunculus* : Quod vobis ille tantummodo improbus, crudelis, olim furunculus, nunc vero etiam rapax (Cic., in Pis., 27).

— *Vetulus* (de *vetus*) : Credebant hoc grande nefas, et morte piandum, si *vetulo* juvenis non assurrexerat (Juv., 15-54 ; Hor., Carm., 4-13-25 ; Cic....) ; *vetulæ, edentulæ,* quæ vitia corporis fuco occulunt (Plaut., Mos., 1-3-118).

— *Anas, ætas, infans, adolescens, glans, nepos* : Serpere anguiculos, nare *anaticulas,* evolare merulas, cornibus uti videmus boves, nepas aculeis (Cic., Fin., 5-15). Facile est hæc cernere in primis puerorum *ætatulis* (Cic., Fin., 5-20 ; Suet., Cl., 10). Gerebamus *infantulos* et mulieres (Apul., M., 8). Laudi in Græcia ducitur *adolescentulis....* (Nep., Præf.). Partitur apri *glandulas* palæstrilis (Mart., 3-82) ; si te hinc salvum mittimus ire.... *nepotulum* (Plaut., M. G., 5-20).

— *Caput, os* (oris), *os* (ossis) ; *capitulum, osculum* et *oscillum, ossiculum* : O *capitulum* lepidissimum ! (Ter., Eu., 3-3-25). Videt oscula,

jecurcula) bruma dicuntur augeri (Cic., Div., 2-14). Cum tibi.... tres capilli, quatuorque sint dentes, pectus cicadæ, *crusculum*que formicæ (Mart., 3-93). Mors sola fatetur, *quantula* sint hominum *corpuscula* (Juv., 10-172; Plin. J., 10-172; Cic...). *Anserculus, matercula, muliercula* (dans Plaute, *sororcula, amatorculus*), *plusculus* (de même *masculus, vasculum, flosculus, lepusculus*....). Inserit sane, sed data opera, mollibus lenibusque *duriusculos* (du neutre *durius*) quosdam (Plin. J., 1-26). Simus enim *putidiusculi*; quanquam per te vix licet (Cic., Ep., 7-5). Quod epigramma in eum fecisset tantummodo alternis versibus *longiusculis* (id., Arch., 9....). Voyez *Adverbes de quantité*, 3e partie. — Et flagrans, odiosa, *loquacula*, lampadior fit (Lucr., 4-1158). Aderat..... reprehensor *audaculus* verborum, qui.... habebat nonnullas disciplinæ grammaticæ *inauditiunculas* (Aul. G., 5-21). Quorum alii *faculas*, alii retinere sagittas (Prop., 2-29-5). Æsopi *fabellas*, quæ fabulis *nutricularum* proxime succedunt, narrare sermone puro..... condiscant (Quint., 1-9-2). *Meretricula* [1], *radicula, varicula*..... cum recreandæ *voculæ* causa mihi necesse esset ambulare (Cic., At., 1-23). *Filiolam* suam Tertiam, quæ tum erat admodum parva, osculans animadvertit *tristiculam* (id., Div., 1-46). *Leviculus* sane noster Demosthenes, qui illo susurro delectari se dicebat aquam ferentis *mulierculæ*, ut mos in Græcia est, insusurrantisque alteri, « hic est ille Demosthenes » (id., Tusc., 5-36). Jam obituris muribus *vermiculum* in capite gigni tradunt (Plin., 10-62). Levium minimam exiguamque malorum *particulam* vix ferre potes

---

quæ non est vidisse satis (Ovid., M., 1-499; Hor., Car., 1-13-14). Simul atque *oscilla* lupinorum ederunt (Col., 2-10). Utilitas ipsa operis postulavit in tenuissimis minutisque *ossiculis* caput [natura] compingeret (Aul. G., 6-1; Plin., 11-37).

(1) *Rex regulus, codex codicillus, senex senecio* : Cui [Pœno Magoni] tantum honorem noster senatus attribuit, ut quum *regulis* Africæ bibliothecas donaret, unius ejus duodetriginta censeret in latinam linguam transferenda (Plin., 18-3); epistolam hanc convicio postularunt *codicillis* tui (Cic., Q. F., 2-10, Ep., 6-18)......

(Juv., 13-13). Quæ sunt tantæ animi angustiæ, ut, si Seriphi natus esses, nec unquam egressus ex insula, in qua *lepusculos, vulpeculas* sæpe vidisses, non crederes leones et pantheras esse, quum tibi, quales essent, diceretur? (Cic., N. D., 1-31). Media inter carmina poscunt aut ursum, aut pugiles; his nam *plebecula* gaudet (Hor., Ep., 2-1-186). *Igniculus, testiculus*[1], *cauliculus, navicula, avicula, cuticula, clavicula, dulciculus, turpiculus, forticulus, molliculus* et *mollicellus, fonticulus, monticulus, ponticulus, lenticula, securicula, fidicula, utriculus, ventriculus, lintriculus, folliculus, denticulus, pisciculus, viticula, tussicula, nubecula, veprecula*[2].

5° Les noms de la 4e déclinaison sont généralement terminés en *iculus, icula, iculum* : Me ex *versiculis* meis putatis, quod sint molliculi, parum pudicum (Catul., 16-3). Terentia tua magnos *articulorum* dolores habet (Cic., At., 1-4; Plin., 11-37). Ista, quæ vos dicitis, sunt tota commentitia, vix digna lucubratione *anicularum* (Cic., N. D., 1-34, Div., 2-15). Quamlibet leviter motis *flucticulis* (Apul., Apo.). Quæ dividius in ramo natura est, hæc viti in oculo, harundini in *geniculo* (Plin., 16-31). Aliis *cornicula* ante oculos prætenduntur ignava (id., 11-28). Etiam in amnem præcipitavere *curricula* (Curt., 8-14-8). — Sublatæ *veruculis* ferreis (Plin., 33-6)[3].

---

(1) *Lapis* fait *lapillus* et *lapillulus* : Excubias habent [grues] nocturnis temporibus lapillum pede sustinentes, qui lassatis sommo decidens indiligentiam sono coarguat (Plin., 10-23); grues palaturæ arenas devorant, sublatisque *lapillulis* ad moderatam gravitatem saburrantur (Salin., 15).

(2) *Ædes* fait *ædicula* : *Ædicula* ejus tota aperitur, ut conspici possit undique effigies deæ (Plin., 36-5; Cic.... Liv.... Petro....).

Merces : Ut constituerem *mercedulas* prædiorum, et ne magnum onus observantiæ Bruto nostro imponerem (Cic., At., 13-11).

(3) *Domus,* qui fait régulièrement *domicula* dans Frontin, a *domuncula* pour diminutif dans Vitruve (8), dans Symmaque et dans Apulée, qui, de plus, a dit *domuscula* (Mile., 4), *domus, domuncula* (Prisc., 3).

Les noms de la cinquième suivent la troisième déclinaison : Quum

Noms, adjectifs et adverbes numéraux.

	cardinaux.	ordinaux.	distributifs.	adverbes numéraux.
1	unus (1)	primus	singuli	semel
2	duo	secundus	bini	bis
3	tres	tertius	trini	ter
4	quatuor	quartus	quaterni	quater
5	quinque	quintus	quini	quinquies
6	sex	sextus	seni	sexies
7	septem	septimus	septeni	septies
8	octo	octavus	octeni	octies
9	novem	nonus	noveni	novies
10	decem	decimus	deni	decies
11	undecim	undecimus	undeni	undecies
12	duodecim	duodecimus	duodeni	duodecies
13	tredecim	tertius decimus, decimus et tertius (2)	terni deni	tredecies
14	quatuordecim	quartus decimus	quaterni deni	quaterdecies
15	quindecim	quintus decimus	quini deni	quinquies decies, quindecies
16	sexdecim	sextus decimus	seni deni	sexies decies, sexdecies
17	septemdecim	septimus decimus	septeni deni	septies decies
18	octodecim, duodeviginti (3)	octavus decimus, duodevicesimus	octoni deni, duodeviceni	octies decies, duodevicies

dieculam duxerit (Cic., At., 5-21; Ter., And., 42-25). Hac oblectabar *specula*, Dolabellam meum, vel potius nostrum, fore ab iis molestiis.... liberum (Cic., Ep., 2-16). Si quidem imperet pro copia, pro *recula* (Frag. de Plaut., 32).

(1) Nous avons d'autres numéraux : Simplex, duplex, triplex, quadruplex, quintuplex, sextuplex, septemplex, octuplex (novemplex), decuplex, centuplex.—Biennium, triennium, quadriennium, quinquennium, sexennium, septennium, decennium, vicennium, tricennium. — Biduum, triduum, novendium. — Primulus, bimus ou bimulus, trimus, quadrimus; novenarius, vicenarius, tricenarius, quadragenarius, quinquagenarius, sexagenarius, septuagenarius, octogenarius, nonogenarius, centenarius. — Primani, secundani, 3ni, 4ni, 5ni, 6ni, 7ni, 8ni, 9ni, 10ni, 11ni, 12ni, tertiadecimani, 14ni, 15ni, 16ni, 17ni, 18ni, 19ni, vicesimani, una et vicesimani (Tac., 1-31, 37, 51).....

(2) Comme nous voyons, *decem et septem, septem et decem,* ainsi on trouve quelquefois *decimus quartus* pour *quartus decimus* : *Decima quarta'* legio (Tac., H., 5); anno *decimo quarto* (Eutr., 3); in anno *decimo sexto* (ibid....).

(3) On dit encore, *decem et octo, decem et septem :* Sexdecim, decem

	cardinaux.	ordinaux.	distributifs.*	adverbes numéraux.
19	undeviginti	nonus decimus, undevicesimus	noveni deni, undeviceni	novies decies, undevicies
20	viginti	vigesimus, vicesimus	viceni	vicies
21	viginti unus, unus et viginti (1)	vicesimus primus (2)	viceni singuli	semel et vicies
28	octo et viginti, duode triginta	vicesimus octavus, duodetricesimus	viceni octoni, duodetriceni	octies et vicies, duodetricies
29	novem et viginti, undetriginta	vicesimus nonus, undetricesimus	viceni noni, undetriceni	novies et vicies, undetricies

et septem, decem et octo, decem et novem (Prisc., Pen.); *decem et septem* anni (Flor., 3-5-2; Pat., 2-65.....); quinquaginta Priamus, e quibus *septem et decem*, juxta uxore nati (Cic., Tusc., 1-35); *septem et decem* annos natus (Liv., 24-49; Cic., Sen., 6). Tite-Live met dans un autre endroit (40-40), *decem et septem* millia. Socium ac latini nominis mille *decem et novem* (Liv., 40-40).

(1) Cette règle, donnée par tous les grammairiens, ne paraît pas être de rigueur : *Viginti et duos* annos ei sacerdotio præfuit (Cic., Sen., 9); *vicies ac septies* millies H (Suet., Cal., 37), parietes.. *viginti et duos* pedes lati (Plin. J., 11-48); spatium 30 *et duorum* pedum (Curt., 5-1, 6-6); catapultæ maximæ formæ centum vigenti, minores ducentæ *octoginta et una* (Liv., 26-47); decessit Philippus *XL et VII annorum* (Just., 9-8); ita fiunt omnes partes minimum *octoginta et una* (Varr., R. R., 2-1-12). De même pour le nombre ordinal : Annus sexagesimus et quartus est, ex quo.... (Sen., Apo.).....

(2) *Unus, duo, alter,* se joignent souvent à un *ordinal :* Plato.... *uno et octogesimo* anno scribens mortuus es! (Cic., Sen., 5); *uno et vicesimo* die (Cic., Ep., 14-5; Cels., 8-1-8; Aul. G., 13-12 et 13; Tac., H., 4-68).— Mortuus est anno *duo et vicesimo,* rex fuit annos *viginti et unum* (Fab., d. Aul. G., 5-4); quarta et *duo et vicesima* (a) legiones, iisdem hibernis tendentes.... dirumpunt imagines Galbæ (Tac., H., 1-45, 2-100, 5). Moritur *altero* et septuagesimo anno (Liv., 33-22); altero et octogesimo anno (Val. M., 8-7-3); anno et vicesimo Cæsar Dolabellam, *altero et vicesimo* Asinius Pollio C. Catonem.... iis orationibus insecuti sunt (Tac., Din., 34). De plus, dans plusieurs circonstances, *deux* s'exprime toujours par *alter* : Quum uno aut *altero* vulneratis, cæteros declinari in fugam videamus (Curt., 9-2-20; Tac., Ag., 40; Sal. J., 60, 93; Sen., Ep., 7). Il en est de même de *iterum* : Semel aut *iterum* (Cic., Brut., 90; Juv., 3-134).

(a) Anomalie singulière; c'est ainsi que l'on dit encore *tertiadecimani* : Dum centurionem illa morti deposcit, *quintadecimani* tuentur (Tac., A., 1-23). Parce que l'on disait *quintadecima legio,* on a changé seulement la désinence de cette expression consacrée par un long usage, *quintadecimani. Duo et vicesimus* vient aussi de l'habitude de dire *duo et viginti;* alors le commencement est indéclinable : Ob ferociam quintæ et *una et vicesimæ* legionum (Tac., M., 1-45). Nous disons à peu près semblablement « un cheval *ferré d'argent,* une *quarantaine* de quinze jours. »

	cardinaux.	ordinaux.	distributifs.	adverbes numéraux.
30	triginta	trigesimus, tricesimus	triceni	tricies
40	quadraginta	quadragesimus	quadrageni	quadragies
50	quinquaginta	quinquagesimus	quinquageni	quinquagies
60	sexaginta	sexagesimus	sexageni	sexagies
70	septuaginta	septuagesimus	septuageni	septuagies
80	octoginta	octogesimus	octogeni	octogies
90	nonaginta	nonagesimus	nonageni	nonagies
100	centum	centesimus	centeni	centies
200	ducenti (1)	ducentesimus	duceni	ducenties
300	trecenti	trecentesimus	treceni	trecenties
400	quadringenti	quadringentesimus	quadringeni	quadringenties
500	quingenti	quingentesimus	quingeni	quingenties
600	sexcenti	sexcentesimus	sexceni, sexcenteni	sexcenties
700	septingenti	septingentesimus	septingeni	septingenties
800	octingenti	octingentesimus	octingeni	octingenties
900	noningenti	noningentesimus	noningeni	noningenties
1000	mille	millesimus	milleni	millies
1100	mille centum, et centum (2)	millesimus centesimus	milleni centeni	millies centies
1200	mille ducenti, et ducenti	millesimus ducentesimus	milleni duceni	millies ducenties
1300	mille trecenti	millesimus trecentesimus	milleni treceni	millies trecenties
2000	bis mille, duo millia	bis millesimus	bini milleni	bis millies
10000	decem millia, decies mille	decies millesimus	deni milleni	decies millies
100000	centum millia	centies millesimus	centeni milleni	centies millies
1000000	millies mille	millies millesimus	millies milleni	decies centies millies
10000000	decies millies mille	decies millies millesimus	decies millies milleni	decies millies millies

(1) Avec *centum, ducenti*..... le petit nombre se met ou avant ou après : Nondum *centum et decem* anni sunt, quum de pecuniis repetundis a L. Pisone lata est lex (Cic., Of., 2-31); repudium inter uxorem et virum a condita urbe usque ad *vicesimum et quingentesimum* annum nullum intercessit (Val. M., 2-1-4); ex Apulia etiam et a fidiculis *septuaginta atque ducenti* ad supplementum equitatus sunt empti (id., 7-6-1); *ducenta* quinquaginta *duo millia*.... (Vit., 1-6); et *mille* ferme *septingenti* de duabus legionibus, et sociorum supra *mille et trecentos* occisi (Liv., 27-14); Terentia Ciceronis *tertium et centesimum* et Claudia Aufilii *quintum decimum et centesimum* explevit annum (Val. M., 8-13-6, 2-1-4); quum centesimum et septimum ageret annum (id., 8-13-2); *sex et sexcenti* milites, omnes patricii, omnes unius gentis (Liv., 2-49); *centum et septem* complevit annos (Cic., Sen., 5, 19; Plin., 34-7).

(2) Numero tantum adjecit, ut *mille et octingenti* equites in tribus centuriis essent (Liv., 1-36); *mille et quingenti* (id., 4-47).

Ducentorum quinquaginta duum millium stadiorum, quæ faciunt passus *semel et tricies millies mille et quingenties mille;* hujus autem pars.... est *ter millies mille* et *noningenties trigecies septies* mille et passus quingenti (Vit., 1-6); fuere argenti pondo centum decem millia: auri pondo *quinquies decies centum millia* (Just., 32-3-10).

Unus, ainsi que les adjectifs qui suivent ce modèle, a quelquefois au génitif et au datif les mêmes désinences que *bonus* [1] : « Studiosus rei *nullæ aliæ* est (Plaut., M. G., 3-1-203); ludere hanc sinit, et libet, nec pili facit *uni* (Catul., 17-17); *nullæ* sibi turpis conscia rei (Lucr., 6-404); *aliæ*..... desiderium rei (id., 3-932); mihi *solæ* ridiculo fuit (Ter., Eun., 5-7-3); si eadem hora *aliæ* pecudis jecur nitidum atque plenum est, *aliæ* horridum et exile, quid est quod declarari possit habitu extorum et colore? (Cic., N. D., 2-13); ut non *unæ* rei statui putetur (id. d. Prisc., 6); non res *totæ* necesse est similis sit (id., Her.); quum.... neque legio *altera* [2] legioni subsidio venire posset (Cæs., B. G., 5-27); ex maximo bello tantum otium totæ insulæ conciliavit, ut hic conditor urbium earum, non illi qui initio deduxerant, videretur (Nep., Tim., 3); præfuit *alteræ* equitum alæ (id., Eum., 1); victos sibi munimento fore, et si vicissent, *nullo* impedimento (Sal., J., 97); quod si tu judex *nullo* præsidio fuisse videbere (Cic. p. Quint., 1); plebs.... per se nihil

---

(1) Au temps de Priscien, *neuter* se déclinait généralement comme les adjectifs de la deuxième déclinaison : In nomine *neuter* e contrario aliis quæ simili forma declinantur, frequentior est usus gen. in *i* et dat. in *o* terminantis in masculino et neutro, in feminino vero in *æ*.... hujus neutri, huic neutro, hujus et huic neutræ (Prisc., 6); generis *neutri* liberos (Aus., Ep., 49); usus jam arripuit, ut dicatur generis *neutri* (St. Aug.).

(2) *Alteruter* fait au génitif *alterutrius* ou *alterius utrius* : Qui capite sanxit, si quis in seditione non *alterius utrius* partis fuisset (Cic., At., 10-1); *alterius utrius* exercitus et ducum interitu (Cic., Ep., 9-6); nisi in magnitudine, aut longitudine *alterius utrius* positu (Cic., Prat.; Prisc., 6).

audet et *nullo* adhibetur consilio (Cæs., B. G., 6-13). Salluste a dit à peu près semblablement, « *aliquo* negotio intentus » (Cat., 2).

Le vocatif[1] est peu usité, mais il existe : Tu præter omnes *une* de capillatis cuniculosæ Celtiberiæ fili, Egnati (Catul., 37-17); felix lectule talibus *sole* amoribus (Attic. d. Prisc., 5).

Plusieurs latinistes ont des doutes sur le pluriel ; il sera facile de l'établir : *Unas* mihi scito litteras redditas esse (Cic., At., 1-5); ex *unis* geminas mihi nuptias conficies (Ter. And., 4-1-50); contractis in *una* castra 10 legionibus (Pat., 2-113); ubi *unæ* atque alteræ scalæ comminutæ (Sal., J., 60); tabulæ.... testamenti, *unæ* per legatos ejus Romam erant allatæ, *alteræ*.... (Cæs., B. C., 3-109); animadvertit Cæsar, *unos* ex omnibus Sequanos nihil earum rerum facere (Cæs., B. G., 1-32, 4-16); quum ego pro his *unis* petam (Cic., Ep....). *Alteri* nulli sunt, alteros non attingit (id., Tusc., 1-38, Ep., 3-9; Liv., 45-4; Cæs., B. G., 5-4). *Neutris* quidquam hostile facientibus (Just., 6-7); quæsivit *utri* vicissent (id., 6-8); simul veritas pluribus modis infracta; primum inscitia reipublicæ ut alienæ, mox libidine adsentandi, aut rursus odio adversus dominantes : ita *neutris* cura posteritatis, inter infensos vel obnoxios (Tac., H., 1-1). iisne, qui mortui sunt, an iis, quibus moriendum est? *utrisque* (Cic., Tusc., 1-5). Avec ce dernier le pluriel est très fréquent, même quand il semblerait plus conforme à l'analogie d'employer le singulier : Mago Cambyses aures *utrasque* præciderat (Just., 1-9; Tac., 14-14); *utrisque* consulibus Italia decreta provincia est (Liv., 27-21); *utrarumque* manuum digiti (Vit.); duæ filiæ sunt, *utræque* jam nuptæ (Liv., 42-34; Val. M., 5-4-6, 7-3-7; Quint., 6-1; Tac., 12-15, 15-55;

---

(1) Unus, unius, uni, unum, une, ab uno; cujus de vocativo quia quidam dubitant, Caper, doctissimus antiquitatis perscrutator, ostendit hoc usum Catullum et Plautum (Prisc., 5).

FLOR., 3-5-21; NEP., 23-4....)[1]. J'insiste sur ce point, parce que le pluriel, en semblable circonstance, a été censuré par un commentateur dans une remarque qui se trouve dans la collection de M. Lemaire (VAL. M., 7-4-4).

Duum[2], *ternum, quinum.....* se mettent très souvent pour *duorum, ternorum* (voyez page 25 et suiv.) : Tum secant surculos longitudine *binum* cubitorum (PLIN., 12-20); Galli *duum* millium spatio distantibus campis consedere (TAC., H., 4-57); munera omnibus in singulos *binum* millium æris data (LIV., 43-6, 41-13); id plebs scivit, ut, si M. Furius pro dictatore quid egisset, *quingentum* millium ei multa esset (id., 6-38, 26-49); quum sic terram subegeris, in morem horti areas latas pedum *denum,* longas pedum *quinquagenum* facito (COL., 2-11-3); obsides Romanis viginti dato, et triennio mutato; ne minores *octonum denum* annorum, neu majores *quinum quadragenum* (LIV., 38-38); in siccissimis locis putei in altum acti, per *ducenum* aut *tricenum* pedum spatia, inveniunt aquarum uberes venas (SEN., Q. N., 3-7; CÆS., B. G., 3-17; SAL., J., 93; PLIN.....; COL....; LIV....; CIC....

Les distributifs passent généralement pour n'avoir pas de singulier; on le voit fréquemment dans les poètes : *Centeno* gelidum ligone Tybur, vel Præneste domate (MART., 4-64); et gravis Aulestes, *centena*que arbore fluctum verberat assurgens (VIRG., Æ., 10-207); *septeno* ita numerosa partu, per singulas æstates multo lacte abundante (PLIN.. 13-7); *septeno* impellens tumefactum gurgite pontum (SIL., 1-197); traduces gallica cultura bini utrinque lateribus, si pes *quadrageno* distet spatio, qua-

---

(1) *Duplex* et *gemini* s'emploient de la même manière : *duplices* tendens ad sidera palmas (VIRG., Æ., 1-93, 9-16, 10-667); huic supra *duplices* humeros affixa videtur stella micans (CIC., Phæ., 30, Tusc., 1). — *Geminos* partus sanguine infecit (FLOR., 2-16-5).

(2) L'accusatif *duo* n'a pas besoin d'être prouvé : Albæ *duo* soles visos referebat (LIV., 28-11); petivere, *duo* quam fœdissimas mitteret (SAL., J., 102; Cæs., B. G., 5-38).

terni si *viceno* (PLIN., 17-23) ; collesque canoris plausibus impulsi *septena* voce resultant (CLAUD., 1-176) ; Argum fama canit *centeno* lumine, centum corporis excubiis, unam servasse juvencam (id., 21-312 ; PERS., 5-5) ; *terno* consurgunt ordine remi (VIRG., Æ., 5-12) ; duplici natura et corpore *bino* (LUCR., 5-881) ; tres corpore dextras armarat, *terna*que caput cervice gerebat (SIL., 12-279) ; in ter *dena* luce (STA., Sil., 5-5-24) ; *bisseno* premit ora die (id., The., 3-574)......

On appelle ces numéraux *distributifs*, parce que d'ordinaire ils s'emploient quand il est question de distribution, de partage : Plebei congiarium *quadringeni* numi viritim dati (TAC., 13-31) ; daturum liberis ejus *decena* sestertia singulis (id., A., 2-28) ; satis per tot annos ignavia peccatum, quod *tricena* aut *quadragena* [1] stipendia senes, et plerique truncato ex vulneribus corporibus, tolerent (id., 1-17) ; adjice Tiberii tres et viginti, et prope quadriennium Caii, ac bis *quaternos* [2] *denos* Claudii et Neronis annos (id., Dial., 17) ; *terna* millia denarium singulis dari jussit (CURT., 5-5) ; denariis *quadringentis* singula paria [columbarum] venditavit (PLIN., 10-37) ; equitibus *singulas* libras argenti et *quingenos* sestertios dari nuperavit (VAL. M., 5-1-1) ; addidit Valens *trecenos* singulis militibus sestertios (TAC., H., 1) ; paratæ erant lactucæ singulæ, cochleæ ternæ, ova *bina* [3] (PLIN. J., 1-15) ; jam *ternis* [4] tetradrachmis triticum apud Dolabellam est (CÆS. d. Cic., Ep., 12-13).

On s'en sert encore quand il y a de l'ensemble, de la suite, de la simultanéité : Prægnantes solent esse *ternos* menses (VARR., R. R., 2-9) ; reddi post quatuor fere horas incipit ; totum opus *septenis* peragitur horis (PLIN., 25-

(1) Chacun trente ou quarante campagnes.

(2) 28 ans de Claude et de Néron, qui régnèrent chacun 14 ans.

(3) Pour chaque convive.

(4) Vaut 4 dragmes la mesure.

5); Cæsaris naves a triremibus in *senos* non amplius ordines creverant (FLOR., 4-11-5); ut Romæ consules, sic Carthagine quotannis annui *bini* reges creabantur (NEP., 23-7). Ainsi, quand on reçoit deux, trois lettres en même temps, surtout si elles viennent de la même personne, on met toujours *binæ, ternæ litteræ;* si deux, trois camps appartiennent à la même armée, *bina, terna castra;* autrement l'on emploierait les nombres cardinaux.

PRONOMS.

Pour *mihi* on trouve *mi,* dans les poètes principalement: Nec mihi Centauri potuere resistere, nec *mi* Arcadiæ vastator aper (OVID., M., 9-191....); valde *mi* semper et vera et dulcia tuis epistolis nuntiantur (CIC., Ep., 16-26); *mi* ante oculos dies noctesque versatur squalor vester (ibi., 14-3, 11-11).

Met se joint à *ego*[1] dans tous les cas au singulier, au lieu que, d'après Priscien, on ne peut pas dire *tumet,* mais

---

(1) *Egomet* et cætera quibus adjungitur *met,* per porrectionem vel assumptionem.... solent proferri, et primæ quidem personæ omnibus adjungitur casibus *met,* ut *egomet, meimet, mihimet, memet;* secundæ vero personæ obliquis solis, *tuimet, tibimet.* Statius in 8° Thebai: *Ceu* tibimet *sceptra, et proprios laturus honores.* Nominativo autem ideo non additur, ne dubitationem faciat, cum etiam verbum intelligi possit, si dicamus, *tumet;* itaque brevem *te* syllabam pro *met* ei addere solebant autores vel *temet.* Lucretius in 10: *Accipe præterea, qua corpora* tute *necesse est.* Idem in eodem: Tute met *a nobis, jam quovis tempore votum.* Ennius: *O Tite* tute *tati tibi tanta tyranne tulisti.....* unde neque in alio casu eandem *te* syllaba adjectionem invenies, necnon pluralis numeri casibus additur *met* aliis; absque genitivo, *nosmet nobismet,* et *vosmet vobismet.... suimet, sibimet, semet* (PRISC., 12).

seulement *tuimet, tibimet;* la raison qu'en donne ce grammairien, c'est que *tumet* pourrait rendre la phrase obscure, en ce qu'il semblerait venir de *tumeo*. *Tute* a tout autant de force, et on le trouve fréquemment : Quod si tibi persuasum est.... reliquum est ut *tute* tibi imperes (Cic., Tusc., 2-20, Rep., 1-38); bello quid valeat, *tute* scis (Sal., J., 102 et 85; Ter., And., 4-4-6, 4-5-12); *tutemet* a nobis jam quovis tempore vatum terriloquis victus dictis descissere quæres (Lucr., 1-103).

Térence et Plaute ont quelquefois mis *nostrorum, vestrorum, nostrarum,* pour *nostrum, vestrum :* Hunc oculis suis *nostrarum* nunquam quisquam vidit (Ter., Eun., 4-4-11); et ut res rationesque *vestrorum* omnium bene expedire voltis, peregrique et domi (Plaut., Amp., p. 4); verum illud est, maximaque adeo pars *vestrorum* intelligit (id., Mos., 1-3-123).

Sese semble plus énergique que *se :* Nemo potest non beatissimus non esse, qui est totus aptus ex *sese,* quique in se uno sua ponit omnia (Cic., Por., 2, N. D., 2-32, 3-14); quamquidem ei fiduciam conscientia illa dedit, qua meminerat omnes leges a *sese* esse servatas (Val. M., 3-7-1). On trouve de même, mais très rarement, *meme, tete* : Comprimit ensem nescio qui Deus, et *meme* ad graviora reservat (Sil., 9-651).

Je n'ai rien à dire sur *is, ea, id,* si ce n'est que, dans l'origine, il faisait au datif *eü,* et au pluriel *ibus* aussi bien que *eis* (*queis, quibus*) : Nam primum quidquid fulgoris, disperit *eü* (Lucr., 5-286, 757); pater captivos commercatur alios...... in *ibus* emit olim amissum filium (Plaut., Cap., Arg.).

Pour rendre la phrase plus nombreuse, on ajoute la particule *ce* à *hic,* rarement à *ille, iste* [1] ; ce qui ne se pratique pas à tous les cas : Sic populo romano jucunda

---

(1) *Isti, illi, ipsi,* se voient dans les anciens pour le génitif (voyez *unus*) : Quis *illi* modi esse vult (Cat., in Cæcil.); *ipsi* me velle vestimenta dicito (Atra., d. Prisc., 6); *isti* modi (Cat., ibid.).

suburbanitas *hujusce* provinciæ (Cic., Verr....). « Neminem vestrum ignorare arbitror, judices, hunc per *hosce* dies sermonem vulgi, atque hanc opinionem populi romani fuisse » ; cur *hosce* potius quam *hos?* neque enim erat asperum : rationem fortasse non reddam, sentiam esse melius (Quint., 9-4-119) ; eos cum animos domitos, stipulamur sic, *illosce* juvencos sanos recte deque pecore sano esse, noxisque præstari spondesne? (Varr., R.R., 2-5-11).

Qui agent rem duelli, quique popularem, auspicium præmonento, *olli*que obtemperanto (Cic., Leg., 2-8); Divos.... colunto, et *ollos* quas endo cœlo merita locaverunt (ibid.). C'est ainsi que s'exprimaient les anciens; la poésie a conservé *olli, ollis,* comme une élégance : *Olli* permulcens genitor caput, oscula libat attollitque animos hortando (Sil., 1-104); hoc vincite, cives, et prohibete nefas. *Olli* certamine summo procumbunt (Virg., Æ., 5-197, 6-321, 1-254); cum sunt humore sine ullo, flammeus est plerumque colos et splendidus *ollis* [1] (Lucr., 6-207).

Ipsus paraît plus régulier que *ipse;* il ne se voit néanmoins que dans les auteurs qui ne peuvent faire autorité aujourd'hui : *Ipsus* sibi esse injurius videatur, neque id injuria (Ter., And., 2-3-3......) [2].

Dans *idem* on remplace quelquefois *m* par *n* [3] pour l'eu-

---

(1) Plaute et Térence mettent souvent *ellum, ellam, ellos; eccum, eccam....* pour *ecce illum, eam....* : Parasitum tuum video currentem : ellum usque in platea ultima (Plaut., Curc., 2-2-28); nescio quis senex modo venit (*ellum*), confidens, catus (Ter., And., 5-2-14); virum bonum *eccum* Parmenonem incedere video (Ter., Eun., 5-3-9....); sed video *eccos* quos volebam (Ter., Heaut., 2-3-15); sportulam cape atque argentum; *eccos* tris nummos habes — habeo (Plaut., Men., 1-4-1).— *Eccillum, eccistem* : Toxilo has fero tabellas tuo hero — ah! *eccillum* domi (Plaut., Pers., 2-2-65); nullam abduxi — certe *eccistam* video (id., Curc., 5-2-17).

(2) *Reapse* dici ab Cicerone, id est, *reipsa,* in commentarium refert; nec minus *sepse,* id est, seipse (Sen., Ep., 108).

(3) Mutatur *m* in *n* euphoniæ causa, ut eundem, eandem; quod in aliis quoque compositis fieri solet, ut quendam, quandam, quorundam,

phonie : *Eorundem* castrorum homines in duos hostiles exercitus dividuntur (JUST., 3-2) ; per *eundem* Lentulum (FLOR., 4-12.....).

Met, pte, se joignent à *meus, tuus, suus,* et surtout à ce dernier : Hujusce rei ego inopiam patior, Quirites ; verum id, quod multo præclarius est, *meamet* facta mihi dicere licet (SAL., J., 85) ; *suismet* ipsis corporibus dimicantes miscuere prælia (LIV., 2-19) ; Annibal *suamet* ipse fraude captus abiit (je ne me souviens plus de quel auteur j'ai extrait cet exemple) ; ater *suapte* natura liquor, et sparso aceto concretus, innatat (TAC., H., 5-6) ; venientis exercitus fama, et *suopte* ingenio ad mitiora inclinantes Galliarum civitates, in Remos convenere (ibid., 4-68) ; vereque reputantibus, Galliam *suismet* viribus concidisse (ibid., 4-17 ; JUST., 38-7 ; PLIN., 10-59 ; STA., The., 2-67 ; MAN., 4-45, 136) ; virtus placet *suapte* natura (SEN., Ben., 4-17 ; CIC., Fat., 18 ; TAC., H., 4-14 ; LIV., 4-22 ; AUL. G., 18-10) ; intra *suamet* ipsum mænia compulere (LIV., 6-36) ; neque reticere quæ audierat, neque *suamet* ipse scelera occultare (SAL., C., 23) ; ne *meamet* [1] culpa meo amori objexim moram (PLAUT., Pæn., 1-3-37).

Outre ces possessifs, la langue latine renferme encore *noster, vester, cujus a um ;* ce dernier, assez peu usité, peut toujours être suppléé par *qui* ou *quis* : Reperiunt, domus *cuja* sit ; in diversorium derisi conferunt sese (CIC., Her., 4-51) ; is deinde, *cuja* uxor fuerat, fortiter fecit (PLIN. d. Aul. G., 9-16) ; ut optima conditio sit is, *cuja* res sit, *cujum* periculum (CIC., Verr. ; id. d. Prisc., 12) ; dic mihi, Damœta, *cujum* pecus ? an Melibœi ? (VIRG., Eg., 3-1) ; *cujum* puerum hic apposuisti (TER., And., 4-5-24, Eun., 2-3-28) [2].

---

quarundam (PRISC., 12). — « Idem campus habet, » inquit Ennius ; et « in templis isdem » probavit ; at *eisdem* erat verius, nec tamen opimius : male sonabat *iisdem* : impetratum est a consuetudine, ut peccare suavitatis causa liceret (CIC., Ora., 47).

(1) Veteres *mius* pro *meus* dicebant (CHAR., 2).

(2) De *cujus, noster, vester,* se sont formés *cujas* (*cujatis,* chez les

Quis était autrefois masculin et féminin : *Quis* istæc est, quam tu osculum mihi ferre jubes (PLAUT., Ep., 4-2-4); *quis* ea est nam optuma (id., Aul., 2-1-16, 48); illico omnes meretrices, ubi *quisque* habitant, invenit (id., Pæn., p. 107); quandoquidem illarum neque te *quisquam* novit, neque scit qui dies (TER., Eun., 2-3-82, 4-4-12). L'ancien pluriel *ques* vient encore à l'appui : *Ques* sunt isti ? ignoti, nescio *ques* ignobiles (PACUV.); *quescumque* Romæ regnavissent (CAT., Or., 2, dans Charisius).

Qui s'emploie souvent comme *quis* : Is *qui* sit, signo, non nomine dicam (OVID., 15-595); *qui* foret, ignorans (id., 11-719..... ; CIC...... ; VIRG....).

Quojus, quoi, se disaient primitivement pour *cujus, cui* : *Quojus* ego interitu tota de mente fugavi hæc studia atque omnes delicias animi (CATULL., 68-25, 1-7); speciem ac formam similem gerit ejus imago, *quojuscumque* cluet de corpore fusa vagari (LUCR., 4-55); si vocem rerum natura repente mittat, et hoc *aliquoi* nostrum sic increpat ipsa (id., 3-948, 1-616, 4-500); *quoi* dono lepidum novum libellum, arida modo pumice expolitum ? (CATUL., 1-1); ut quod acceptum populo romano est, id expensum *quoipiam* [1] sit (CIC., M. Font., 3; VARR., L. L., 4).

Qui, suivi de *cum*, presque toujours se trouve pour l'ablatif, même dans les bons auteurs : Ex æqualibus unam,

---

anciens), *nostras, vestras* : Quem quum percunctaretur Scipio, quis, et *cujas*, et cur id ætatis in castris fuisset? Numidam esse, ait, Massivam populares vocare.... (LIV., 27-19); Socrates, cum rogaretur *cujatem* se esse diceret, mundanum, inquit; totius enim mundi se incolam et civem arbitrabatur (CIC., Tusc., 5-37, p. Bal., 22); *cujas* sit, ignoro (VAL. M., 8-5-6); dic, oro, *cujatis* sit et quibus diversetur ædibus (APUL., M., 1). Tarentinam [myrtum] folio minuto, *nostratem* patulo, exoticam densissimo, sanis foliorum versibus (PLIN., 15-29); mirifice capior facetiis, maxime *nostratibus* (CIC., Ep., 9-15); putas ne unquam accidere posse, ut mihi deessent, neque solum ista vestra oratoria, sed hæc etiam levia *nostratia* (CIC., Ep., 2-11, Tusc., 5; COL., 5-6, 8-3).

(1) Il paraît même très probable que Virgile a mis *quoi* pour *cui* : *Quoi* non dictus Hylas puer, et Latonia Delos, hippodameque.... (Geor., 3-6); c'est ainsi qu'on le trouve dans la plupart des manuscrits, assure Vossius; de même dans Cicéron (At., 8-7, 9, 7-13).

alloquitur..... *quicum* partiri curas, atque hæc ita fatur (VIRG., Æ., 11-822); is quoque in angustiis est, *quicum* sumus (CIC., Ep., 11-3, 13-23, At., 10-8).

L'on enseigne généralement que le pluriel neutre et le féminin singulier se terminent en *a* dans *ecquis, aliquis* [1]; il y a de nombreuses exceptions, du moins pour le féminin : Perspicis profecto, *ecquænam* nobis spes salutis relinquatur (CIC. ad Q., 1-4); *ecquæ* forte Deum nobis immensa potestas sit.... *ecquænam* fuerit mundi genitalis origo, et simul *ecquæ* sit finis.... (LUCR., 5-1202); in qua videbimus *ecquæ* consuetudo sit, *ecquæ* lex, *ecquæ* actio, ecquod ejus rei artificium sit (CIC., Inv., 2-12, Fin., 4-24, At., 8-12, p. P. Sext., 30, 52, 65, Aca., 2-26); tot prius abductis, *ecquæ* repetita per arma est (OVID., Ep., 16-341).

Quisquis [2] mérite une attention particulière ; le neutre est *quidquid*, connu de tout le monde. Je n'ai trouvé *cujuscujus* que dans Lucrèce : Namque in eadem una *cujuscujus* brevitate corporis inter se multum variare figuræ non possunt (2-482). Les autres auteurs se servent de *cuicui* pour le génitif : His tamen omnibus eos antepono, *cuicui* [3] modi sunt, qui summum bonum in animo atque in virtute posuerunt (CIC., Fin., 3-9, S. Rosc., 34, At., 3-22); domus huic aliquid æris, *cuicui* modi est, tanquam homines, non tanquam homini (AUL. G., 9-2). — Apud Terentium : *Quemquem* nacta sis, quin spolies... (CLED.) Ce grammairien indique tous les cas; abl. *quiqui, quoquo*.

---

(1) *Aliquis* semble pouvoir s'employer comme vocatif : Exoriare *aliquis* nostris ex ossibus ultor (VIRG., Æ., 4-615); aperite *aliquis* ostium (TER., Ad., 4-4-25).

(2) *Quisquis* (ainsi que *quis, quispiam*) se voit pour le féminin, dans les vieux poètes : *Quisquis* tu es, mea mulier, quæ me insueto nuncupasti nomine (PACUV., d. Non.; LUCIL. et LIV. AN., ibid.).

(3) Ceci ne doit pas paraître plus surprenant que les génitifs *neutri, aliæ*, que nous avons remarqués (page 154) : l'on trouve d'ailleurs *cui* pour *cujus* : Quod de M. Cicerone et Q. Ennio et P. Virgilio judicavit, ex re *cuimodi* sit, ad considerandum ponemus (AUL. G., 12-2, 13-29).

Quoquo nomine, *quoquo* ritu, *quaqua*[1] facie te fas est invocare (Apul., M., 11....) ; *quoquo* tempore fuerit (Cic., At., 9-4) ; *quoquo* consilio, pacto (id....) ; *quoquo* modo........ esto igitur, ut hi sint, quam tu nationem appellasti, *quiqui* integri sunt, et sani, et bene de rebus domesticis constituti (Cic., P. Sex., 45) ; ego arbitror, latrones, *quiqui* eorum sapiunt, nihil anteferre debere (Apul., M., 7 ; Plaut., Pœn., 3-2) ; ne stirpem domi relinquerent, liberos suos *quibusquibus* in eam conditionem ut manu mitterentur, mancipio dabant (Liv., 41-8)[2].

---

(1) Bien que le féminin *quaqua* ne repose que sur l'autorité d'Aquilée, il est évident qu'il est latin, puisque l'on trouve *quaquaversum* (Cæs., B. G., 3-23 ; Cic., Phil., 9).

(2) Tous les grammairiens modernes donnent *quosquos*, que je n'ai vu nulle part, excepté dans le grammairien Clédonius, qui indique en outre *quorumquorum*.

VERBES.

Sum vient probablement du grec ἔσομαι (dicebatur *esum, es, est.* Varr., L. L., 8).

Sim [1] est une contraction de *siem* : *Siet* plenum est; *sit* imminutum : licet utare utroque (Cic., Ora., 47). Je ne puis me soumettre à cette décision, de quelque poids qu'elle puisse paraître. *Siem,* qui, depuis la formation de la langue, n'a jamais été universellement employé en prose, ne se voit plus même dans les poètes, après Cicéron et Lucrèce; il est rare dans les siècles de décadence : Tu face apud te ut *sies* (Ter., And., 2-4-5, 3-4); ut nemo tam tornare cate contortos *possiet* orbes (Cic., Phæ., 377); quale *siet....* docebo (Prisc., Pond.).

Fuam est une forme régulière de l'inusité *fuere* (d'où vient *fui* et *forem* pour *fuerem*) : Nec quisquam tam audax *fuat* homo, qui obviam obsistat mihi (Plaut., Amp., 3-4-2); ut quod alîs cibus est, aliis *fuat* acre venenum (Lucr., 4-651). Virgile même n'a pas craint d'en faire usage : Tros Rutulusve *fuat,* nullo discrimine habebo (Æ., 10-108).

Ens, assez peu usité, ne s'emploie jamais comme participe [2], bien qu'on dise *absens, præsens, potens,* qui sont

(1) Au lieu de *erit,* on trouve *escit* dans les anciens : Ergo rerum inter summam, minimamque quid *escit* (Lucr., 1-612); quoi auro dentes vincti *escunt* (Cic., Leg.). Dum quidem unus homo romana toga *superescit* (Enn.); *escit, erit* (Festus).

(2) Participium *ens* in usu non est (Prisc., 11); veteres proferebant *ens,* unde componitur *potens* (ibid.); futurus magis a *fio* verbo videtur nasci; potest tamen etiam a *fui* existimari (ibid.).

adjectifs plutôt que participes ; et cependant ils viennent évidemment de *absum, præsum, possum.*

Le verbe *sum* a de nombreux composés : *abesse, adesse, deesse, inesse, interesse, obesse, præsto esse, præesse, posse, prodesse, subesse, superesse* : Ut omnes in vestibulo regis *præsto adforent* (Curt., 7-1).

Possum seul nécessite des observations ; je parlerai aussi des temps que le verbe *edo* emprunte à *sum.*

Possum est une abréviation pour *potis sum* : Animadvertite si *potis sum* hoc inter vos componere (Plaut., Curc., 5-3) ; tute homo et alteri sapienter *potis es* consulere et tibi (id., M. G., 3-1 ; Ter., An., 2-66). Il n'est pas tellement suranné que les poètes les plus fameux ne s'en soient servis : Haud alia *potis est* occumbere dextra (Sil., 12-643) ; nec tendere contra ; ille quidem hoc cupiens, *potis est* per tela virosque (Virg., Æ., 9-795 ; Cic., Phæ., 514) ; pulveris hunc jactus *potis est* extinguere solus (Prisc., Per., 320) ; fieri quod non *pote* (Virg., Cir., 328, 217). Cicéron même l'a employé, mais au neutre seulement : Quum percunctaretur ex anicula quadam, quanti aliquid venderet, respondit [illa], atque addidit : hospes, non *pote* minoris (Cic., Brut., 46) ; hoc quidquam *pote* impurius ? (id., At., 13-38). On disait aussi *potesse, potessem* : At pol ego amatores mulierum esse audieram eos maximos, sed nihil *potesse* (Ter., Ad., 4-3-24) ; quem qui.... late dispersum non viderit, haud ita vero cætera se speret, cognoscere signa *potesse* (Cic., Phæ., 177 ; Lucr.). ..... nam si quod satis est homini, id satis esse *potesset*, hoc sat erat ; nunc quum hoc non est, qui credimus porro divitias ullas animum mi explere *potesse* [1] (Lucil.).

---

(1) Ce verbe a un passif dans les vieux auteurs : Demum igitur, cum senex sit, tunc in otium te colloces, dum *potestur* (Plaut., Merc. ; Pacuv. d. Non.) ; laticem pertusum congerere in vas, quod tamen expleri nulla ratione *potestur* (Lucr., 3-1023) ; *potestur* et *possuntur* (Diom.) ; quum jure sine periculo bellum geri *poteratur* (Cæl. d. Non.) ; quum non *possetur* decerni utrius putaretur victoria esse (Quad., ibid.).

Tacite a mis *præpotuere* : Postquam Macedones *præpotuere*, rex

Voici les temps et les personnes qui servent au verbe *edo* [1] : *es, est, estis ; es, esto, este, estote ; essem* (toutes les personnes), *esse*. Sine modo venire salvom, quem absentem *comes* (PLAUT., Most., 1-1-11) ; *est* mollis flamma medullas interea, et tacitum vivit sub pectore vulnus (VIRGIL., Æ., 4-66) ; *est* ille plus quam capit (SEN., Ep., 47) ; ægritudo.... lacerat, *exest* animum, plerumque conficit (CIC., Tusc., 3-13 ; LUCR., 3-1007 ; CELS., 5-1-4, 2-14) ; colubra ipsa tuto *estur*, ictus ejus occidit (CELS., 5-2-12) ; integer fructus *estur* (GAL., 2-1 ; OVID., P., 1-1) ; ea ne curculionibus absumatur (nam etiam dum est in siliqua, *estur* [2]) curandum erit (COL., 2-10-16 ; PLIN., 20-9 ; PLAUT., Pæn., 4-2) ; vos saltem, si quid quæritis, et bibitis et *comestis* (PLAUT., Tru., 1-2-54) ; si voles in convivio multum bibere, cænareque libenter, ante cænam *esto* crudam quantum voles ex aceto, et item ubi cænaveris, *comesto* aliqua folia (CAT., R. R., 156-1) ; bibe, *es*, disperde rem (PLAUT., Cas., 2-3) ; .... si Dionysium adulare velles, ista non *esses* : immo, inquit, si tu ista *esse* velles, non adulares Dionysium (VAL. M., 4-3-4) ; usque eo fuit popularis, ut bona solus *comesset* (CIC., Sext., 51) ; quum cavea liberati pulli non pascerentur, mergi eos in aquam jussit [P. Claudius] ut biberent, quoniam *esse* nollent (id., N. D., 2-3) ; *esse* oportet ut vivas, non vivere ut

---

Antiochus, demere superstitionem, et mores Græcorum dare adnixus.... Parthorum bello prohibitus est (H., 5-8).

(1) Edo, es, est, edimus, estis, edunt.... *imperat.* ede, edat edamus, esto, edant, vel edunto ; *futur.* esto, tu, esto ille, vel edat ; edamus, estote, edant, vel edunto (DIOM., 1) ; *edo* tamen in plurali numero servat regulam tertia conjugationis, ut edimus, editis, edunt (PRISC.) ; es, este.... estote, essent, esse (id.)—edo, es, est, edimus, editis, edunt ; sed veteres, edo, edis, edit : edebam.... edi... ederam.... edito... edite.... editote.... edunto : esto, este, estote..... ederem..... edissem..... essem..... edere, edissi, esse.... esum ire, esurum esse, edens, esurus.... similiter quæ ex eo veniunt, ut comedo, ambedo, circumedo (CHAR., 3).

(2) Impersonalis instantis, *estur ;* dicebatur a veteribus *editur* (DIOM. 1). Les exemples cités plus haut prouvent que ce grammairien était dans l'erreur sur *estur*.—Libum, quod est libaretur, priusquam essetur, erat coctum (VARR.)

edas (id., Her., 4); qui e nuce nucleum *esse* vult, frangit nucem (PLAUT., Mos., 4-2).

VERBES ACTIFS[1].

Dans la quatrième conjugaison, on retranche souvent *e* à l'imparfait de l'indicatif, surtout en poésie : Nec *scibat*[2] ferro molirier arva (LUCR., 5-928, 947); et calamo recidiva levi *munibat* arundo (VIRG., Mor., 62); ægidaque horriferam.... certatim squamis serpentum auroque *polibant* (id., Æ., 8-436); mons *parturibat,* gemitus immanes ciens (PHÆD., 4-18); lævem clypeum sublatis cornibus Io auro *insignibat* (VIRG., Æ., 7-790); ante pedes autem candentis mollia lanæ vellera virgati *custodibant* calathisci (CATUL., 64-310); talibus Æneas ardentem et torva tuentem *lenibat* dictis animum, lacrymasque ciebat (VIRG., Æ., 6-468.....); circum me gemitus morientum audire videbar; et tamen *audibam* (OVID., Ep., 14-36); posterius tremulas super ulcera tetra tenentes palmas, horriferis *accibant* vocibus Orcum (LUCR., 5-990); *sævibat, hauribant, pœnibat* (id., 5-997, 5-1304, 6-1250....); super galeam tribuni insistit, atque inde in adversarii os pugnare incipit; *insilibat,* obturbabat, unguibus manum laniabat (AUL. G., 9-11); fons affluens bullis ingentibus *scaturibat* (APUL., M., 4); partes opimas quasque devorabam, et rancidiora seligens, *abligurribam* dulcia (id., 10); pulmenta condita vapore *mollibat* (ibid.); cæteri miseratione

---

(1) Activa species semper actum significat et facit ex se passivam (PRISC., 8).

(2) In quarta conjugatione est quando antiqui transmutantes locum vocalium pro *ie, ei* diphtongum proferre solebant, quam postea in *i* longum verterant, uti *polibam* pro *poliebam, munibam* pro *muniebam* (PRISC., 9).

et donis auxilia *concibant* (Tac., H., 5-19); homines qui sequi possent, sedibus *excibat* (Liv., 32-13....).

La 3e personne plurielle du parfait [1] a deux terminaisons également bonnes : Nec vero reprehenderim *scripsere;* at *scripserunt* esse verius sentio (Cic., Or., 47); quid non Livius circa initia statim primi libri, « *tenuere,* » inquit, « arcem Sabini » ? et mox, « in adversum Romani *subiere.* » Sed quem potius ego, quam M. Tullium, sequar? qui in Oratore.... (Quint., 1-5-44); egressum militem, et cædendis materiis operatum, *turbavere,* occiso præfecto castrorum...... cæteri se munimentis *defendere* (Tac., 5-20); ite, ait, egregias animas, quæ sanguine nobis hanc patriam *peperere* suo, decorate supremis muneribus (Virg., Æ., 11-25......); *reparavere..... adhibuere..... quievere..... immisere..... fecere* (Just., 3-5, 6, 7.......); sæpe canes leporesque umbra *cubuere* sub una (Ovid., F., 2-87.....).

Le futur [2], dans la troisième et surtout dans la quatrième conjugaison, se termine en *bo* dans les anciens : Jam ego me convertam in hirudinem, atque eorum *exugebo* sanguinem, senati qui columen cluent (Plaut., Ep., 2-2, Rud., 4); primum quod *dicebo,* recte ; secundum quod *dicebo,* eo melius (Nov. d. Non.); tibi, cum *vivebo,* fidelis ero (ibid.); operam mihi da ; opera *reddibitur* tibi (Plaut., Epi., 1-1); subnixis alis me inferam, atque *amicibor* [3] gloriose (id., Per., 2-5-6); ex me *audibis* vera (id., Cap., 3-4-36); si fecerit, *scibit* in mente familiæ quid siet (Cat., R. R., 5); tu aufer aurum hoc; ego *scibo* quid siet (Ter., Eun., 4-4-59, Hecy., 2-2-4....). Les anciens

---

(1) Autrefois amave*ront,* dede*ront* (Quint., 1-4); amaverunt vel amavere (Diom., 1).

(2) Nec Cato Censorius *dicam* et *faciam*, *dicem* et *faciem* scripsit; eumdem in cæteris quæ similiter cadunt, modum tenuit (Quint., 1-7-23).

(3) In *am* et in *bo,* ut audiam ; audibo..... Terentius : Matris *servibo* commodis (Cled.); et nutriam et nutribo (ibid.; St. Aug., G.); nec dicas *faciebo, scribebo, legebo,* quia tertia conjugatio semper promissivum tempus mittit in *am* (R. Pal.).

grammairiens indiquent pour terminaison du futur *serviam servibo, audiam audibo;* et il est vrai de dire qu'on le trouve dans des écrivains d'une grande autorité : Vas operies ac *lenibis* (PAL., 3-31); *lenibunt* tacito vulnera nostra sinu (PROP., 3-21); autumnum serenum *præsagibunt* et frigidum (PLIN., 18-35). Je crois pouvoir assurer que Vitruve a dit, je ne sais plus où, *operibunt;* et Vossius cite d'Horace, « *mollibit* aversos penates. »

Amato[1], *legito, monetote, auditote,* sont des formes stériles, nous dit un des plus célèbres grammairiens modernes; moi, je suis d'un avis tout différent; on ne voit même jamais, autant qu'il m'en souvient, ni *sci,* ni *scite;* partout *scito, scitote* : *Videto* ut deum noris (CIC., Tusc., 1-29); si me diligis, si a me diligi vis, ad me litteras, ut quam primum lætitia afficiar, *mittito* (id., Ep., 3-9); causam igitur *investigato* in re nova atque admirabili, si potes; si nullum reperies, illud tamen exploratum *habeto,* nihil fieri potuisse sine causa; eumque errorem, quem tibi rei novitas attulerit, naturæ ratione *depellito* (id., Div., 2-28); si Lentuli navis non erit, quo placebit, *imponito* (id., At., 1-8); tu istam legem Romæ *rogato,* nostris nostras ne ademeris (id., Leg., 2-14); tu vero enitere et sic *habeto,* non esse te mortalem, sed corpus hoc (id., Rep., 6-17, 12); tu posse te *dicito,* quoniam quidem potes; debere ne dixeris (id., Par., 5-3); eum tu hominem *terreto,* si quem eris nactus, istis mortis aut exilii minis (id., Par.,

---

(1) On dit *dic, duc, fac,* au lieu de *dice, duce, face* : *Traduc* equum, sacerdos, et *lucrifac* censoriam notam (VAL. M.); *duce, face* se trouvent dans certains auteurs : *Traduce* et matrem et omnem familiam ad nos (TER., Ad., 5-7-12 et 19); *face* ut hinc furoris ictu reditum in nemora ferat (CATUL., 63-77 et 81); certum hominem ad eum mitias *face* (NEP., 4-2; OVID., P., 2-2). — Quid tam necessarium, quam recta locutio? Immo inhærendum et judicio, quoad licet; diu etiam mutantibus repugnandam; sed abolita atque abrogata retinere, insolentiæ cujusdam est, et frivolæ in parvis jactantiæ. Multum enim litteratus, qui sine aspiratione et producta secunda syllaba salutavit (*avere* est enim); et *calefacere* dixerit potius, quam quod dicimus, et *conservavisse;* his adjiciat *face,* et *dice,* et similia (QUINT., 1-6-21).

2-1); ad id quod erit immortale, partem *attexitote* mortalem (id., Tim., 11); nolite arbitrari, mihi carissimi filii, me, quum a vobis discessero, nusquam aut nullum fore.... eumdem igitur esse *creditote*, etiamsi nullum videbitis.... si hæc ita sunt, sic me *colitote* ut deum (id.. Sen., 22); *adestote* omnes animis, qui adestis corporibus (id., Syl., 33); quum de P. Lentulo ceterisque statuetis, pro certo *habetote*, vos simul de exercitu Catilinæ..... decernere (Sal., C., 52; Col..... Varr.....); perfecto bello, donum amplum victor ad mea templa *portato*; sacraque patriæ, quorum omissa cura est, *instaurato*, ut adsolet, *facito* (Liv., 5-16). Ces formes, y compris celle de la 3e personne plurielle, me paraissent avoir quelque chose de plus énergique, de plus impératif et de plus solennel que celles par lesquelles on pourrait les remplacer.

Au présent du subjonctif l'on mettait autrefois assez souvent *duim*.... pour *dem*, *des* : Quietus esto; ego curabo ne quid verborum *duit* : hoc temere nunquam amittam ego a me, quin mihi testes adhibeam cum *dem* (Ter., Phor., 4-5-1; Plaut., Amp., p. 72); at tibi Di dignum factis exitium *duint* (Ter., And., 4-1-43). Quand il est question des dieux (comme dans cette dernière phrase de Térence), les meilleurs écrivains préfèrent *duint* à *dent* : Deos.... precor.... ut mihi ad finem usque vitæ quietam et intelligentem humani divinique juris mentem *duint* (Tac., An., 4-38); utinam tibi istam mentem Dii immortales *duint*! (Cic., Cat., 1-9); Dii te *perduint*[1] (id., R. Dej., 7).

(1) C'est de là que nos ancêtres disaient, « que Dieu lui *doint* »....

Duim est peut-être une contraction de *duerim*, qui se sera dit d'abord pour *dederim* (car je ne pense pas qu'il vienne du grec δόω, qui a formé δίδωμι); de même *edim* pour *ederim* : Quid, malum, curas, utrum crudum, an coctum *edim*, nisi tu mihi es tutor (Plaut., Aul., 3-2-16); de mendico male meretur, qui ei dat quod *edit*, aut quod bibat (id., Trin., 2-2-58); parentis olim siquis impia manu senile guttur fregerit, *edit* cicutis alium nocentius (Hor., Epod., 3-3); cura, si me amas, ut valeas; ne ego, te jacente, tua bona *comedim* (Cic., Ep., 9).

Une terminaison singulière tout-à-fait surannée, c'est celle que l'on donnait au parfait du subjonctif et au futur passé; O Tite, si quid ego

Amatum ire, vel amaturum esse (Diom., 1). Le passif *amatum iri* semblerait justifier *amatum ire ;* cependant je ne puis l'approuver avec les anciens grammairiens (car Diomède n'est pas le seul qui l'indique), parce que les auteurs l'évitent ordinairement ; et s'il s'en trouve des exemples, l'on ne peut être bien certain que le futur fût dans la pensée de l'écrivain (voyez *eo lusum,* 2e livraison).

Pour la troisième et spécialement pour la quatrième conjugaison les gérondifs finissent souvent en *undi* : Detentus rebus *gerundis* Suetonius.... tanquam durante bello tradere exercitum Petronio Turpiliano.... jubetur (Tac., A., 14-39) ; mori pæne videbamus in studio *dimetiundi* cœli atque terræ (Cic., Sen., 14) ; Catoni quum incredibilem tribuisset natura gravitatem.... *moriundum* potius quam tyranni vultus aspiciendus (id., Of., 1-34, Fin., 2-24) ; nec plus Africanus.... in *excidunda* Numantia reipublicæ profuit quam eodem tempore P. Nasica privatus (id., 1-22) ; novo quodam amore veterem amorem tanquam clavo clavum *ejiciundum* putant (id., Tusc., 4-35) ; vicinum citius adjuveris in fructibus *percipiundis* (id., Of., 1-18......) ; ad bellum palam atque ex edicto *gerundum* (Liv., 1-27......) ; ut minime vitiosa fiant, sic erit *faciundum* (Vit., 7-1......) ; non abstinuerunt *edundis* animalibus, nisi pauca carne quadam (Aul. G., 4-11......). Rien de

---

adjuero curamve *levasso,* quæ nunc te coquit, et versat in pectore fixa, ecquid erit pretii (Enn., d. Cic., Sen., 1). Nunc si filiam *locassim* meam tibi, in mentem venit te bovem esse, et me esse asellum (Plaut., Aul., 2-2-51). Tu vero cave cuiquam *indicassis,* aurum meum esse istic (ibi., 4-2-1). Verum id te quæso ut *prohibessis* (ibid., 4). Separatim nemo habessit Deas (Cic., Leg., 2-3) ; tu morbos visos invisosque viduertatem, vastitudinemque, calamitates, intemperiasque *prohibessis*...... utique..... pastores, pascuaque salva *servassis, duis*que bonam salutem valetudinemque mihi, domo familiæque nostræ (Cat., R. R., 141-2). Utinam me Divi *adaxint* ad suspendium (Plaut., Aul., 1-1-11) ; ut quæ egi, ago vel *axim,* verruncent bene (Att.). Tibi lubens bene *faxim* (dont nous parlerons plus tard) (Ter., Adel., 5-5-6). Ne *objexis* manum (Plaut., Asi., 2-6-52). Ni ego puteo illi, si *occepso,* animam omnem intertraxero (id., Amp., 2-2-41 ; Cat., 44 ; Cic., Leg., 3). Voyez la Syncope.

plus fréquent aussi dans Salluste et dans Tacite. *Potiundi* se voit dans tous les auteurs, et *potiendi* est extrêmement rare (Cæs., B. G., 3-6; Cic., Tusc., 5-23). De là est venu *repetunda* [pecunia] : De pecuniis *repetundis* ad reciperatores itum est (Tac., A., 1-74).

Quelques verbes de la première conjugaison, irréguliers au parfait et au supin, méritent quelques observations.

Cubui n'est pas le seul parfait de *cubo* : Pessima sunt ἀδιανόητα, hoc est, quæ verbis aperta occultos sensus habent : ut, conductus est cæcus secus viam stare : et, qui suos artus morsu lacerasset, fingitur in scholis supra se *cubasse* (Quint., 8-2-20); post hunc alter non minor tyrannus ortus est qui..... subjectorum cervicibus *incubavit* quam diutissime (Lact., M. P., 3); ubi *incubavere* [apes], favos lividos faciunt (Plin., 11-16); de plus *incubatio, incubatus* (id., 10-56, 54) prouvent que *cubatum* [1] a été en usage.

Juvatum (pour *jutum* [2]) : Ratus id, quod res monebat,

---

(1) Apulée (M., 6) a mis aussi *supercubavit*.

(2) Des grammairiens ont avancé qu'on devait mettre *adjutum* pour *jutum*, sous prétexte que celui-ci serait inusité; les exemples suivans mettront le lecteur à même de prononcer : Respondit Blæsus, specie recusantis, sed neque eadem adseveratione, et consensu adulantium haud *jutus* est (Tac., A., 3-35); placuit sollertia, tempore etiam *juta*, quando quinquatruum festos dies apud Baias frequentabat (id., 14-4); sic obruti et stercorati et humoribus *juti* (Pal., 4-10-36).

— Bien qu'on ne trouve pas *micui, dimicavi* est presque seul usité; il n'y a qu'Ovide qui ait employé *dimicui* : Si tamen in tanto fas est monuisse timore, hac tibi sit pugna *dimicuisse* satis (Ovid., Am., 2-13-28). Je n'ai jamais vu *emicavi* : Inhærent tamen quidam molestissima diligentiæ perversitate, ut *audaciter* potius dicant, quam *audacter*.... et *emicavit*, non *emicuit* (Quint., 1-6-17).

— *Domavi* dans un seul auteur : *Copias* ejus *domaverunt* (Flor., 3-22-6) (d'autres *domuerunt*). Curabo *domata* sit Cassandra (Petr.). Te duce non alias terga conversus terga *domator* (Tibul., 4-1-116).

frequentiam negociatorum et commeatium *juvaturum* exercitum, et jam paratis rebus munimento fore (SAL., J., 47); ut illum.... omni ope, labore, gratia simus *juvaturi* (PLIN. J., 4-15); *adjuvaturos* nos divinam providentiam vel periculo nostro (PETR.). — Ubi lunæ *juvarit* augmentum (PAL., 13-6-1).

Necui [1] est extrêmement rare : Hos pestis *necuit*, pars occidit illa duellis (ENN.); namque ut refecta est, hominem *necuit* protinus (PHÆD., 4-15-4); *nectus* inusité; *enectus* presque le seul à employer; car peu d'auteurs ont dit avec Pline (18-13) : Flaccidorum quoque et in horreis *enecatorum*, vel major quam virentium.

Secavi est tombé en désuétude, au point qu'on ne le rencontre dans aucun auteur que je sache; *secatum* peu fréquent : Hoc facile contingit, si eam partem supra quam ramum *secaturus* es, fœno aut stramentis texeris (COL., 5-9-2); impetu teli *præsecata* gula (APUL., M., 1).

Crepui, crepitum; tels sont le parfait et le supin de *crepare;* mais *increpo* fait quelquefois (au moins dans les siècles de décadence) *increpavi, atum* : Quibus [legatis]

---

(1) Mico micui, neco necui; verumtamen et *necavi* legimus, ut *nectus, necatus*, et hoc differre malunt *necui*, quasi suffocavi; *necavi* ferro occidi, unde cædem *necem* appellamus (DIOM., 1; PRISC., 9).

— Sono, sonui, sonitum : Ingenium cui sit, cui mens divinior, atque os magna *sonaturum* des nominis hujus honorem (HOR., Sat., 1-4-44); pristina tonitrua quid *sonaverint*, sciunt (TERT., Scap., 3); classicum *personavit* (APUL., M., 5).

— Tono, tonui, tonitum : Si quos eois *intonata* fluctibus hiems ad hoc vertat mare (HOR., Epod., 2-51).

— Veto, vetui, vetitum : Excepto si quid Masuri rubrica *vetabit* (PERS., 5-90). Il y a des personnes qui pensent que Plaucus (CIC., Ep., 10-13) s'est servi de *vetaverant*. Pigit irrupisse volentum concilia, et cælo mentem insertasse *vetati* (STA., The., 3-550; plusieurs éditions portent *vetanti*).

— Frico, cui, frictum : Spinam aliudve quid faucibus adhærens, felis extrinsecus fimo *perfricatis*, aut reddi, aut delabi tradunt (PLIN., 28-12); prius *defricatis* maculis (ib.); et Vossius cite de Cicéron (At., 12) : Quæ res forsitan sit *refricatura* dolorem meum. Vehemens *fricatio* spissat, lenis mollit (PLIN., 28-4, COL., 6-10-1, 5-30-1).

auditis et graviter *increpatis*, Alexander bellum remisit (Just., 11-3-5; Prudent., Cath., 7-195); qui sacerdotium patris in quæstum verterant, munera a sacrificantibus exigentes, quanquam plerumque *increpasse* eos pater referatur (S. Sev., 1). *Increpatio* est dans Tertullien; il y a eu des grammairiens qui prétendaient que quand ce verbe signifiait blâmer, il ne pouvait faire que *increpavi, increpatum;* mais *increpui, increpitum,* même en ce sens, sont d'un usage constant dans les bons auteurs (Liv., 2; Plin. J., 3-9; Suet., Vesp., 8). Port-Royal n'indique pas même *increpavi;* mais sur la foi de Vossius il préfère *discrepavi* à *discrepui*. Ce verbe, par sa signification, se met rarement au parfait; voici ce que j'ai trouvé: Utilumque sagax rerum, et divina futuri, sortilegis non *discrepuit* sententia Delphis (Hor., Art., 219); *discrepuit* pro *discrepavit;* Cicero de Oratore, lib. 3: Nihil sane ad rem pertinet, si qua in re *discrepuit* ab Antonii divisione (Non.).

Le parfait et le supin de *plico* [1] ne peuvent se détermi-

---

(1) Plico plicas plicui vel plicavi; quod maxime in compositis dignoscitur; nam cum præpositione magis per *ui* divisa; cum nomine vero compositum, per *avi* terminat perfectum; ut implico implicui, applico applicui, explico explicui, replico replicui, complico, complicui; duplico vero duplicavi, triplico triplicavi, multiplico multiplicavi. Invenitur tamen etiam cum præpositione in *avi* faciens præteritum, sed in raro usu. Pacuvius: *Quæ te* applicavisti *tamen ærumnis obruta*. Cicero in Rhet., 2: *Quod in itinere tam familiariter se* applicaverit. Varro de poetis, lib. 1: *Deinde ad siculos se* applicavit (Prisc., 9).

Ces bizarreries viennent de ce que *domo is*, *cubo is* (de là *occumbo is, succumbo is*), *do is* (d'où viennent *credo is, addo is....*), *tono is, sono is* (valva *sonunt*; Acc., d. N.; Lucr., 3) se disaient tout aussi bien que *domo as, cubo as.....* Ceci devient encore plus sensible par le verbe *lavo; lavit,* au présent de l'indicatif, est plusieurs fois dans Virgile et dans Horace: Prælia miscent vulneribus crebris, *lavit* ater corpora sanguis (Virg., G., 3-221, 359, Æ., 3-663, 10-727; Hor., Sat., 1-5-24); *lavavi* ne se voit pas; mais *lavatum* est latin: Sacra *lavaturas* mane petebat aquas (Ovid., F., 3-12); foras simul omnes proruunt se; abeunt *lavatum*, perstrepunt, ita ut fit, domini ubi absunt (Ter., Eun., 3-5-52); et il est à remarquer que beaucoup de verbes étaient de plusieurs conjugaisons, tels que *morior, mori* ou *moriri* (Ovid., M., 14-215); *fervere, fulgere* (Sen., Q. N., 249; Virg., Æ., 6-827....), *potior, intueor.....* dont il sera fait mention dans la suite.

ner que par celui de ses composés. *Duplico, triplico, multiplico,* font seulement *duplicavi, duplicatum;* il en est de même, si nous voulons nous en rapporter à Vossius, de *supplico, replico.* On dit plutôt *circumplicavi, atum; complicavi, atum* : Cum ad eum retulisset, quasi ostentum, quod anguis domi vectem circumjectus esset; tum esset, inquit, ostentum, si anguem vectis *circumplicavisset* (Cic., Div., 2-28). *Circumplicatus* est plusieurs fois dans le premier livre de la *Divination.* Si quis voluerit animi sui *complicatam* notionem evolvere (id., Of., 3). — *Implicui* beaucoup plus fréquent; *implicatus* et *implicitus* indifféremment : Quod male *implicuisti,* solvas potius quam abrumpas (Sen., Ep., 22; Virg., Æ., 11-632; Ovid., M., 1-762, Ep., 2-142). — *Explicavi, applicavi,* s'emploient surtout dans le sens figuré; *explicui, applicui,* dans le sens naturel; ce qui cependant n'est pas exclusif : Custodia ad portus relicta, naves ad littora et vicum *applicaverunt* (C. Cæs., B. Al., 17). On voit peu souvent *applicitus, explicitus* : *Applicito*... aggere (Sil., 15; Plin. J., 2-17); ex duobus consiliis *explicitius* videbatur (Cæs., B. C., 1-78).

Il se fait, au parfait de certains verbes, une sorte de redoublement : Cado, *cecidi;* cædo, *cecidi;* cano, *cecini;* curro, *cucurri;* disco, *didici;* do, *dedi;* fallo, *fefelli;* mordeo, *momordi;* pango, *pepigi* [1]; parco, *peperci* [2];

---

(1) Pango, pepigi, pansi et panxi (Char., 3). Je n'ai cependant jamais vu que *pepigi.* — Tonsillam *pegi* læto in littore (Pacuv. d. Fes.)

(2) *Peperci,* sed et parsi legimus, ut Terentius (Hec., 3-1-2) : Ego ne vitam *parsi* perdere litem Plautus..... veteres melius parsi declinant (Diom., 1); peperci et parsi (Char., 3). — Suo labori nullus *parcuit* (N. Quadri., d. Non.) — Multa usus contra antiquitatem vindicavit; illi enim *parsi* dicebant, non *peperci* (Serv.); neu tibi ægritudinem, pater, parcerem, *parsi* sedulo (Plaut., Tri., 2-2-35, Curc., 3-11). Plaute (Aul., 2-8-10) a mis aussi *peperci :* Nisi *peperceris.* Si *parsi* est tombé en désuétude, il n'en a point été de même de *parsum,* qui vaut tout autant que *parcitum :* Facit enim participium futuri *parsurus,* ut ait Varro in

pario, *peperi;* pedo, *pepedi;* pello, *pepuli;* pendeo, pendo, *pependi;* posco, *poposci;* pungo, *pupugi* [1]; spondeo, *spopondi;* sto, *steti;* tango, *tetigi;* tendo, *tetendi;* tondeo, *totondi;* tundo, *tutudi;* tollo, *tetuli.* (Voyez ci-après *fero.*)

Cado, cædo [2], *cano, fallo, mordeo* [3], *pango, pello, pendeo, pendo, spondeo* [4], *tango, tendo, tondeo* [5], *tundo,* perdent le redoublement dans leurs composés.

Laterensi, sed Plinio displicet (Diom.); nec impensæ, nec labori, nec periculo *parsurum,* donec depulso cervicibus eorum imperio romano liberam vere Græciam.... fecisset (Liv., 35-44); ne reliquis quidem nepotibus parsurus creditur (Suet., Tib., 62); *parcitum* est (Plin., 33-4).

(1) Pungo, pupugi et punxi (Char., 3). Je ne connais que *pupugi* : Si quis error aliunde exstitit, si paupertas momordit, si ignominia *pupugit*.... (Cic., Tusc., 3-34; Varr. d. Prisc., 10).

(2) Cependant Florus (4-12-7) s'est servi de *percecidi* : Terga hostium *percecidit;* mais Plaute met *percidi* (Pers., 2-4-12).

(3) Un passage de Plaute, cité par Aulu-Gelle (7-9), porterait néanmoins à penser que les anciens l'employaient : *Admemordit* (pour *admomordit*) hominem.

(4) Boinvilliers s'est trompé en indiquant, dans le dictionnaire de son Manuel latin, *despopondi,* qui ne se voit que dans Plaute (Tri., 3-1-2).

(5) In compositione hæc eadem non geminant supradictam syllabam, ut respondeo respondi, dependeo dependi, demordeo demordi, præmordeo, præmordi, detondeo detondi : Vetustissimi tamen etiam *detotondi* protulerunt. Enn. in Annal. *et* detotondit *agros* (Priscien se trompe; la mesure du vers exige *deque totondit agros) lætos atque oppida cepit* Et Varro in Magno Talento : Detotonderat *forcipibus viti carpiseris* (Prisc., 9).

— *Poposci, momordi, pupugi, cucurri,* probabiliter dici videntur; atque ita nunc omnes ferme doctiores hujusce modi verbis utuntur, sed Q. Ennius in satiris, *memorderit,* dixit, per *e* litteram, non *momorderit*...... Item Plautus in Aulularia : admemordit *hominem.* Sed idem Plautus in Trig. non *præmordisse* neque *præmomordisse* dixit, sed præmorsisse. *Ni fugissem.... medium, credo,* præmorsisset.... *Peposci* quoque. non *poposci,* Valerius Antias libro Annalium quadragesimo quinto scriptum reliquit..... *Pepugero* æque Atta in Ædilitia dicit : *sed si* pepugero, *metuet.* Ælium quoque Tuberonem.... *occecurrerit* dixisse Probus annotavit.... Idem Probus Valerium Antiatem libro Historiarum duodecimo *speponderat* scripsisse annotavit..... Ratio dictionum hæc esse videri potest : quoniam Græci in quadam specie præteriti tempo-

Disco, posco, sto, conservent le redoublement dans tous leurs composés : *Perdidici* istæc esse vera damno cum magno meo (Plaut., Asin., 1-3-35) ; qui utrumque *perdidicerunt* (Vit., 1-1) ; ego istuc aliis dare *condidici* (Plaut., Speu., 4-1-35). — Ad supplicium *depoposcerunt* me ducem primum, deinde vos omnes qui Saguntum oppugnassetis (Liv., 21-44) ; quod Deos immortales inter nuncupanda vota *expoposci,* ejus me compotem voti vos facere potestis (Liv., 7-40). — *Constiti..... institi..... præstiti..... restiti.....*

Do le retient aussi dans ses composés, à l'exception de *abscondo : Abdidi.... addidi..... condidi..... dedidi..... edidi..... indidi.... perdidi.... disperdidi.... prodidi.... reddidi.... vendidi.... tradidi.... satisdedi..... venundedi....* Nox et ignotum rus fugam Neronis *absconderant* (Tac., H., 3-68) ; densæ cœlum *abscondere* tenebræ nube una, subitusque antennas impulit ignis (Juv., 12-18) ; nequicquam abdidi, *abscondidi,* abstrusam habebam (Plaut., Merc., 2-3-25). Un poète du 1er siècle n'a pas craint de faire usage de *abscondidi,* indiqué aussi par Priscien [1] comme parfait d'*abscondo* : Donec arenoso (sic fama) Numicius illam suscepit gremio, vitreisque *abscondidit* antris (Sil., 8-191).

Curro, dans la plupart de ses composés, peut retenir le redoublement ; ainsi on dit indifféremment *accurri, accucurri ; concurri, concucurri ; decurri, decucurri ;*

---

ris, secundam verbi litteram in *e* plerumque vertunt, γράφω γέγραφα, ποιῶ, πεποίηκα..... sic ergo mordeo memordi.... tango tetigi, pungo pepugi, curro cecurri, tollo tetuli facit. Sic et M. Tullius et C. Cæsar *memordi, pepugi, spepondi,* dixerunt. Præterea inveni a verbo *scindo* simili ratione non *sciderat* sed *sesciderat* dictum esse.... Verba [L. Attii] hæc sunt : *Non ergo aquila ita, uti prædicant,* sesciderat *pectus* Ennius quoque et Valerius Antias..... *ad forum* descendidit. Laberius quoque...., (Aul. G., 7-9). Voyez Macrobe, dif. verb.

(1) Vendidi, credidi, abscondidi. Plautus in Carbonario : *Secundum aram ipsam aurum* abscondidi (Prisc., 10). L'analogie demanderait *abscondidi ;* l'usage s'est prononcé pour *abscondi ;* mais *absconsum* n'est que de mauvaise latinité.

excurri, excucurri; percurri, percucurri; præcurri, præcucurri; procurri, procucurri; mais on ne voit guère que *discurri, incurri, occurri* [1], *recurri, succurri.*

Compungo, expungo, font au parfait *compunxi, expunxi;* mais *repungo* fait bien *repupugi* [2].

SYNCOPE.

Dans le parfait et les temps qui en dérivent, on retranche souvent la lettre *v* ou les syllabes *ve, vi,* selon les verbes, les temps et les personnes; ce qui m'oblige à entrer dans des détails assez longs.

Des quatre terminaisons *avi, evi, ivi, ovi,* la troisième seule est susceptible de syncope à la 1re et à la 3e personne du parfait : *petii, petiit*.... *Audii* ipsam, quum mihi commendaret nepotis sui studia (Plin. J., 7-24); a Tiberio Graccho rogatus, in provinciam *ii* [3] (Liv., 42-34); mais à la 2e personne la syncope a lieu pour les quatre terminaisons : .... Nec causam secutus, eadem enim tum fuit, quum ab eorum consiliis abesse *judicasti* [4].... (Cæs. d. Cic., At., 10-8....). — *Flesti* discedens; hoc saltem parce negare (Ovid., Ep., 5-43); tu quum timenda voce *complesti* nemus, projectum odoraris cibum (Hor., Epo., 6-9); *consuesti* (Plin. J., P...). — Flaccum militem questo-

---

(1) Si generalis species *occecurrit* (pour *occucurrit*) (Æl. Tub. d. Aul. G., 7-9). Je crois avoir aussi vu *occucurri* dans Plaute, et *incucurri* dans Tite-Live, 27.

(2) Expunxi dicimus; repupugi et repunxi, ut Capro videtur (Prisc., 10).

(3) *Adii adiit, abii, servii, perii,* mieux que *adivi, abivi, servivi* (qui est cependant dans Cicéron : *Servivi* cum aliqua dignitate, At., 15-5), *perivi;* et il ne me souvient pas d'avoir jamais trouvé ce dernier; mais Ovide a mis *subivi* : Præceps occiduas ille *subivit* aquas (Ovid., F., 1-314).

(4) Amastis vel amavistis.... nevisti vel nesti, nevit, nevimus, nevistis vel nestis, neverunt vel nerunt (Prisc., 10).

remque *cognosti* (Cic., Flac., 26); si vos ea mente ultra Tauri juga *emostis* Antiochum, ut ipsi teneretis eas terras (Liv., 37-53); *admosti* medias manus (Sev., 29); *nosti* .... finem profecto fruendarum opum, quibus ad invidiam diu abundaveras, Tarentina civitas, *quæsisti*[1] (Val. M., 2-2-5); quoniam *impertisti* nihil tuæ prudentiæ ad salutem meam (Cic., At., 3-15).

Je réunis la 3e personne plurielle du parfait, le plus-que-parfait, le futur passé et le parfait du subjonctif: Pulsus a delubris is, qui illa *servarat*[2] (Cic., Leg., 2-17); quid si jam, misso officio, periculi ratio habenda est; ab illis est periculum, si *peccaro;* ab hoc, si recte fecero (id., At., 10-8); ignoscent, si quid *peccaro* stultius, amici (Hor., Sat., 1-3-140); neque reperio quid in rebus humanis *excogitarit* natura præstantius amicitia (Quint., Dec., 9-13); neque enim ita me *efferarat* ludus..... ut eum amicum vellem occidi, qui pro me mori poterat (id., 9-8); semper ego *optarim* pauperrimus esse bonorum (Hor., Sat., 1-1-79); eas tu ita refellis, ut quum me interrogaturus esse videare, et ego me ad respondendum *compararim,* repente avertas orationem (Cic., N. D., 3-8); nihil nobis usquam relictum est, nisi quod armis *vindicarimus* (Liv., 21-44...).—Naves habent Veneti plurimas, quibus in Britanniam navigare *consuerunt* (Cæs., B. G., 3-8; Liv., 4-45); illum ruricolæ, silvarum numina, Fauni, et Satyri fratres, et tunc quoque clarus Olympus, et nymphæ *flerunt* (Ovid., M., 6-394); senatum consules, credo, *vocassent,* quem totum de civitate *delerunt* (Cic., P. Sext., 19....); aut in me ipso satis esse consilii *decreras,* aut te nihil plus mihi debere, quam ut præsto esses (id., At., 3-15; Suet., Aug.; Sta., The., 5-639; Val. F., 6-621); miseratione.... nos ita dolenter uti solemus,

(1) On dit encore plus souvent *audiisti, quæsiistis....* que *audisti...*

(2) Parare pro paravere.... pararam, as, at, pararamus, ratis, rant, pro paraveram.... utinam pararim pro paraverim.... pararo pro paravero (Char., 2).

ut.... alia in causa excitato reo nobili, sublato etiam filio parvo, plangore et lamentatione *complerimus* forum (Cic., Ora., 38.....). — Cætera majoris operis ac spiritus Latini præceptores relinquendo necessaria grammaticis fecerunt; Græci magis operum suorum onera et modum *norunt* (Quint., 1-9-6; Cic., Div., 1-50); *noveram* simplicitatem ejus, *noveram* comitatem; eumdem esse, quod minus *noram*, gratissimum experior (Plin. J., 7-15); parvaque tum magnis *admoram* fontibus ora (Prop., 3-3-5; Hor., Sat., 2-1-71); at ille, qui me *commorit*, melius non tangere! clamo, flebit, et insignis tota cantabitur urbe (Hor., Sat., 2-1-45); ego si quid novi *cognoro*, scies (Cic., At., 7-20); hanc simul ut *noris*, officiumque meum (Ov., F., 1-116); patere hoc me super cætera habere amoris tui pignus, ut ea quoque *norim*, quæ nosse neminem velles (Plin. J., 8-4); est tamen utilius, studium cessasse meorum, quam, quas *admorint*, non valuisse preces (Ovid., P., 3-7-36). — Si ego injuste impieque illos homines illasque res dedier nuntio populi romani mihi exposco, tum patriæ compotem me nunquam *siris* [1] esse (Liv., 1-32).......

Voici pour le plus-que-parfait, tant au subjonctif qu'à l'infinitif: Te, Spurina, quum *audisses recitasse* [2] me (ut mihi ipse dixisti), quid *recitassem*, simul *audisse* credebam (Plin. J., 3-10.......); ita senatus, quum, quid placeret, magis ostendisset quam *decresset*, dimittitur (Liv., 26-29); Livii Salinatoris æternæ memoriæ tradendus animus; qui quum Asdrubalem exercitumque Pænorum in

---

(1) Telle était la formule employée par l'envoyé des anciens Romains pour demander satisfaction; conséquemment elle doit sentir, même dans les expressions, un peu l'antiquité. *Dedier*, qui ne se dit qu'en poésie en bonne latinité, le fait assez clairement voir. *Siris* peut paraître aussi un peu suranné; mais puisqu'au plus-que-parfait l'on dit *sissent* (voyez ce temps), je crois qu'en vers au moins *siris* ne saurait être de mauvais goût. Partout *audieram, iero, petierim*......

(2) Etiam ubi aliud ratio, aliud consuetudo poscet, utrum volet, sumat compositio, *vitavisse* vel *vitasse, deprendere* vel *deprehendere*; coitus enim syllabarum non negabo, et quidquid sententiis vel eloquentiæ non nocebit (Quint., 9-4-59).

Umbria *delesset*... (VAL. M., 3-7-4); haud ita conveniebat uti, cum corpore et una cum membris videatur in ipso sanguine *cresse* (LUCR., 3-684); *quiesset* (SAL. F., 3....); haberes magnum adjutorem, posset qui ferre secundas, hunc hominem velles si tradere; dispeream, ni *summosses* [1] omnes (HOR., Sat., 1-9-48....); an Cn. Pompeium censes tribus suis consulatibus, tribus triumphis, maximarum rerum gloria lætaturum fuisse, si *scisset* se in solitudine Ægyptiorum trucidatum iri, amisso exercitu..... non *isset* ad arma Pompeius; non *transisset* Crassus Euphratem (CIC., Div., 2-9); ad arma *vocassent*, qui ne vestitu quidem defendi rempublicam *sissent* [2] (id., Sext., 19); id quum *rescisset* Pompeius (HIRT., H., 6-6).

Les terminaisons en *xi, si*, sont encore susceptibles de syncope : Sæpe *dixti* [3] nihil fieri sine Deo, nec ullam vim esse naturæ, ut sui dissimilia posset effingere (CIC., N. D., 3-9, Fin., 2-3, Cæc., 29; MART., 5-16, 10-51, 12-16; TER.....); non satis id causæ credideram esse tibi; tu satis id *duxti* (CATUL., 90-9); at tu non.... *luxti*.... fratris cari flebile discidium (id., 56-21); Phœbe, graves Trojæ semper miserate labores, Dardana qui Paridis *direxti* tela manusque corpus in Æacidæ (VIRG., Æ., 6-57; TER., And., 3-2); quod ad te de decem legatis scripsi, parum *intellexti* (CIC., At., 13-32; TER., And., 3-2); *exstinxti* te meque, soror, populumque patresque Sidonios (VIRG., Æ., 4-682); *protraxtis* ad arma quod profugas satis est

---

(1) Quid, quod sic loqui, *nosse, judicasse,* vetant, *novisse* jubent et *judicavisse?* quasi vero nesciamus, in hoc genere et plenum verbum recte dici, et imminutum usitate (CIC., Or., 47).

(2) Inhærent tamen quidam molestissima diligentiæ perversitate..... his permittamus et *audivisse,* et *scivisse,* et *tribunale,* et *faciliter* dicere (QUINT., 6-17). D'après ce passage de Quintilien, il paraîtrait que dans ces verbes la syncope est presque de rigueur, ou au moins qu'elle est préférable.

(3) Pisonem, adversæ partis advocatum, alloquens Cicero dicit, *restituisse te dixti, nego me ex edicto prætoris restitutum esse;* ..... et ipsum *dixti,* excussa syllaba, figura in verbo (QUINT., 9-5-22).

(Sil., 16-84) [1] ; faces in castra tulissem, *implessem*que foros flammis, natumque patremque cum genere *exstinxem* [2] (Virg., Æ., 4-606) ; *vixet,* cui vitam Deus aut sua dextra dedisset (ibid., 11-118) ; ni propere duro nitentem exsurgere velox *adfixet* transtro (Sil., 14-536) ; hunccine solem tam nigrum *surrexe* mihi (Hor., Sat., 1-2-72) ; nec tamen ille ipse est prætereundus, qui non sat habuit conjugem *illexe* in stuprum.... (Cic., N. D., 3-27); non media de gente Phrygum excidisse nefandis urbem odiis satis est, nec pœnam *traxe* per omnem relliquias (Virg., Æ., 5-786; Lucr., 3-650).

Evasti? credo, metues, doctusque cavebis (Hor., Sat., 2-7-68 ; Sil., 15-794) ; namque ubi longa meæ *consumpsti* tempora noctis (Prop., 1-3-37) ; tu quod *promisti* mihi (Catul., 109-3) ; *promisse* (ibid.) ; *turbasti* maria ac terras, juvenemque ferocem *immisti* Latio (Sil., 17-353); quando in eo numero *mansti* (Lucil. d. Aul. G., 18-8) ; vos et Scyllæam rabiem penitusque sonantes *accestis* scopulos (Virg., Æ., 1-201) ; qua *jusso* [3], mecum manus inferat arma (id., 11-467; Sil., 12-175) ; forsan et *evasset* rapidi freta sæva pericli (Sil., 15-375 ; on lit aussi *enasset*) ; dubites uter effera *presset* [4] frena magis (Sta., The., 6-347) ; omnia enim debet, mortali corpore quæ sunt, infinita ætas *consumpse* anteacta diesque (Lucr., 1-233) ; nam quacumque prius de parti corpore *cesse* constitues, hæc rebus erit pars janua lethi (id., 1-1103). Ainsi qu'on a pu le remarquer, toutes ces contractions nous viennent des poètes ; et en prose on ne saurait approuver que celles que Cicéron n'a pas craint de faire.

---

(1) Eaque vos omnia bene juvetis, bonis auctibus *auxitis* (Liv., 29-27) ; si *respexis,* donicum ego te jussero, continuo hercle ego te dedam discipulam cruci (Plaut., Aul., 1-1-20).

(2) *Extinxem* pro *extinxissem* protulit (Prisc., 10).

(3) Dicebant antiqui « si jusso, » id est, si *jussero* (Sen., Ep., 58).

(4) Incipit ex illo montes Appulia notos ostentare mihi, quos terret Atabulus, et quos nunquam *erepsemus,* nisi nos vicina Trivici villa recepisset (Hor., Sat., 1-5-79).

FORMATION DES TEMPS.

L'on sait qu'il y a quatre temps primitifs, lesquels forment les autres temps.

1° Du présent de l'indicatif se forment régulièrement l'imparfait, le futur [1], le présent du subjonctif, le participe présent et les gérondifs.

2° Le parfait forme le plus-que-parfait, le futur passé, le parfait et le plus-que-parfait du subjonctif, celui de l'infinitif.

3° Du présent de l'infinitif dérivent l'impératif et l'imparfait du subjonctif.

4° C'est du supin que vient le participe futur, lequel se retrouve aux deux futurs de l'infinitif; mais il y a ici une observation importante à faire.

Pario et *ruo* avaient apparemment deux supins dans le principe : *paritum* et *partum, ruitum* et *rutum*. *Paritum, ruitum,* ne s'emploient que pour le participe en *rus, ra, rum; partum, rutum,* que pour le participe passé : Adora vulnera laudes perpetuas *paritura* tibi (Sil., 9-350); cui.... exiguam sedem *pariturœ* Terra negavit (Ovid., M., 6-187, 8-593....). Stat tectis putris avitis in nullos *ruitura* domus (Luca., 7-404; Sen., C. ad Mor., 26....). Dans les composés, il n'en est point ainsi : *diruturus, obruturus*.... Male *parta* [2] male dilabuntur (Cic., Phil., 2); quum ubi *semirutam* ac spoliatam patriam respexerit, ingrediens Romam.... (Liv., 26-32); dicet, te, quum ædes venderes, ne in *rutis* quidem et cæsis solium

---

(1) La formation des temps est si simple, que d'abord je me proposais de n'en rien dire ; mais je me suis vu dans la nécessité de traiter cet article, quand j'ai lu dans une grammaire justement estimée que « le futur se forme du présent de l'infinitif en changeant *re* en *bo* pour les deux premières conjugaisons, en *am* pour les autres ; » ainsi *facere* ferait *facam*.

(2) Male *partum* male disperit (Plaut., Pœn., 4-2-22).

tibi paternum recepisse (Cic. d. Or., 2-55). C'est ainsi que *nascor, morior, orior,* dont les supins sont *natum, mortuum, ortum,* ont pour participe futur *nasciturus, moriturus, oriturus :* Ubi signum *nascituri* regis inveneris, cum sobole sua recides (Pal., 7-7-8); nemo parcit *morituro,* nec cuiquam *moriturus* (Curt., 6-10-10, 3-1-10; Virg., Æ., 4-308....). Jurandasque tuum per nomen ponimus aras, nil *oriturum* alias, nil ortum tale fatentes (Hor., Ep., 2-1-17; Suet., G., 9).

VERBES PASSIFS.

La terminaison *e* pour la 2e personne n'étant pas assez bien établie, je vais en citer divers exemples : Vitricum tuum fuisse in tanto scelere *fatebare* [1], pœna affectum *querebare* (Cic., Phil., 2-8); neu, cave, defendas, quamvis *mordebere* dictis (Ovid., T., 1-1-25); ut neque respiceres, nec *solarere* jacentem, dure! nec exequias *prosequerere* meas (ibid., 8-14); ah! quoties, quum te vento *quererere* teneri, riserunt comites! (id., Ep., 5-49); quum tibi, ne victor tecto *morerere* recurvo, quæ regerent passus, pro duce, fila dedi (ibid., 10-71); quo *paterere* modo (ibid., 18-44). Pour le passif de certains verbes voyez *Verbes neutres.*

Quelquefois le participe présent s'emploie pour le participe passé passif. (Voir les *Participes.*)

---

(1) Les formes des verbes déponens étant absolument les mêmes que celles des verbes passifs, j'ai cru pouvoir les confondre dans mes citations.

VERBES DÉPONENS.

Le latin, ainsi qu'on a pu le remarquer dans une infinité de rapports, est modelé sur la langue grecque. Dans celle-ci les verbes ont trois voix, l'actif, le passif et le moyen, qui a une certaine ressemblance avec le passif, et qui, dans plusieurs verbes, s'identifie, se confond totalement avec cette voix, quant à la terminaison. Telle est l'origine [1] des *verbes déponens*. De *pascere, pasco,* qui signifie *paître, nourrir* [mille greges illi, totidemque armenta per herbas *pascebant* (Ovid., M., 4-635); quum propter paupertatem sues puer *pasceret* (Cic., Div., 1)], l'on a formé *pasci, pascor,* être nourri [ego hic *pascor* bibliotheca Fausti (Cic., At., 4-10); *pastæ* cytiso vaccæ (Virg., Eg., 6-31)]; puis on a dit *pascor* [κατά] herbam, je me nourris d'herbe [*pascuntur* et arbuta passim et glaucas salices (Virg., G., 4-181, 3-314); herbam sanguinariam..... si *pasta est* ovis (Col., 7-5-19)]: plusieurs verbes, n'ayant retenu que cette espèce de voix moyenne, ont été désignés sous le nom de *déponens,* parce qu'ils ont perdu, *déposé* [2] les autres voix.

Plusieurs verbes, comme *pasco,* sont actifs, passifs, et déponens ou moyens.

Adminiculo. — Vitam ne minorem quidem decem pedum sternito et *adminiculato* (Col., Arb., 16-4; Varr. d. N.); quæ sit scientia agricolarum, quæ circumcidat, amputet, erigat, extollat, *adminiculetur* (Cic., F., 5-14).

Adulo. — Sublime volans, pinnata cauda nostrum *adu-*

(1) Pour se convaincre plus fortement encore que ce n'est point une vaine conjecture, il ne faut que jeter les yeux sur les participes des verbes déponens : le participe présent et celui en *rus* sont de l'actif, celui en *dus* pour le passif, le participe passé servant assez souvent pour les deux voix (voyez plus bas).

(2) Deponens vocatur, quia deponit alteram significationem et unam per se tenet (Prisc., 8).

lat sanguinem (Cic., Tusc., 2-10; Lucr., 5-1071); si Dionysium *adulare* velles (Val. M., 4-3, 4; c'est ainsi que portent les meilleures éditions); cavendum est ne assentatoribus patefaciamus aures, nec *adulari* nos sinamus (Cic., Of., 1-26); illi [canes] quoque fures *adulantur* (Col., 7-12).

Auguro. — Hunc illum poscere fata et reor, et, si quid veri mens *augurat,* opto (Virg., Æ., 7-272); quis non prima refellat monstra deum, longos sibi non *auguret* annos? (Val. Fl., 3-356; Plaut., Cis., 4-2-26); in illo *augurato* loco ac templo (Cic., Vat., 10); jamque dies aderit, jamque haud procul *auguror* esse, qua novies huc veniat..... liber (Ovid., M., 3-519, Fast., 4-62....; Cic.).

Auspico. — Magistratus, quando una die eis *auspicandum* est, et id super quo *auspicaverunt* agendum, post mediam noctem *auspicantur,* et, post meridiem sole magno, *auspicati*que esse et egisse ex eadem die dicuntur (Aul. G., 3-2). Plaute a employé plusieurs fois *auspicare,* qui est moins usité que *auspicari.* Si dixerint.... principem Græciæ virum in ultionem interfecti amici *inauspicata* bella gessisse (Quint., D. G., 22); *auspicato* in loco (Cic., Rab., 8....).

Censeo. — In qua tribu denique ista prædia *censuisti?* (Cic., Flacc., 32.....); ne absens *censeare,* curabo edicendum et præponendum locis omnibus (id., At., 1-18); *censa* civium capita centum quatuor et viginti millia (Liv., 3-3, 10-47....); hanc.... est inter comites martia *censa* tuos (Ovid., P., 1-3); *census es* numerata pecuniæ centum trigenta H.-S. millia (Cic., Flac., 32).

Comito. — Modo vestra relinquite tecta, ac nostros *comitate* gradus; et in ardua montis ite simul (Ovid., M., 8-692, 13-55, 14-258; Prop., 2-7-15); quum patria, vobisque, domoque, raptaque sint adimi, quæ potuere mihi; ingenio tamen ipse meo *comitor*que fruorque (Ovid., T. 3-8-47); jam etiam regnum possident, jam in publico visuntur, jam salutantur, jam *comitantur* (Just., 30-2, 27-2); ille meum *comitatus* iter, maria omnia circum (Virg.,

Æ., 6-112 ; Tac., H., 1-4) ; per gressus agiles mecum et *comitare* vocantem (Sil., 3-180....).

Elucubro. — Quidquid est illud quod *elucubravimus* (Col., 10-1) ; quas non minus diligenter elaboratas, quam *elucubratas* afferebamus (Cic., Brut. ; Val. M., 3-7-1) ; nihil habeo quod ad te scribam, quin etiam, eam epistolam quam eram *elucubratus*, ad te non dedi (Cic., At., 7-19). *Lucubro* ne se voit qu'à l'actif.

Fabrico. — Craterem Æneæ, quem quondam miserat illi ; miserat hunc illi Therses, *fabricaverat* Alcon (Ovid., M., 13-683 ; Sen., Ep., 16 ; Cic., Ac., 4, Of., 1....) ; cibos aspernemur, attulerunt sæpe valetudinis causas ; nunquam tecta subeamus, super habitantes aliquando procumbunt ; non *fabricetur* militi gladius, potest uti eodem ferro latro (Quint., 2-16-6) ; globosus [mundus] est *fabricatus* (Cic., Tim., 6....) ; pictores et qui signa *fabricantur*, et vero etiam poetæ, suum quisque opus a vulgo considerari vult (id., Of., 1-41, Tusc., 1-20, Rab., 7, N. D., 1-4, Ac., 43) ; navesque *fabricatur* pleno alveo adversus breve littus (Tac., An., 14-29).

---

(1) Fiunt ergo.... figuræ..... in verbis, ut, *fabricatus est* gladium, et, inimicum *punitus est* : quod mirum minus est, quod in natura verborum est, et, quæ facimus, patiendi modo sæpe dicere, ut *arbitror*, *suspicor* ; et contra faciendi quæ patimur, ut *vapulo* : ideoque frequens permutatio est, et pleraque utroque modo efferuntur, *luxuriatur*, *luxuriat* ; *fluctuatur*, *fluctuat* ; *assentior*, *assentio* (Quint., 9-3-7). Effectivement l'on dit *fluctuor* : *Fluctuari* animo rex, et modo suum, modo Parmenionis consilium sera æstimatione perpendere (Curt., 4-12-21) ; ibi stativis rex per aliquot dies habitis *fluctuatus* animo *est*, utrum protenus in regnum se reciperet (Liv., 32-13). Quant à *assentior*, il est infiniment plus usité que *assentio* au présent de l'indicatif, à l'infinitif et aux temps qui en dérivent ; *assentio* n'est cependant point à condamner : Ex magna parte tibi *assentio* (Cic., At., 7-3 ; Quint., 1-5 ; Hirt., B. Af., 88 ; Curt., 4-13-7). *Assensus sum*, bien que moins fréquent que *assensi*, est très latin : C. Cassius de cæteris honoribus *adsensus* (Tac., A., 13-41) ; *est* ei senatus *assensus* (Cic., Of., 3-22, Brut., 55, Ac., 2-44). — Quum rebus non dubiis *esset assensum* (Cic., Inv., 1-31, Ep., 1-2 ; Liv., 24-45) ; multa.... nec comprehensa, nec perçepta ; neque *assensa* (id., Ac., 4). — *Dissentior* : Qui intelligunt, quæ faciunt, *dissentiuntur* (Cæl. d. Prisc., 8). — *Punior* (voyez plus bas).

Fœnero. — Invenio apud quosdam, L. Genucium, tribunum plebis, tulisse ad populum, ne *fœnerare* liceret (Liv., 7-42); ut benefici liberalesque sumus, non ut exigamus gratiam [neque enim beneficium *fœneramus*] (Cic., Am., 9; on lit aussi *fœneramur*); hic suum lumen ceteris quoque sideribus *fœnerat* (Plin., 2-6); ne non tibi istud *fœneraret* (Ter., Ad., 2-2-9); *fœneratum* istuc beneficium tibi pulchre dices (id., Phor., 3-2-8); idem præterea pecunias istius extraordinarias grandes suo nomine *fœnerabatur* (Cic., Verr., 2-70....); et *fœneror* pro *fœnero* (Aul. G., 18-12).

Frutico. — Ubi ex uno semine pluribus culmis *fruticavit* (Col., 2-9-6, 11-2-60.... Plin., 17); excisa enim est arbor non evulsa : itaque quam *fruticetur* vides (Cic., At., 15-4).

Lacrymo. — Mille locis *lacrymavit* ebur (Ovid., M., 15-92.....); Alexander fortunæ Darii, et pietati illorum *illacrymasse* fertur (Curt., 3-12); casum meum toties *collacrymavit* (Cic., Sext., 58; Liv., 45-4; Ovid., T., 5-8-6....); ecquis fuit, quin *lacrymaretur?* (Cic., Verr., 2-5-44); quid dicam de Socrate, cujus morti *illacrymari* soleo? (id., N. D., 2-34); in itinere nuntiatur.... ejusque mortem *illacrymatum*, exequias benigne persecutum (Just., 11-12; Hor., Sat., 2-5-103).

Luxurio. — Questi quoque quidam nimia gloria *luxuriare* et evanescere vividum quondam illud Cæsonis ingenium (Liv., 2-48, 1-19; Ovid., 16-172); læta principia magistratus ejus nimis *luxuriavere* (Liv., 3-33).... cacumina virgarum ne *luxurientur*, demutilato (Col., Arb., 11; Plin., 16-15; Plaut., Pseud., 4-7-6; Ovid., T., 5-1-44; Sta., T., 2-676).

Medico. — Et *medicare* parans vulnera vulneribus (C. Gal., 3-30; Virg., G., 1-195; Ovid., Am., 1-14); ficus sola ex omnium arborum fœtu maturitatis causa *medicatur* (Plin., 16-27.....); animas et olentia Medi ora fovent illo, et senibus *medicantur* anhelis (Virg., G., 2-134, Æ., 7-756; Plaut., Most., 2-1-40; Ter., And., 5-4-42).

Mereo [1]. — Hic *meret* æra liber Sosiis, hic et mare transit (Hor., Art., 345); æquo animo pœnam, qui *meruere*, ferunt (Ovid., Am., 2-7.....; Liv.....; Virg.....; ...... ignarus, laus an pœna *merita* esset (Liv., 8-7); neque, id etiamsi cæteri ferant, passuros eos, quibus *emerita* stipendia essent, meliore conditione alios militare, quam ipsi militassent (id., 4-60, 39-19); unum ubi *emeritum* est stipendium (Plaut., Mos., 1-2-51....); quæ Cannis corona *merita?* unde fugisse virtutis summum opus fuit (Plin., 7-28); quid *mereri* velis jam, quum magistratum inieris et in concionem ascenderis? (Cic., Fin., 2-22....); primus in toga triumphum, linguæque lauream *merite* (Plin., 7-30).

Munero. — In quo erant ea composita, quibus rex te *munerare* constituerat (Cic., Reg. D., 6; Macr., S., 1-7; Cæs., Bel. G., 1-44; Cic. d. p. Con....); mulier *munerata* vehiculoque imposita (Am. M., 14-7); assectatur, assidet, *muneratur* (Cic., Par., 5-2; Hor., Epod., 2-21); Orodem etiam *remuneratus est* (Flor., 3-5-28; Catul., 14-24; Cic., Ep., 9-8; Varr., R. R., 2-1; Aul. G., 18-13); *muneror* te pro *munero* (Aul. G., 18-12).

Partio [2]. — Imparibus currens anfractibus ætheris oras *partit*; et.... (Lucr., 5-683); vos inter vos *partite*, ego abeo (Plaut., Amp., 4-3-1....); regnum Vangio ac Sido inter se *partivere*, egregia adversus nos fide (Tac., A., 12-30); provincias inter se *partiverant* (Sal., J., 93; Cled.); arma occulte fabricata juventuti *dispertit* (Tac.);

(1) *Modero.* — Neque tuum te ingenium *moderat* (Pacuv. d. Non.); viden ut te impietas stimulat, nec *moderat* metus (Acc., ibid.); at modice decet *moderare* animo (Plaut., M. G., 4-5); mais il n'est pas dans Salluste; Robert-Etienne s'était trompé. — Ita res *moderetur*, ut.... (Ulp.).

(2) Nutritur et nutricatur, pro nutrit et nutricat (Non.): nec mirum Ciceronem *nutricatur* pro *nutricat*, dixisse, quum Virgilius quoque Georg.... *hoc pinguem et placitam paci* nutritor *olivam* (Prisc., 8); omnia sicut membra sua et partes suas *nutricatur* et continet (Cic., N. D., 2-34); eum paupertas *nutricata est* (Apul., Apol.); quos Mænipea hæresis *nutricata est* (Varr. d. Non.).

Terentia delectata est tuis; *impertit* tibi multam salutem (Cic., At., 2-27, 9-13; Tac....; Suet.....; Ter....); et *partita* ducibus multitudinis ministeria esse (Liv., 4-13, 5-20; Cic. d. Or., 3-6, Tim., 4....); vultis a Diis immortalibus hominibus *dispartiri* ac dividi somnia (Cic., N. D., 3-39); ut donum hoc divinum rationis et consilii, ad fraudem hominibus non ad honestatem *impertitum esse* videatur (id., D., 3-30); hic.... omnibus doctrinis, quibus puerilis ætas *impertiri* debet, filium erudivit (Nep., 2-1-2; Cic., Cat., 3; Suet., Cæs., 4....); discrimen ac periculum ex æquo *partiemur* (Tac., H., 2-77....; Cic....; Virg....); quod positum est in una cognitione, in infinita *dispartiuntur* (Cic., Leg., 2-19; Lucr., 3-702); *partitus* socias vires, vicina propinquis signa jugis locat (Sil., 7-520); tecum *partita* lucellum, ut canis, a corio nunquam absterrebitur uncto (Hor., Sat., 2-5-82). Je n'ai jamais vu *impertior*, bien que Vossius assure qu'il se trouve dans Cicéron.

Pasco. — (Voyez plus haut.)

Pignero. — Tanta egestate rei familiaris..... ut ex aure matris detractam unionem *pigneraverit* ad itineris impensas (Suet., Vit., 7); *pigneratos* haberent animos (Liv., 24-1); in fuga, fæda mors; in victoria, gloriosa; etenim Mars ipse ex acie fortissimum quemque *pignerari* solet (Cic., Phil., 14, Rep., 1); *pigneror* pro *pignero* (Aul. G., 18-12; Non.).

Populo. — *Populat*que ingentem farris acervum curculio, atque inopi metuens formica senectæ (Virg., G., 1-185, Æ., 1-527, 4-403, 12-263); hic olim ignaros luctus *populavit* Achivos (Prop., 3-17-25; Val. F., 4-429); sed ager *est depopulatus* prædæque rerum agrestium actæ (Liv., 5-24, 2-54, 5-12); vagi circumjecta *populabantur* (Tac., A., 1-21); nuntiabant Læviænos.... cum Æquorum exercitu *depopulatos* agrum Tusculanum... castra in Algido posuisse (Liv., 4-45, 4-57; Tac., A., 1-50; Virg....; Sta....; Ovid....).

Præverto, reverto. — Si quando ad interna *præverte-*

rent, discordias consulum adversus tribunos.... memorabant (Tac., A., 4-32 ; Sil.... ; Virg....) ; ægre impetratum a tribunis, ut bellum *præverti* sinerent (Liv., 2-24) ; vel qualis Threïssa fatigat Harpalyce, volucremque fuga *prævertitur* Hebrum (Virg., Æ., 1-317 ; Hor., Sat., 1-3-38). — Vas factus est alter ejus sistendi ; ut, si ille non *revertisset,* moriendum esset tibi (Cic., Of., 3-10) ; et jam promissa poteram cum laude *reverti* (Ovid., 13-248) ; mais pour ce dernier il est presque de rigueur de dire *revertor, revertar, reverti...*, — *revertit, reverterat, revertisset ;* cependant Hirtius (H. B., 13) a dit : Qui cum ad oppidum *reversi* essent ; ce qui a été imité dans les siècles de décadence. Tacite a employé aussi le participe *reversus* : Non sum remissus ad te, sed *reversus* (An., 12-21, 27). Voyez la Syntaxe, pronom *se.*

Punio. — Oportet tamen eos, qui *puniunt* et qui relegant, absolventibus primum, mox inter se comparari (Plin. J., 8-14-21.....) ; quod videt hæc lucem, quod non ego *punior* ipsa, consilium monitumque tuum est (Ovid., M., 9-778) ; *punitur* patriam meditati linquere terram consilium infelix (Sil., 12-304) ; omnis.... castigatio contumelia vocare debet ; neque ad ejus qui *punitur* aliquem aut verbis castigat, sed ad reipublicæ utilitatem referri (Cic., Of., 1-25) ; tu me iratum, Sexte, putas tibi, cujus tu inimicissimum multo crudelius etiam *punitus es,* quam erat humanitatis meæ postulare ? (id., Mil., 13, Phil., 8-2) ; quum multi inimicos etiam mortuos *pœniantur* (id., Tusc., 1-44).

Velifico. — Nauta per urbanas *velificabat* aquas (Prop., 4-10-6, 2-28-40) ; præbentesque concavam sibi partem, et alteram auræ opponentes, per summa æquorum *velificant* (Plin., 9-33) ; creditur olim *velificatus* Athos, et quidquid Græcia mendax audet in historia (Juv., 10-174) ; diligenter ac caute perscribas, ne alicui *velificatus esse* [1] dicaris (Cic., Ep., 8-10, Ag., 1-9).

---

(1) Dans les anciens, le moyen est usité avec beaucoup d'autres

Les grammairiens appellent communs les verbes déponens qui s'emploient comme passifs quelquefois [1] : Nihil per comites ac libertos pretio *adipisci*, aut donari gratia passus

---

verbes : *Affectatus est* regnum (Varr. d. Diom.) ; omnibus officiis Cneium Pompeium *affectatus est* (Suet., Cæs., 19). — Quales Threiciæ quum flumina Thermodontis pulsant, et pictis *bellantur* Amazones armis (Virg., Æ., 11-660) ; quod eorum consilio Veliternos Privernatesque *rebellatos* diceret (Val. M., 9-10-1). — Nec adversarum rerum quærere socios, cum quibus spem integram *communicati non sint* (Liv., 4-24). — Sed in ea difficultate Metellum non minus quam in rebus hostilibus magnum et sapientem virum fuisse *comperior* (Sal., J., 45; Aul. G., 3-3). — Me benignius omnes salutant, quam salutabant prius : adeunt, consistunt, *copulantur* dexteras (Plaut., Aul., 1-2-38). — Neque aut crebrius, aut perfidiosius rebellantes graviore unquam *multatus est* pœna, quam ut captivos sub lege venundaret (Suet., Aug., 21). — Quidam tarditatem poetæ *murmurari,* plures defendere (Apul., Fla., 3; Varr. d. Non.). — *Peragratus* victor omnes partes Germaniæ (Pat., 2-97). — Ab imis unguibus sese totam ad usque summos capillos *perlita* (Ahul., M., 3). — Animus jam istoc dicto plus *præsagitur* mali (Plaut., Bacc., 4-4-28). — Viri nuptis *sacrificabantur* in cubiculo viduo (Varr. d. Non.) ; et *sacrificor* pro *sacrifico* (Aul. G.). — *Significor* pro *significo* (Aul. G., ibid.). — *Spectatus est* suem (Varr.). — Quod mihi *suppeditatus es* gratissimum est (Cic., At., 14-18). — Adjutor pro adjuto, anclor pro anclo, perficior pro perficio, desperantur pro desperant, dispensor pro dispenso, dilapidor pro dilapido (Prisc., 8). — servus a patre argentum *expalbabitur* (Plaut., Aul., d. Non.).

(1) Utor et vereor et hortor et consolor communia verba sunt, ac dici possunt utroque versus : Vereor te et vereor abs te..... consolor te et consolor abs te..... testor quoque et interpretor significatione reciproca dicuntur. Sunt autem hæc verba omnia ex altera parte inusitata ; et audiet in eam quoque partem quæri solet. Afranius in Consobrinis : .... *Ubi malunt metui quam* vereri *se a suis*.... Novius.... : *Supellex multa quæ non* utitur, *emitur tamen* (Aul. G., 15-13).

Auxilior te et auxilior abs te. Similiter adminiculor, adulor, auguror, adhortor, adipiscor, abominor, consequor, amplector, adorior, abutor, antestor, execror, machinor, polliceor, consector, contestor, dignor, detestor, aggredior, aspernor, architector, assector, argumentor, reor, vereor, solor, arbitror, blandior, consolor, conspicor, comminiscor, complector, calumnior, carnificor, despicor, demolior, dominor, depeculor, dilargior, ementior, exordior, experior, frustror, hortor, for, fatiscor, meditor, obliviscor, metor, morigeror, assequor, queror. Hæc plerique deponentia esse confirmant, ideo quia frequens usus eorum significationis est activæ ; communia vero esse defendit, tum natura ipsius sensus, tum veterum non improbanda auctoritas........ Verrius : *Sævitiaque eorum* abominaretur *ab omnibus*..... Orbilius : *Quæ vix ab hominibus* consequi *possunt*...... Lucilius : *Quia* amplexetur *qui velit, ego non sinam me* amplectier..... *utile utamur potius quam ab rege*

est (Suet., G., 15); non ætate, verum ingenio *adipiscitur* sapientia (Plaut., Tri., 2-2-86); hæc *adipiscuntur* (Fann. d. Prisc.); amitti magis quam *adipisci* (F. Max., ibid.); dum prope jam *adeptam* victoriam retinere cupit (Sal., J., 101; Tac., A., 1-7; Ovid., T., 4-8-19; St.-Aug., Civ., 2-20). — Turpe est propter venustatem vestimentorum *admirari*, ut propter turpissimam vitam actam contemni (Canut. d. Prisc., 8). — Exscriptis eorum, qui veri *arbitrantur* (Cæl. d. Prisc., 8); anceps quæstio, et in utramque partem a prudentibus viris *arbitrata est* (Aul. G., 1-13); illarum partium fautores... conveniunt in domum, quo erat delatus (qui *arbitrati sunt* clanculum venisse), ut ab eo quæ vellent, de bello requirerent (Hirt., B. His., 32). — Qui habet, appetitur; qui est pauper, *aspernatur* (Cic. d. Prisc., 8); intellexit regem vagum, a suis desertum, ab omnibus *aspernari* (Hirt., B. Af., 53). — Natura nulla est... quæ non habeat in suo genere res complures dissimiles inter se, quæ tamen consimili laude *dignentur* (Cic. d. Or., 3-7, et id., Æ.); conjugio, Anchisa, Veneris *dignate* superbo (Virg., Æ., 8-475). — Cupio eum tam invidiosa fortuna

---

abutamur...... Livius : *Impubes libripens esse non potest, neque* antistari...... Metellus Numidicus in oratione, qua apud populum C. Manlio trib. pleb. respondit : *Ut aliis plerumque obvenienti magistratu ob metum statuæ* polliceantur..... Cic. ad Nep. : *Hoc restiterat etiam, ut a te fictis* aggrederer *donis*...... Nepos : *Ædis Martis est in Circo Flaminio* architectata *ab Hermadoro Salaminio*...... Ennius : Assectari *se omnes cupiunt*..... Alpheus philologus : *Themistocles, cum a formoso* assectaretur...... Aufusius : *Omnia* argumentata *nomina*...... Asinius Pollio : *Sed cum ob ea quæ speraveram dolebam*, consolabar *ob ea quæ timui*...... Laverius : *Uxorem tuam et novercam meam a populo lapidibus* consectari *video*..... Publius Aufidius : *Si quis alio vocitatur nomine, tum cum his* contestatur, *atque olim vocitabatur*...... Slaverius : *Non esse positiones regulæ, a quibus interdum analogia* calumniatur...... Curio pater : *Nusquam* demolitur, *nusquam exoneratur pecunia*..... Nigidius : *Omne pecus indomitum habet quiddam in se ferum, sed tamen ea natura est, ut curari et* dominari..... Lucius Coelius : *Ubi senatus intellexit populum* depeculari...... C. Gracchus : *Ærarium* delargitur *populo Romano*..... frustramur, *irridemur*. Varro : *Ab amicis* hortaretur. Suetonius in 8 Prætorum : *Fasti dies sunt in quibus jus* fatur, *id est, dicitur; ut nefasti, in quibus non dicitur*...... Similiter protulerunt tam in activa quam in passiva significatione, *tutor, vador, venor*..... *confiteor, tueor, aggredior, stipulor* (Prisc., 8).

complecti (Cic. d. Prisc., 8). — Quum plus petat, quam ipse Sulla, quibus ego rebus resisto, Sullanas res defendere *criminor* (Cic., Leg. Ag., 3-4). — O domus antiqua, heu! quam dispari *dominare* domino! (id, Of., 1-39; Nigid. d. Prisc., 8). — Ut majoribus natu assurgatur, ut supplicum *misereatur* (Cic., Div., 1-30). — Neque eorum quisquam fecerat quod in agricultura Siserna præcipit, qui velletse a cane *sectari*, uti ranam objiciat coctam (Varr., R. R., 2-9-6). — Nec alieni momentis animi circumagi *stipulari*que irato consuli, tribuno inde plebei (Liv., 33, d. Prisc., 8; Suet., ibid.; Plaut.....). — A rusticis Romanis alebantur *tuebantur*que (Varr., R. R., 3-1); animadvertimus non solum nascentia ex his esse procreata, sed etiam res omnes non ali sine eorum potestate, neque crescere, nec *tueri* (Vit., 8, præf.); patria et prognati *tutantur*, servantur (Plaut., Amp., 2-2). — Sicubi mallent timeri quam *vereri* a suis (P. L. M., 80, 546); ubi malunt metui quam *vereri* se a suis (Afran. d. Aul. G., 15-13). — Hoc restiterat etiam, ut a te fictis *aggrederer* donis (Cic. ad Nep. d. Prisc., 8); alia [bella] interposita pactione componit, alia redimit, facillimis quibusque *adgressis* (Just., 7-6-5); *aggressus* labor arduus, nec tractabile pondus est (Ter. Maur.).

Les anciens grammairiens indiquent beaucoup d'autres verbes communs; mais il est à remarquer qu'ils ne peuvent pas toujours donner des exemples du passif, et que, quand ils le font, ils ne citent guère que des écrivains dont l'autorité est fort contestable, excepté pour le participe passé, qui est resté dans une infinité de verbes déponens.

Abominatus. — Quam.... nec fera cœrulea domuit Germania pube, parentibusque *abominatus* Annibal, impia perdemus devoti sanguinis ætas (Hor., Epod., 16-8); ante omnia *abominati* semimares jussique in mare extemplo deportari (Liv., 31).

Auxiliatus. — A me *auxiliatus* si est (Lucil. d. Prisc., 8); consonantes [loci] sunt, in quibus ab imis *auxiliata*

[vox] cum incremento scandens, ingreditur ad aures discreta verborum claritate (VIT., 5-8).

Bacchatus. — O ubi campi, Sperchiusque, et virginibus *bacchata* Lacænis Taygeta ! (VIRG., G., 2-486, Æ., 3-125; VAL. F., 3-25).

Cavillatus. — Sermonis blanditie *cavillatum* deducebat puerum (APUL., M., 9); at sic lepido sermone fotidis invicem *cavillatus* (ibid., 3).

Cunctatus[1]. — Ingens ad ea clamor; et circumfudit eques, frontemque pedites invasere; nec *cunctatum* apud latera (TAC., An., 3-46).

Despicatus. — Nostram adolescentiam habent *despicatam* (TER., Eu., 2-3-92; CIC., Sext., 16); multos in vetere memoria altissimum dignitatis ascendisse gradum, ignobilissimos prius ac *despicatissimos* (AUL. G., 15-4).

Detestatus. — Multos castra juvant, et lituo tubæ permixtus sonitus, bellaque matribus *detestata*[2] (HOR., Car., 1-1-24).

Execratus. — Exules duo lege publica *execrati* (CAT., Or., 4, d. Prisc., 8); alia est arbor eodem nomine, malum ferens *execratum* aliquibus odore et amaritudine, aliis expetitum, domos etiam decorans, nec dicenda verbosius (PLIN., 13-16).

Fatus. — Multisque id verbis, quæ longo *effata* carmina non operæ est referre, peragit (LIV., 1-24); quamquam sunt a me multa *profata*, multa tamen restant, et sunt ornanda politis versibus (LUCR., 6-81); in *præfata* videmur incidere (QUINT., 8-3).

Frustratus. — Qui cum in Macedoniam venissent, variis dilationibus *frustrati*, vim regiæ majestatis timentes,

---

(1) *Contemplatus.* — Scriptis recitatis ac *contemptatis* (AM. M., 31); quum illum *contemplo* (PLAUT., Amp., 2-1-285....).

(2) Apulée a employé ce verbe au passif : Neque enim gravius est in cuniculo despui quam in isto honestissimo cætu *detestari* (APOL.).

taciti proficiscebantur (JUST., 8-3-9); CN. Pompeius, Magni pater.... *frustratus* spe continuandi consulatus, ita se dubium mediumque partibus præstitit, ut omnia ex proprio usu ageret (PAT., 2-21; SAL., J., 58; FROR., 1-10)[1].

Hortatus[2]. — Exercitum suum pransum, paratum, *cohortatum*, eduxit foras atque instruxit (CAT., Ori., 5, d. Aul. G., 15-13); adulatique erant ab amicis, et *adhortati* (CAS. d. Prisc., 8); *exhortato* somno (AUS., Perc., 2-14); *exhortatus est*[3] (exoratus est) in convivio, ut securi feriret aliquem (CIC., Sen.).

Imitatus. — Quum ingressa est *imitata*[4] et efficta simulacra, bene agi putat, si similitudinem veri consequatur (CIC., Tim., 3).

Interpretatus. — Ex quo ita illud somnium esse *interpretatum*, ut quum animus Eudemi e corpore excesserit, tum demum revertisse videatur (CIC., Div., 1-25); quidam pampineam coronam albentibus foliis visam, atque ita *interpretatum*, tradidere, vergente autumno mortem principis ostendi (TAC., A., 11-4); *interpretata* sermone græco referebat (LIV., 45-29)[5].

---

(1) Miseret me eorum, qui sine frustis ventrem *frustrarunt* suum (POMP., d. Non.); quin ego me *frustro*, postquam adhibere aures meæ tuam moram orationis (PLAUT., M. G., 3-3-9).

(2) Quotidie *furatis* clanculo prævenisti quærimoniam (APUL., M., 10).

(3) Memmium Pollionem, consulem designatum ingentibus promissis inducunt sententiam expromere, qua hortaretur (*d'autres veulent* oraretur) Claudius despondere Octaviam Domitio (TAC., An., 12-9); et dicerent castra capta est, atque hos *cohortarent*, uti maturarent (QUADRI., d. Non.).

(4) Tuum opus nemo *imitare* potest (VARR., d. Non.); si malos *imitabo*, tum tu pretium pro noxa dabis (LIVIUS, ibid.).

(5) In testamentis plenius voluntates testantium *interpretantur* (PAUL., d. Reg. Jur., 12).

Jaculatus.—Sagitta in gutture *jaculatus* (VICT. UT.). Je le crois très latin, parce qu'on trouve même *jaculo* : Tum inter hæc eorum verba Arionem cum fidibus et indumentis, cum quibus se in salum *ejaculaverat* extitin (AUL. G., 16-19). Robert-Etienne cite de Claudien, *latis* jaculabat *in arvis*.

Ludificatus. — Quorum etiam qui firmioribus animis obvii hostibus fuerant, *ludificati* incerto prælio, ipsi modo eminus sauciabantur (SAL., J., 50) [1].

Machinatus. — Erant eo tempore, qui æstumarent, illud a P. Autronio *machinatum*, quo facilius, appellato Crasso, per societatem periculi reliquos illius potentia crederet (SAL., J., 48); at Lucullum regis cura *machinata* fames brevi fatigabat (id. d. Prisc.).

Meditatus. — Ad hujus vitæ studium, *meditati* sunt, qui feruntur, labores isti (CIC., Cat., 1-10); audivi caussas agentem acriter et ardenter, nec minus polite et ornate, sive *meditata*, sive subita proferret (PLIN. J., 1-16); *meditata* mihi sunt omnia mea commoda (TER., Phor., 2-1-18; TAC., A., 14-1; Q. CIC. d. p. C., 1-1) [2].

Metatus. — Videas *metato* in agello cum pecore et gnatis fortem mercede colonum (HOR., Sat., 2-2-114); nulla decempedis *metata* privatis porticus excipiebat Arcton (id., Carm., 2-15-16, 3-24-12); castris eo loco *metatis* (HIRT., B. G., 8-15); *metabat* late circum loca (VIRG., Cul., 172).

Moratus. — Calamitas *remorata* longius sarpit (CIC.).

Modulatus. — Revertentem ex provincia, non solum faustis ominibus, sed et *modulatis* carminibus, prosequebantur (SUET., Aug., 57, Ner., 20); lingua modesta et parca et *modulata* (AUL. G., 1-15; FLOR., 2-7).

Ominatus. — Vos, o pueri, et puellæ jam virum exper-

---

(1) Sequere sis, herum qui *ludificas* dictis delirantibus (PLAUT., Amp., 2-1-38); veluti pueris absinthia tetra medentes cum dare conantur, prius oras pocula circum contingunt mellis dulci flavoque liquore, ut puerorum ætas improvida *ludificetur* labrorum tenus (LUCR., 4-14); quoniam me ibi video *ludificarier* (PLAUT., Cap., 3-1-30).

(2) Ubi autem magis a sacerdotibus, quam inter aras et delubra, conducuntur stupra, tractantur lenocinia, adulteria *meditantur*? (MIN. F., Æc., 25).

tæ, male *ominatis* parcite verbis (Hor., Carm., 3-14-11)[1].

Opinatus. — Intellecto eo.... malum quod *opinatum* sit esse maximum, nequaquam esse tantum, ut vitam beatam possit evertere (Cic., Tusc., 3-24.....); nec *opinato*, ac prope furto unius diei urbem unam Hispaniæ interceptam (Liv., 26-51; 27-33, 39-49.....)[2].

Prœliatus[3]. — Siciliæ populis propter assiduas Carthaginiensium injurias, ad Leonidam, fratrem regis Spartanorum, concurrentibus, grave bellum natum : in quo et diu et varia fortuna *prœliatum est* (Just., 19-1)[4].

Scrutatus[5]. — *Scrutatis* omnibus latebris (Aul. Vict.); quasi de industria *scrutatis* sensibus (Val. M., 118-2)[6].

Solatus. — Sic *consolatis* militibus, universas naves, consentiente exercitu, incendi jubet, ut omnes scirent, auxilio fugæ adempto, aut vincendum, aut moriendum esse (Just., 22-6)[7].

Testatus. — Publicis litteris *testata* sunt omnia (Cic., Mur.); quis est quem non moveat clarissimis monumentis *testata* consignataque antiquitas? (Cic., D., 1-40); si vis esse *testatum* (Curt., 3-12; Plin., 8-11, 10-2; Tac., H.,

---

(1) Bene eveniat — ita sit; et bene tibi sit; qui recte *ominas* (Pomp., d. Non.).

(2) Tacere *opino* esse optimum, et proviribus sapere, atque fabulari; tute noveris (Enn., d. Non.; Plaut., Cæcilius, ibid.).

Osculato tuo capite (Apul., M., 2); laudor quod *osculavi* privignæ caput (Titin., d. Non.).

(3) *Percontatum* pretium (Apul., M., 1); si *percontassem*, malum hoc me præterisset (Novius, d. Non.).

(4) Arma quibus prope *prœliatur* (Fest.); mortales inter sese pugnant, *prœliant* (Enn., Achil.).

(5) Suspiciens dehinc cœlum, genitore *precato* (Juven., 3-85); *deprecato* summo numine (Apul., M., 11).

(6) Postremo jam hunc *perscrutavi*; hic nihil habet (Plaut., Aul., 4-4-30).

(7) Per idem tempus Œdipus Athenas exul venire dicebatur, qui *consolaret* (Varr., d. Non.); quum animum, inquit, vestrum video erga me, vehementer *consolor* (Q. Met., d. Aul. G., 15-13).

4-6; Cic., Ver., 2; Val. M., 6-2-1); indignatione populi Romani *attestata* (Plin., 10-43)[1].

Testificatus. — Et abs te aliquando *testificata* tua voluntas omittendæ provinciæ (Cic., At., 1-17); mira, sed et scenæ *testificata* loquor (Ovid., Fas., 4-326).

Tumultuatus, vociferatus. — Sub meridiano *tumultuatum* magis quam bellatum est (Flor., 4-12-40); secundum Hieronymi cædem primo *tumultuatum* in Leontinis apud milites fuerat, *vociferatum*que[2] ferociter, parentandum regi sanguine conjuratorum esse (Liv., 24-21).

Veneratus. — Illa tibi Italiæ populos, venturaque bella ..... expediet, cursusque dabit *venerata*[3] sacerdos (Virg., Æ., 3-460; Hor., Sat., 2-2-124; Am. M., 22-23).

Fassus[4]. — Ut necesse sit in ea re quæ et in *confessum* venit, et exemplis defenditur, deliberare (Plin. J., 10-84); de *confessis* disseruisse præstiterit (Plin., 17-22.... ; Cic., Verr., 5.... ; Quint....). — *Professa* perdant odia vindictæ locum (Sen., Med.); solaque deformem culpa *professa* facit (Ovid., Am., 6-13, Fas., 2-198).

Pollicitus. — Tempus adest promissi muneris, inquit : *pollicitam* dictis, Jupiter, adde fidem (Ov., Fas., 3-366); cur tua *pollicito* pondere verba carent? (id., Ep., 16-110). Voyez ci-dessus les notes, page 194.

Ratus. — Ut amicitia societasque nostra in æternum

---

(1) Testo pro testor (Prisc., 8).

(2) *Vociferant* sæpe in certamine pugnaces (Varr., R. R., 3-9-5); si hoc nunc *vociferare* [*vociferari*] velim (Cic., Verr., 4).

(3) Date mihi huc stactam atque ignem, ut *venerem* Lucinam meam (Plaut., Truc., 2-5-23); saluto te, vicine Apollo, qui ædibus propinquus nostris accolis, *venero*que te (id., Bacch., 2-1-4); ipse enim solus verus Deus, qui intima mente *veneratur* (St. Amb., Orat., c. Sym., 1).

(4) Quæ est ista æquitas? cæteros [agros], etiamsi privati sint, permittere, ut publici judicetur; hunc excipere nominatim, qui publicus esse *fateatur*? (Cic., Ag., 2-21).

rata sit (Tac., H., 4-64....); si fœdus *ratum* est (Liv., 39-3-7.....).

Amplexus, complexus. — Animam nostram *amplexam*[1] in pectore (Patr. d. Prisc., 8); quo uno maleficio scelera omnia *complexa* esse videantur (Cic. d. Prisc., 8); videbimus, an certus omnium rerum ordo ducatur, et alia aliis ita *complexa sint*, ut quod antecedit, aut caussa sit sequentium, aut signum (Sen., Q. N., 1-1).

Enixus. — Martios pueras fuisse, sive quod in luco Martis *enixi* sunt, sive quod a lupa, quæ in tutela Martis est, nutriti, velut manifestis argumentis creditum (Just., 43-2-7); *enixum* puerum sacerdoti tradidit (S. Sev., 1); *enixior* opera (Plin., 9-8).

Functus. — *Perfunctis* muneribus humanis (Cic. d. St-Aug., Trin., 14); non me indicente hæc fiunt, utinam hoc sit modo *defunctum* (Ter., Ad., 3-5-63).

Oblitus[2]. — Nunc *oblita* mihi tot carmina (Virg., Eg., 9-53); præsertim quum eas videam *oblitas* Latio, tum quum in urbem nostram est infusa peregrinitas (Cic., Ep., 9-15)[3].

Pactus. — Ac velut *pactis* induciis..... Vitelliani retro Antipolim, Narbonensis Galliæ municipium, Othoniani Albingaunum interioris Liguriæ, revertere (Tac., H., 2-15); *pacta* mercede (Hor., Carm., 3-3......).

---

(1) *Amplectitote* crura fustibus (Plaut., Rud., 3-5-36); postremo *amplexa*, fructum quem Dii dant cape (Acc.; Plaut., 5-4-6); auctoritatem censorum *amplexato* (Cic., d. Prisc., 8); de materia trientali scapos quatuor..... *complectit* et compegit (Vit., 10-6). Voyez plus haut ces verbes au passif.

(2) *Nacta* libertate geris initio, pratis herbentibus, rosas utique reperturus aliquas.... (Apul., M., 7; Hygin., 8-28).

(3). In quacumque hora justus peccaverit, omnes justitiæ ejus *obliviscentur* (Ezech., 3-21).

Secutus [1]. — Brevi tempore *exsecuto* regis imperio, legatis ad Amyntam regis Macedoniæ missis, obsides in pignus futuræ pacis dari sibi postulabat (JUST., 7-3); *consecutus* pour *impetratus* (VARR. d. Prisc., 8); miles ab his *consectatus* consisterat (HIRT., Al. B., 17). (Voyez plus haut *sector*.....)

Ultus.— Consules magis ob iras graviter *ultas* quam ob magnitudinem belli perfecti triumpharunt (LIV., 2-17); obsecrat..... neve *inultos* hostes abire sinat (SAL., J., 58); hic magnus potius triumphos, hic ames dici pater atque princeps; neu sinas Medos equitare *inultos*, te duce, Cæsar (HOR., Carm., 1-2-51) [2].

Usus.— *Abusis* jam omnibus locis (HORTEN. d. Prisc., 8); ubi quæ dedi ante? *abusa* (PLAUT., As., 1-3-44).

Blanditus [3]. — *Blanditæ*que fluunt per mea colla rosæ (PROP., 4-672); *blanditus*que labor molli curabitur arte (VERRIUS, d. Prisc., 8); volo ego, qui provinciam referit, non tantum codicillus amicorum, nec urbana conjuratione *eblanditas* preces, sed decreta coloniarum, decreta civitatum allegat (PLIN. J., p. 70-9) [4].

Expertus. — Observatum in multa hominum memoria, *expertum*que est in senioribus plerisque omnibus, sexagesimum tertium vitæ annum cum periculo et clade aliqua venire, aut corporis morbique gravioris, aut vitæ interitus,

---

(1) Au lieu de *progressus ætate*, on trouve, *adeo ut animo simul et corpore hebetato, ne* progressa *quidem ætate, ulli publico privatoque muneri habilis existimaretur* (SUET., Claud., 1-2).

(2) C'est à tort que Port-Royal prétend que *inultus* est essentiellement passif : Cavete *inulti* vitam amittatis (SAL., C., 58).

(3) Ab his Gallos adortos, ex insidiis plurimos necatos (AUR., d. Prisc., 8).

(4) Sed ne hæc tamen aliena est : Agricolæ captantis undique voluptates acquirere, quibus solitudines ruris *eblandiantur* (CAL., 8-11-1).

aut animi ægritudinis (AUL. G., 14-7). Homo *expertæ* audaciæ (LIV., 8-25); utraque re satis *experta* (id., 2, 29.....).

Largitus.— Si conditio *largita* non sit (PLIN., 17-12); *dilargitis* proscriptorum bonis (SAL., d. Aul. G., 15-13).

Mentitus. — Vox mihi *mentitas* tulerit Parnasia sortes (VAL. F., 3-618); nec defuerant, qui *mentitis* terroribus vera pericula augerent (PLIN. J., 6-20); hominum credulitatem *mentita* divinitate deludunt (LACT., Ins., 2-17; OVID., M., 10-439); quam stulte conficta, quam aperte *ementita* sunt (MUM. d. Prisc., 8; CIC., Tusc., 3-24).

Mensus.—Si a pedibus imis ad summum caput *mensum* fuerit (VIT., 3-1); non ad pede verba *dimensa* sunt (QUINT., 9-4-27; SIL., 2-541); tum dixisse, mirari se non modo diligentiam, sed etiam solertiam ejus, a quo essent illa *dimensa* atque descripta (CIC., Sen., 17); opere *emenso* (CÆS., B. G., 2-19; LIV., 21-43).

Molitus. — Quæ in locis publicis in ædificata *immolitave* privati habebant, intra dies triginta *demoliti* sunt (LIV., 39-44)[1].

Orsus. — *Exorsa* hæc tum non male animo mihi est (PLAUT., Bacc., 2-3-116); hic juvenis vatem irridens, sic *orsa* vicissim (VIRG., Æ., 7-435, G., 2-26, Æ., 10-632; LIV., Præf.)[2].

---

(1) Jam sospitatrici Deæ peculiaris pompa *moliebatur* (APUL., M., 11); et tamen non *demolio* rostra (VARR., d. Diom.); *demolivit* tectum (id.).

(2) *Orditum* carmen (FERT.; S. APOL., Ep., 2-9).

Quelques verbes déponens ne suivaient pas exactement la conjugaison dans laquelle on les range ordinairement: Neque animo æquo pauperis alienam opulentium *intuuntur* fortunam (NEP., 12-3; LUCR., 4-333, 373). Quotiesque repellit ver hiemem, Piscique aries succedit aquoso, tu toties *oreris*, viridique in cespite vernas (OVID., M., 10-166). Perque dies multos latitans, omnemque tremiscens ad strepitum, mortemque timens, cupidusque *moriri*, glande famem pellens, et mixta frondibus herba, solus, inops, expes, leto pœnæque relictus (ibid., 14-215). Si mea

Sortitus. — Eos *sortito* in provinciam mitti placere (Cic., Ep., 8-8, Verr., 2-51.....).

Le participe en *dus* existe même dans les verbes déponens qui, de prime abord, n'en sembleraient pas susceptibles : *Medendæ* valetudini leniendisque morbis, nullam divinam humanamque opem non adhibuit (Suet., Tit., 8). — Magnum crimen vel in legatis *insidiandis*, vel in servis ad hospitem domini necandis; plenum sceleris consilium, plenum audaciæ (Cic., Cæl., 21). — *Lætandum* magis, quam dolendum puto casum tuum (Sal., J., 14); in *lætandis* arboribus crates faciemus (Pal., 1-6-18). — Cætera addit, quæ si appelles, honos *præfandus* sit (Cic., F., 2-10). — Qui imperia consulatusque nostras, in necessariis, non in expetendis rebus, numeris *fungendi* gratia subeundos, non præmiorum aut gloriæ causa appetendus putet (Cic., R., 1-17). — Nec in misera vita quidquam est prædicabile, aut *gloriandum;* nec in ea, qua nec misera sit, nec beata (id., Tusc., 5-17). — Tamen illic vivere vellem, oblitusque meorum, *obliviscendus* et illis, Neptunum procul a terra spectare furentem (Hor., Ep., 1-11-9). — Finem profecto *fruendarum* opum, quibus ad invidiam diu abundaveras, Tarentina civitas, quæsisti (Val., M., 2-2-5); ad quem *fruendum* non modo non retardat, verum etiam invitat atque allicit senectus (Cic., Sen., 16, Of., 1-30). — Coctas [cepas] dysentericis *vescendas* dedere, et contra lumborum dolores (Plin., 20-5). — Nostrumque potentia letum corpora missa neci salva pietate latemur; sed quam danda neci, tam non *epulanda* fuerunt (Ovid., M., 15-110; Sen., Thy., 751.....).

---

cum vestris valuissent vota, Pelasgi, non foret ambiguus tanti certaminis hæres; tuque tuis armis, nos te *poteremur,* Achille (ibid., 13-130, 14-641).

VERBES NEUTRES.

Qu'il y ait proprement, et dans toute la rigueur du mot, des verbes neutres [1], c'est une question selon quelques savans hommes. Sans nous prononcer sur une matière aussi

(1) Effectivement il est peu de verbes donnés généralement comme neutres, qui n'aient quelquefois toutes les propriétés des verbes actifs : In quantum Germani *regnantur* (TAC., A., 13-54, M. G., 25, 43 ; OVID., M., 10-69). — Ne *triumpharetur,* neve pœnas capite expenderet (TAC., A., 12-19) ; *triumphati* magis quam victi sunt (id., M. G., 37 ; OVID.). — Ne *mærerent* homines meam, suam, reipublicæ *calamitatem* (CIC., p. Sext., ad Quint., 1-3, Tusc., 1-48 ; VAL. F., 4-146, 8-209 ; SIL., 16-1.....). — Quod.... canes semper in alios sævientes neque *latrarent eum* neque incurrerent (AUL. G., 7-1 ; HOR., Epod., 5-55) ; et canis in summis leporis *vestigia latrat* (A. Pet., d. Som., 15) ; *allatrare* ejus *magnitudinem* solitus erat (LIV., 38-54) ; *oblatrat*que *senatum* (SIL., 8-249). — *Currit iter* tutum classis (VIRG., Æ., 5-862) ; qui *stadium currit,* eniti et contendere debet, quam maxime possit ut vineat : supplantare eum, quicum certet, aut manu depellere, nullo modo debet (CIC., Of., 3-10) ; cur non *eosdem cursus* eo tempore, *quos* L. Cotta L. Torquato consulibus *cucurrerunt?* (id., L. Ag., 2-17) urbs habitatur..... campus *curritur,* mare *navigatur* (QUINT., 1-4-28). — *Orcanum* septentrionalem primus Romanorum ducum *navigavit* (SUET., Claud., 1 ; SEN., Cont., 22 ; L. AMP., 18) ; *eo* iter, *navigo* pontum, *ardeo* uxorem (PRISC., 18) ; semper longam incomitata videtur *ire viam* (VIRG., 4-467, 6-122) ; ignotasque jubet *ire vias* (VAL. F., 4-371) ; præsto aderat sapiens ille, qui inire viam doceret : *redite viam* (CIC., Mur., 12). — *Certatus* nobis hodie dominum adcipit orbis (SIL., 17-337) ; cui *certandæ* quum dies advenisset (LIV., 25-3) ; an gelidam Thracen *decertatos*que labores, hebro teste, canam ? (CLAUD., 21-21) ; certamen *cernitur* (PLAUT., 3-2-15) ; magna minorve foro si res *certabitur* olim (HOR., Sat., 2-5-27) ; multas incertas *certare* hanc *rem* vidimus (AUL. G., 15-24). — Adversus hostes fidei catholicæ *bella bellare* (ST.-JER., Ep., 1-23). — Amata tantum, quantum amabitur nulla, pro qua mihi sunt magna bella *pugnata* (CATUL., 37-13 ; HOR., Carm., 3-19, Ep., 1-16) ; quæ negotia multo magis quam prælium male *pugnatum,* regem terrebant (SAL., J., 54 ; LIV., 33-17) ; non alias *pugnas* aliis *pugnemus* in armis (C. G., Eleg., 83) ; ex omnibus pugnis, quæ sunt innumerabilis, vel acerrima mihi videtur illa, quæ cum rege commissa est, et summa contentione *pugnata* (CIC., Mur., 16 ; NEP., 23-5 ; AUL. G., 15-18 ; LIV., 6 42, 40-52). — Quum laudes imperatorum.... celebrarentur *saltarentur*que (PLIN. J., P., 54) ; carmina quod pleno *saltari* nostra theatro, versibus et plaudi scribis, amice, meis (OV., T., 5-7-25) ; et mea sunt populo *saltata* poemata sæpe (ibid., 2-519). — *Peccavimus* omnes alii *gravia,*

difficile, nous ferons quelques observations sur les verbes presque toujours employés neutralement.

---

alii læviora (SEN., Clem., 6); sic obviam irent iis, quæ alibi *peccarentur* (TAC., A., 3-34, 15-21); quo in genere multa *peccantur* (CIC., Of., 1, N. D., 1-12.....). — Quidquid ad Idæos Xanthum Simoentaque nobis sanguine *sudatum* (SIL., 13-78, 4-488); ne Sardinia scuta duo *sanguinem sudasse* (VAL. M., 1-6-5); quæ prælia *sudas?* (CLAUD., 11-111); unde nec edomitos *exsudatos*que labores respexisse libet (SIL., 3-531). — Sacris piscibus hæ *nutantur* undæ (MART., 4-30; OV., T., 5-2-25); *innabam* gelidas Tiberini fluminis *undas* (C. GAL., 1; VIRG., G., 3-142; SEN., Thy., 3); nec non et torrentem undam levis *innatat* alnus (VIRG., G., 2-45). — Arborum succo *manantium* picem resinamque, aliæ artæ in oriente, aliæ in Europa feruntur (PLIN., 14-20; HOR., Ep., 1-3-44; OV., M., 6-312).—*Intrata* est altæ mihi curia Trojæ (OV., M., 13-197); at si mare *intretur,* promptam ipsis possessionem, et hostibus ignotam (TAC., A., 2-5.....). — *Penetratis* omnibus Hispaniæ gentibus (PAT., 2-5, 40; STA., Sil., 4-6-104); vallo munitur eburno ut penitus nequeat *penetrari* (LUCR., 2-539; PRISC., 607); nihil tamen Tiberium magis *penetravit*.... (TAC., A., 3-4; PLIN., 5-1; CIC., Div., 2-56). — Oraque nostra tuum *clamantia nomen* (OV., Rom., 665); *clamato* sæpe per agros nequidquam Pico (OV., M., 14-397, F., 5-184, 4-453; SIL., 12-33); dies.... quo,... professus *clamaretur* hymen (STA., Sil., 1-2-25, 2-6-82, 4-8-16); domi tum jam defletus et *conclamatus* es (APUL., M., 1....).— Quo plus sunt potæ plus *sitiuntur* aquæ (OV., F., 1-26; PLIN., 17-2); nec *sitio* honores, nec desidero gloriam (CIC., Q. F., 3-4....). — Nec fuit satis, nisi totum Parthorum *esuris* et *aurum* (PLIN., 33-10); nil ibi quod nobis *esuriatur,* erit (OV., P., 1-10-10). — Scribimus et lacrymis oculi *rorantur* obortis (OV., Ep., 15-97, F., 3-357, P., 2-1-36). — Non mihi grata dies; noctes *vigilantur* amaræ (id., Ep., 12-169); in multo nox *est pervigilata* mero (id., F., 6-326; STA., Sil., 4-6-25; VIRG., Cir., 46, G., 1-313; TIB., 1-2-76); *noctes vigilare* serenas (LUCR., 1-142). — Hæc mihi ampliora multo sunt, quam illa ipsa, propter quæ hæc *laborantur* (CIC., 3-13).— Hæc...... quum a me ipso laborata proferri viderentur, brevitatis causa relinquo omnia (id., Cæl., 22; VAL. F., 5-226; QUINT., 9-4-144.....). — Non libyco molles *plauduntur* pectine telæ (VIRG., Cir., 179); Stimulans grato *plausæ* cervicis honore (SIL., 4-264); cineres *plausis* everberat alis (OV., M., 14-577......). — Exululant comites, furiosaque tibia *flatur* (id., F., 4-341); uritur ante vino perfusus, *flatur*que follibus, donec rufescat (PLIN., 36-19); pulvisque vento flatus, omnium prospectus offecisset (HIRT., B. Af., 52).— Larix..... ab carie aut a tinea non *nocetur* (VIT., 2-9); confirmat his curaturum se esse, ne quid ei per filium *noceretur* (CIC., Ver., 2-2-59); cum subinde ac multi *nocerentur* (APUL., M., 1-9). — Nobis quum semel occidit brevis lux, nox est perpetua una *dormienda* (CATUL., 5-6); dum *edormiscat* unum somnum (PLAUT., Amp., 2-2-64); tota mihi *dormitur* hiems (MART., 13-59). — Virque mihi, dempto fine *carendus,* abes (OV., Ep., 1-50); *id,* quod amo, *careo* (PLAUT., Curc., 1-2); meos parentes *careo* (TURP., d. N.). — Dolenda

Dans ces verbes, le passif impersonnel est très commun: Totis usque adeo *turbatur* in agris (VIRG., Eg., 1-11).— *Adcurritur* ab universis, et carcere effracto, solvunt vincula, desertoresque ac rerum capitalium damnatos sibi jam

---

adhuc retulimus; veniendum ad *erubescenda* est (PAT., 2-130; SEN., Cont., 9; HOR., Carm., 1-27-14); vix ille pepercit; *erubintque* (*a*) *preces* (CLAUD., 33-68; CIC., N. D., 1....).— Non mea mors illi, verum sua vita *gemenda* est (OV., M., 13-464); *quem gemis*, cuncti gemunt (SEN., H. Æt......). — Ille nefastus erit, per quem tria verba *silentur* (OV., F., 1-47........). Voyez, dans la IIe partie, *tacere, ruere, expirare, suspirare, prosperare, inclinare, festinare, properare, stupere, horrere, pavere, tremere, ludere, vivere, ardere, deperire, gaudere, servire, studere, descendere, furere, insanire, plorare, insidere, sistere, cavere, cedere, excedere, evadere.........*

Voici des participes passés qui dérivent de verbes essentiellement neutres dans les bons auteurs: *Adulta* viribus Dalmatia, omnibus tractus ejus gentibus in societatem adductis, ex constituto arma corripuit (PAT., 2-110,...). Isset *anhelatos* non præmedicatus ad ignes (OVID., Ep., 12-15; CIC, d. Ora., 3; SIL., 14-380). Largaque provenit *cessatis* messis in arvis (OV., F., 4-627, M., 10-669; SIL., 5-534). — Vetus tale imperii *coalita* audacia (TAC., A., 14-1, 13-26, H., 4-55); cujus in corpore, cujusque ex sanguine *concretus* homo et *coalitus* sit (AUL. G., 12-1). — Ne foret hic igitur mortali semine *cretus*, ille Deus faciendus erat (OV., M., 15-760, 4-604; VIRG., Æ., 2-74....). — Urbe *conflagrata* incendio (CIC., Her., 4-8; voir la préface). — Multi jam *excretos* prohibent a matribus hædos (VIRG., G., 3-397). — Talia monstrabat relegens *errata* retrorsum littora (id., Æ., 3-690......). (*Pererro* toujours actif.) — *Exoleti*, cui Nicomacho erat nomen, amore flagrabat (CURT., 6-7-2; SUET., Tib., 43; CIC., Mil.); nimis antiqua hæc et jam *obsoleta* sunt (CIC., Verr., 3.......). Omne malum nascens facile opprimitur, *inveteratum* fit plerumque robustius (id., Phil., 5....). Qui id quod vitari non potest, metuit, is vivere animo *quieto* nullo modo potest (id., Tusc., 2-1.....); *inquietus..... requietus* ager bene credita reddit (OV., Art., 2-345.....); *irrequietus......* — Amne (*b*) *redundatis* fossa madebat aquis (id., F., 6-402, T., 3-10-52). — Post ubi equum validæ vires ætate *senecta* membraque deficiunt (LUCR., 5-884, 3-3370; PLAUT., Aul., 2-275; SAL. d. Prisc., 10; PLIN., 2-112). — Jam primum hanc injuriam omnibus armis accidere non posse propter *statos* siderum cursus (PLI., 18-29.......). — Hic juvenis jam victor ovans vestigia presso haud tenuit *titubata* solo (VIRG., Æ., 5-331). — *Ululata*que tellus intremit, et pugnas mota pater incitat hasta (VAL. F., 4-608; CLAUD., 8-140; STA., The., 9-724).

(*a*) Voyez ci-après les verbes *inchoatifs* et les composés du verbe *eo*.

(*b*) Habent.... Græci scenam *recessiorem* (VIT., 5-8); custodibus *discessis* (CEL. d. Prisc., 9); ubi *antecessa* latrocinia didicistis (PETR., 17; SEN., Ep., 118......), sole *occaso* non insuavi venustate est, si quis aurem habeat (AUL. G., 3-2; PLAUT., Epid., 1-2-41).

miscent (TAC., A., 1-21). — Illis dum *parcitur* ab hoste (FRONT., 1-4). — Munus frequentanti Neroni ne inter voluptates quidem a sceleribus *cessabatur* (TAC., A., 15). — Tum legato a centurionibus et optimo quoque manipularium *parebatur* (ibid., 1-21). — *Trepidabatur* a Cæsare (ibid., 11-33, 5-3). — Nihil *est* a me temporis causa *inservitum* (CIC., Ep., 6-12). — *Conspiratum est* in eum a sexaginta amplius, Caio Cassio, Marcoque et Decimo Bruto principibus conspirationis (SUET., J., 80). — Ab universis *conclamatum est* (ibid.....). — Negat Epicurus jucunde posse *vivi*, nisi cum virtute *vivatur* (CIC., Tusc., 3-20). — Ni *degeneratum* in aliis huic quoque decori offecisset (LIV., 1-53). — Diu non *perlitatum* tenuerat dictatorem (id., 7-8). — Civitatem eo tempore repens religio invaserat, invento carmine in libris sibyllinis, propter crebrius eo anno de cœlo *lapidatum* inspectis (id., 29-10). — Nec diu *certato*, Tungrorum cohors signa ad Civilem transtulit (TAC., H., 4-16, A., 11-10) [1].

La signification de plusieurs verbes peut être modifiée par différentes inflexions ; c'est ainsi que se forment

Les fréquentatifs, les inchoatifs, les méditatifs et les diminutifs.

1° *Auctum.* — Unde omnes natura creet res, *auctet* alatque (LUCR., 1-51; PLAUT., Amp., p. 6). — Magna vis adcusatorum in eos irrupit, qui pecunias fœnore *auctitabant* (TAC., A., 6-16).

Cantum. — *Cantabat* fanis, *cantabat* libia ludis, *cantabat* mœstis tibia funeribus (OVID., F., 6-660......);

---

(1) Ita declinantur hæc verba : Itur a me, a te, ab illo ; pugnatur..... ibatur.... itum est.... ibitur.... curretur.... quum curreretur.... quum cursum sit.... cum cursum esset (ST.-AUG.).

transeuntem eum Isidorus cynicus in publico clara voce corripuerat, quod Nauplis mala bene *cantitaret,* sua bona male disponeret (SUET., Ner., 39; TER., Ad., 4-7-32; CIC., Brut., 19)[1].

Captum. — Modo quas vaga moverat aura, *captabat* plumas, flavam modo pollice ceram mollibat (OVID., M., 8-198......); *acceptare*...... receptare...... omina vulgo loquentium *captitasse* (APUL., D. Soc.; AUL. G., 9-6).

Cursum.—Nihil igitur afferunt, qui a re gerenda versari senectutem negant, similesque sunt iis, qui gubernatorem in navigando agere nihil dicant, quum alii malos scandant, alii per fores *cursent,* alii sentinam exhauriant; ille autem clavum tenens sedeat in puppi quietus (CIC., Sen., 3; SEN., Apo.; TAC., A., 2-82, 15-50).—Ergo ubi purpurea porrectum in veste locavit agrestem, veluti succinctus *cursitat* hospes, continuatque dapes (HOR., Sat., 2-6-107; SUET., Ves., 8; TER., Eu., 2-2-58).—Sub noctem cura *recursat* (VIRG., Æ., 1-666; STA., T., 1-316); inter agendum *occursare* capro, cornu ferit ille, caveto (VIRG., Eg., 2-24.....); si confertis pecoribus *occursitent* (SOLIN., 38); *incursabit* in te dolor meus (CIC., At., 12-40; QUINT., 10-3; TAC., 13-37); properanti in multos, *incursitandum* est (SEN., Ira., 3-6).

Defensum. — Illi, qui mænia *defensabant,* ubi hostes paullulum modo pugnam remiserant, intenti prælium equestre prospectabant (SAL., J., 60, 97; TAC., Ag., 38).—Si igitur non poterit sive causas *defensitare,* sive populum concionibus tenere, sive bella gerere; illa tamen præstare debebit, quæ erunt in ipsius potestate, justitiam, fidem, liberalitatem, modestiam, temperantiam (CIC., Of., 1-33, Ac., 2-45).

Dictum. — Dictare........ dictitare.......

Factum. — Lucrum ingens *facto* (PLAUT., Merc., 1-1-94); de là *affectare*.... *infectare*.... Æquum est vos

(1) Canit; si sæpius cantat; hinc cantitat (VARR., L. L., 5).

cognoscere atque ignoscere, quæ veteres *factitarunt*, si faciunt novi (Ter., Eu., p. 43; Cic....; Quint....; Tac....).

Gestum. — Solatio fuit servus Verginii Capitonis, quem proditorem Tarracimensium diximus, patibulo adfixus, in iisdem annulis, quos acceptos a Vitellio gestabat (Tac., H., 43; Cic....; Plaut....; Liv....); mea hæc herilis *gestitavit* filia (Plaut., Cis., 4-2-80; Amp., 1-1-70; Aul. G., 9-6).

Jactum. — Jactare...... conjectare...... dijectare...... injectare...... abjectare...... rejectare...... juventus, histrionibus fabellarum actu relicto, ipsa inter se more antiquo ridicula intexta versibus *jactitare* cæpit (Liv., 7-2).

Mersum. — Dulcibus idcirco fluviis pecus omne magistri perfundunt, udisque aries in gurgite villis *mersatur* (Virg., G., 3-447; Tac., A., 15-69; Col., 7-4. — Quo quis acrior fuerit speique majoris, eo profundius nares mersitat in bibendo (Solin., 57).

Motum. — Videres...... tum rigidas *motare* cacumina quercus (Virg., Eg., 6-28, 5-5); *motito* (Aul. G., 9-6).

Pensum. — Romani *pensantur* eadem..... scriptores trutina (Hor., Ep., 2-1-29; Curt., 7-8-2; Val. M., 1-1-14; Liv., 38-24). — Qui vectigalis vobis *pensitant* (Cic., Manil., 16; Plin. J., 1-8; Tac., 3-52).

Prensum. — Ut huc illuc distrahi cæpere, metus per omnes, et præcipua Germanici militis formido... *prensare* commanipularium pectora (Tac., H., 4-46, A., 1-21; Cic....; Liv....); cum Libitinam ipsam omnes exteri quoque *prensitarent* (S. Apol., Ep., 2-8).

Raptum. — Quoque eat, aut ubi sit, picea caligine tectus, nescit; et arbitrio volucrum *raptatur* equorum (Ov., M., 2-234; Prop.....; Cic....; Sta....; Virg....); rapio, raptus, *raptito* (Aul. G., 9-6).

---

(1) *Mussare* vient du verbe *mutire*, qui, outre *mutitum*, faisait peut-être *mussum* : *Mussant*que juvencæ quis pecori imperitet (Virg., Æ., 12-718, 657, G., 4-188....; Lucr., 6-1177). — Jam ita clam quidem *mussitantes*, vulgo tamen eum appellabant superbum (Liv., 1-50, Plaut., M. G., 3-1-12; Ter., Ad., 2-1-54).

Responsum[1]. — An qui fortunæ te *responsare* superbæ liberum et erectum præsens hortatur et aptat (Hor., Ep., 1-1-68, Sat., 2-7-84); qui id interpretari populo et *responsitare* soliti sunt (Cic., Leg., 1-14).

Saltum. — Nemo fere *saltat* sobrius (Cic., Mur., 6....); *consultare.... exsultare.... insultare.... persultare.... resultare.... subsultare*...... Quod inter collegas optime *saltitaverat* (Mac., 3-14; Quint., 9-4-142).

Vectum. — Corpora viva nefas stygia *vectare* carina (Virg., 6-391; Hor....; Ovid....; Prop....); curru quadrijugo *vectitatus* (Arn., 5; Aul. G., 9-6). — *Advectare* (Tac., A., 6-13).

Ventum. — *Ventabant* antiqui dicebant sine præpositione pro *adventabant* (Fest.); cui tu tribuisti, excepto Cæsare, præter me, ut demum *ventitares,* horasque multas sæpe suavissimo consumeres? (Cic., Ep., 11-27; Catul., 8-4).

Visum. — Ex muris *visite*[2] agros vestros, ferro ignique vastatos (Liv., 3-28.....); is quum arderet podagræ doloribus, *visitasset*que hominem Carneades, Epicuri perfamiliaris, et tristis exiret: Mane, quæso, inquit, Carneade noster; nihil illinc huc pervenit. Ostendit pedes et pectus (Cic., Fin., 5-31....).

Scriptum, lectum[3]. — Aut ego *lecto* aut *scripto* quod

(1) Le radical *spondere, sponsum,* ne forme que *sponsare* très peu usité; *desponsare* se trouve assez fréquemment.

(2) Le seul fréquentatif qui ne soit pas de la première conjugaison.

(3) Un vieux scholiaste assure que ce sont des verbes, et je suis de cet avis; Bentléjus, au contraire, soutient vivement que ce sont des ablatifs, de *lectus, scriptus.* La seule raison que l'on pût donner pour l'interpréter ainsi, ce serait que *lecto* ne saurait être le fréquentatif de *lego,* qui est, d'après Priscien, *legito,* formé comme *agito, cogito.* A cela on peut répondre que *legitare* n'est dans aucun auteur connu, et que *auctare, dictare, jactare,* ont pu autoriser Horace à employer *lectare;* en outre, la phrase, dans le sens qu'on veut lui donner, est inexplicable, ou du moins fort embrouillée.

Ago, actum : agito........ Etiam M. Potidius municeps noster multas privatas causas *actitavit* (Cic., Brut., 70; Aul. G., 9-6).

me tantum juvet; ungor olivo (Hor., Sat., 1-6-122); scriptu, *scripto* (Prisc.); si quid ad me scribas, vel potius *scriptites* (Cic., At., 7-12, Brut., 46, d. Or., 1). — Non legendos libros, sed *lectitandos* capit (Plin. J., 7-2-17; Cic., Brut., 31.....).

Emptum. — Quidquid venale audiunt, *emptitant* (Pli. J., Ep., 6-19); additur senatusconsulto : qui talem operam *emptitasset*, vendidissetve, perinde pœna teneretur, ac publico judicio calumniæ condemnatus (Tac., A., 14-41; Col., 8-10; Plin., 33-1).

Esum. — Opinio vetus falsa occupavit et convaluit, Pythagoram philosophum non *esitavisse* ex animalibus (Aul. G., 4-11; Plin., 20-9; Cat., R. R., 15). De *comeso comesum*, commissari.

Hæsum. — Memoria teneo.... C. ipsum Carbonem.... ignarum legum, *hæsitantem* in majorum institutis, rudem in jure civili (Cic. d. Or., 1-10); in eodem *hæsitas* luto (Ter., Phor., 5-2-15; Liv., 2-5).

Lusum. — Illa quædam festiva et honesta *lusitabamus* hujus modi (Aul. G., 18-13; Plaut., 5-4-6).

Mansum. — Quum veteri ex more, omnem familiam, quæ sub eodem tecto *mansitaverat*, ad supplicium duci oporteret (Tac., 14-42, 3-44).

Missum. — Jugurtha, cognita vanitate atque imperitia legati, subdolus augere amentiam; *missitare* supplicantes legatos; ipse, quasi vitabundus, per saltuosa loca et tramites exercitum *ductare* (Sal. J., 38; Liv., 9-45; Plin., 33-1).

Pransum. — Ubi flent nequam homines, qui polentam *pransitant* (Plau., Asi., 1-1-18; Vit., 8-3; Mac., 3-15).

Rasum. — Comperimus cæteros quoque nobiles viros barbam in ejusmodi ætate *rasitavisse* (Aul. G., 3-4; Suet., Æth., 12).

Sessum. — Quam deam in Periclis labris scribit Eupolis *sessitavisse* (Cic., Brut., 15).

Sumptum. — Elleborum plerique, studiorum causa, ad pervidenda acrius quæ commentabantur, *sumptitarunt* (PLIN., 25-5).

Tunsum. — Rerin' ter in anno tu has *tonsitari?* (PLAU., Bac., 5-2-9). — Capillum Dialis, nisi qui liber homo est, non *detonsat* (F. PICT. d. Aul. G., 10-15); ce qui fait croire que *tonsare* a été en usage.

Unctum. — Istæc veteres, quæ de unguentis *unctitant*, interpoles, vetulæ, edentulæ, quæ vitia corporis fuco occulunt, ubi sese sudor cum unguentis consociavit, illico itidem olent, quasi cum una multa jura confundit cocus (PLAUT., Most., 1-3-117; AUL. G., 9-6).

Usum. — Aliquoties verbo ipso alio quoque modo *usitati sunt* (AUL. G., 17-1); *usitatus....*

Victum. — Argumentari visus, cur putarentur antiqui mille annos *victitasse* (LACT., 2-13; PLAUT., Pæn., 1-2-185; TER., Eu., 5-8-44).

Je me contenterai d'indiquer les suivans, qui sont assez connus : *Amplexari*, *citare* [1] (*concitare, excitare, incitare, recitare, suscitare*), *clamitare, cœptare, cœnitare, conflictare, cubitare, declamitare, domitare, dormitare, ductare, exercitare, fluitare, fugitare, grassari, imperitare, increpitare, itare, lapsare* (FLOR., 2-10; TAC., A., 1-65); *latitare, loquitari, minitari, natare* (*adnatare, transnatare*), *negitare, nominitari* [2] (LUCR., 4-48, 3-353); *pavitare, pollicitari, pressare, promptare* (PLAUT., Bac., 3-3-61); *pulsare, quassare, quiritare* (pour *quisitare*), *quæsitare* (de *quæso*), *rogitare, sectari* (*consectari, insectari*), *spectare* (*circumspectare, despectare, exspectare, inspectare, prospectare, res-*

---

(1) *Cernere, cretum,* fait *certare.*

(2) *Nosco, notum,* fait *noscitare ; notare,* fréquentatif naturel, a pris une signification un peu détournée.

pectare, suspectare), *sternutare, strepitare, tentare* (*intentare, ostentare, retentare, sustentare*), *territare, tortare* (LUCR., 3-662); *tostare* (PLIN., 2-28); *tractare* (*attrectare, contrectare, obtrectare...*), *tutari, versare, vocitare, volitare, volutare, vomitare.*

2° Les inchoatifs ont pour terminaison *asco* [1], *esco, isco :* Quoties post cibum *addormisceret*, quod ei fere accidebat, olearum ac palmularum ossibus incessebatur (SUET., Claud., 8). — In quam optimi cujusque secreti questus magis *ardescebant* (TAC., A., 3-17, 1-32; LUCR., 6-895). — Multo facilius arbitror neque herbas *arescere* posse, neque.... (CIC., Æc., 3). — Pabula *canescunt*, quum frondibus uritur arbor (OVID., M., 2-202). — Jamque ad proximus, jam longius *clarescere* (TAC., A., 11-16). — Non tamen id, ut crimen ingens, expavescendum est (QUINT., 9-4-35); mania legionum nomina *pavescunt* [2] (TAC., 5-4-14; QUIFT., D., 9-13). — Quum freta circum ferviscunt graviter spirantibus incita flabris (LUCR., 6-425, 176....); nunc video calcem; ad quam quum sit decursum, nihil sit præterea *extimescendum* (CIC., Tusc., 1-8; VAL. M., 5-4-2). — Dissolutionem naturæ tam valde *perhorrescis* (CIC., Fin., 5-10); vincitur in longo spatio tamen atque *labescit* (LUCR., 4-1279); cum *maturescere* frumenta inciperent (CÆS., B. G., 6-28). — Ad digitos *lentescit* habendo (VIRG., G., 2). — Neque poterat *patescere* acies (TAC., H., 4-78); herbis tempore verno *nitescunt* (PLIN. J., 2-17; VIRG., Æ., 5-135....); leguntur, ediscuntur, et *inhærescunt* penitus in mentibus (CIC., F., 3-2); primaque *rubescit* lampade Neptunus (SIL., 12-575). —

---

(1) Inchoativa initium actus vel passionis significant, ut caleo calesco, frigeo frigesco, horreo horresco (PRISC., 8). Le même auteur ajoute *rubesco, palesco, marcesco, aresco, lucesco, patesco.... hiasco, amasco, miseresco, reviviseo, fervesco, cupisco, scisco.*

(2) Les grammairiens qui prétendent que ces verbes n'ont point de parfaits, et qu'ils sont essentiellement neutres, sont dans l'erreur.

Veritas visu et mora, falsa festinatione et incertis valescunt (TAC., 2-59, 11-15.....).

3° Les méditatifs [1] se terminent en *urio* : Ut si possit, emat Pacilianam domum..... video hominem *petiturire* (CIC., At., 1-14); adeo ut si quis uberius cibi.... mandare coactus fuerit..... stomachum habeat eversum, ac *vomituriet* (GAL., 2-3). — Propterea quod te emplurientem in campos macros adducunt crebro (VARR., R. R., Proœ, 2). — In omnibus Vacerra quod conclavibus consumit horas, et die tota sedet, *cœnaturit* Vacerra, non *cacaturit* (MART., 11-78); quum merito *lecturiremus* (S. APOL., Ep., 9-7); *esuris*....... parturio.......

4° Les diminutifs ne sont pas nombreux : Cur *murmurillas?* (PLAUT., Frug.). — Inusta turpiter tibi flagella *conscribillant* (CATUL., 25-15 [2]; VARR. d. N.). — Scuruli lusu *sugillanda* sibi desumpsit (VAL. M., 7-8-9).

IRRÉGULIERS.

VERBES NEUTRES PASSIFS.

Gaudeo, audeo, soleo, fido, juro, nubo, cœno, prandeo, poto.

Ces verbes ont la forme passive au parfait et aux temps qui en dérivent ; cette bizarrerie s'explique par ce que nous avons remarqué sur les verbes déponens.

---

(1) Lectu.... lecturio, esu esurio, mictu micturio, partu parturio, amatu amaturio, nuptu nupturio, dictatu dictaturio, medationem.... significant, unde meditativa nominantur (PRISC., 8).

(2) Sunt quasi diminutiva quæ a perfecta forma veniunt, *sorbillo, sugillo ;* ista velut diminutiva sunt, sed magis derivativa (CLED.).

Ces verbes sont *soleo*[1], *gaudeo, fido, audeo*. Ce dernier se voit quelquefois au passif : Multa dolo, pleraque per vim *audebantur* (Liv., 39-8); quid enim *inausum* intentatumve vobis? (Tac., A., 1-42); ut omnia credat audenda (Quint., 4-5); *audendam* esse patroni necem (Suet., Dom., 14). — *Ausim, ausis, ausit, ausint,* qui sont pour *auserim*.... se mettent au lieu de *audeam* pour rendre notre conditionnel : Quamvis rerum ignorem primordia quæ sint, hæc tamen ex ipsis cæli rationibus ausim confirmare (Lucr., 2-177); de grege non *ausim* quidquam deponere tecum (Virg., Eg., 3-32, G., 2-289......).

Cœno, prandeo, poto, nubo, juro, se rapprochent de *gaudeo,* et font, outre *cœnavi, prandi, potavi, nupsi, juravi, cœnatus sum*[2], *pransus, potus, nuptus, juratus sum;* et cette dernière terminaison semble marquer l'état, au lieu que la première indique l'action : Statim milites *cœnatos esse,* in castris ignes quam plurimos fieri, dein prima vigilia silentio egredi jubet (Sal., J., 106); *cœnato* mihi et jam dormitanti pridie calendas Maias epistola est illa reddita (Cic., At., 2-6; Hor., Sat., 1-10-60). —

---

(1) Quæ neutra passiva artium scriptores nominant, sunt hæc sola : gaudeo gavisus sum, audeo ausus sum, soleo solitus sum, fido fisus sum, fio factus sum....... Antiquissimi gaudeo gavisi, audeo ausi, soleo solui, fido *fisi,* fio *fii;* sed nunc his non utimur (Prisc., 8).

Inæqualia dicuntur verba; in præsenti tempore quasi activa sunt, et in præterito quasi passiva, ut soleo solitus sum, gaudeo gavisus sum, fio factus sum, fido fisus sum, et si quæ sunt similia; nam soleo solui debuit facere, gaudeo gaudui, audeo ausus sum (Cled.).

Quoniam est soleo, oportet dici solui, ut Cato et Ennius scribunt (Varr., L. L., 8); uti *soluerat* (Sal. Frag.).

Fio ne peut être confondu avec ceux-ci; car si pour la terminaison il s'y rapporte, la signification est tout autre ; il formera donc un article séparé.

Les dictionnaires et les traités de versification indiquent à tort *fidi,* tout-à-fait tombé en désuétude; cependant *diffido* fait quelquefois *diffidi* : In eo igitur oppido ita graviter Eudamum fuisse, ut omnes medici *diffiderint* (Cic., D., 1-25).

(2) Quumque a *cœno* et *prandeo* et *poto,* et *cœnatus sum* et *pransus* et *potus sum* dicamus (Varr., L. L., 8; Aul. G., 2-25); *pransus* atque *potus* diversum valent quam indicant (Quint., 1-4-29).

Pransus sum pro *prandi* (Prisc., 17); tesseram vesperi per castra dedit, ut ante lucem viri equique curati et *pransi essent* (Liv., 28-14); *pransus* non avide.... domesticus otior (Hor., Sat., 1-6-127); ducis *pransi, poti*, oscitantis inscitia (Cic., Mil.). — Senem *potum pota* trahebat anus (Ovid., Fast., 3-542); et si non *esset potus* [1], dixisset eadem venturum tempus solstitiale die (Ov., F., 6-789; Ter., Hec., 1-2-64; Plaut.).— Non tu *juratus* mihi es? (Plaut., Rud., 5-3-17); qui mihi *juratus est*, sese hodie argentum dare (Plaut., Per., 3-2); non *sum jurata* (Turpil.); quamvis *jurato* metuam tibi credere testi (Juv., 5-5; Cic., Cæ., 2; Ovid., Am., 3-3-1; Cic., Rosc., 2). — Ipsa brevi mortua est; virgo autem nupsit, cui Cæcilia *nupta fuerat* (Cic., Div., 1-46); hac classi Cæsar, quum prius despondente et Nerone, cui ante *nupta* [2] *fuerat*, Liviam, auspictis reipublicæ ominibus duxisset uxorem (Pat., 2-79); soror ejus Constantia *nupta* Lucinio erat (Eut., 10; Plin. J., 6-31); cui soror ex iisdem parentibus nata, *nupta erat* (Nep., 20-1).

Du reste, ces verbes sont actifs; le passif se voit quelquefois: Cœnat boletos, ostrea, sumen, aprum (Mart., 12-17; Hor., Ep., 2-2-168, Sat., 2-3-234; Sen. d. Prov.); quum..... *cœnatum* forte apud Vitellianos *esset* (Liv., 2-4); neque unquam sine aliqua lectione apud eum *cœnatum est* (Nep., 25).—*Luscinias* soliti impenso *prandere* coemptas (Hor., Sat., 2-3-145, Ep., 1-17-13); quare, o Mare, *pransum* ac paratum esset, hoc minime oportet (Varr. d. Non.). — Quo plus *sunt potæ*, plus sitiuntur aquæ (Ovid., Fas., 1-216; Hor., Carm., 3-15-16; Val., F., 6-67; Plin., 22-22.......); quod ita *juratum est*, ut

---

(1) Outre le supin *potum*, on dit régulièrement *potatum*: Apud me *potaturus* est (Ter., Phor., 5-5-9); ista me non movent magis gustata, quam *potata* delectant (Cic., Tusc., 3-5; Plin., 2-103). — Terra *potura* cruores (Sta., T., 12-719; Prop., 4-4-6).

(2) Anicia, Pomponii consobrina, *nupserat* M. Servio, fratri Sulpicii (Nep., At., 2).

mens conciperet fieri oportere, id servandum est (Cic., Of., 3-29); fædus *juratum* Jovi (Sil., 1-9, 11-145; Luc., 8-219; Sen., H. Æ., 1066....); ingens ibi *juratur* bellum (Sta., Ach., 3-58); tonat augure surdo, et lætæ *jurantur* aves, bubone sinistro (Luc., 5-396; Sta., T., 7-1030); *juratur* [1] Honorius absens (Claud., 4-448). — Quojusmodi hic facile cum fama *nubitur* (Plaut., Per., 3-1-58) [2].

Fio.

Ce verbe ne paraît avoir que deux terminaisons à l'impératif, le reste s'emprunte au subjonctif : Ire domum atque pelliculam curare jube : *fi* cognitor ipse (Hor., Sat., 2-5-38); sequere hac, Palinure, me ad fores : *fi* mi obsequens (Plaut., Curc., 1-1-87); agite, bibite, festivæ fores, potate, *fite* mihi volentes, propitiæ (ibid., 87); socii nunc *fite* (Cras. d. Non.); *fite* mea causa Lydi barbari (Plaut., Curc., 1-2-63) [3].

Les composés de *facio*, qui n'altèrent en rien ce verbe, prennent *fio* pour passif : *Patefit* quodcumque creatur

---

(1) *Pejeratus* (pour *perjuratus*) s'emploie aussi des deux manières : *Pejerate* bello (Sta., Sil., 4-3-5), toi qui as violé ton serment en portant la guerre.... Ulla si juris tibi *pejerati* pæna, Barine, nocuisset unquam (Hor., Car., 2-8-1). *Conjuratus* n'a que le sens actif; *conspiratus*, qui a la même signification, s'emploie semblablement : Et *conspirati* veniunt ad classica venti (Claud., 7-98, 21-276; Virg., G., 1-280; Hor., Carm., 1-15-7; Ovid., M., 5-150).

(2) Bien que, dans la réalité, *nubo* soit actif (*voiler*), on s'est habitué cependant à l'employer comme un verbe neutre, en sous-entendant le pronom *se* : le passif ne peut plus avoir lieu qu'à la troisième personne comme dans les verbes neutres, excepté au parfait et aux temps qui en sont formés ; car *nupta sum* signifie *j'ai été voilée ;* et remarquons ici une singularité qui mérite de fixer notre attention : *Revertere, nubere,* tous deux également actifs dans le principe ; on ne dit cependant que *revertor, revertar...... reverti, reverteram,* tandis que *nubo, nubam, nubere,* fait bien au parfait *nupta sum, nupta eram....*

(3) Charisius (3) indique *fiens, fiendus,* qu'il serait, je crois, bien difficile de trouver dans des écrivains de quelque autorité.

(LUCR., 1-1775.....); mais ceux qui changent *facere* en *ficere* font le passif régulièrement : Quum dolore *conficior*, tum etiam pudore (CIC., Ep., 14-3.......) [1]. Il y a de nombreuses exceptions : Nunc qua ratione quod instat *confieri* possit, paucis, adverte, docebo (VIRG., Æ., 4-116); *confieri* credas centauros posse (LUCR., 5-884; CÆS., B. G., 5-58); multa experiendo *confieri*, quæ segnibus ardua videantur (TAC., A., 15-59); quid ego dicam? hoc *confit* quod volo (TER., Adel., 5-8-23; COL., 2-15; LUCR., 4-292; PLIN., 16-44); *confiebat* enim summi sententiæ regis (EPIT., Iliad., 5-551); id quoque enim sine pernicie *confiet* eorum (LUCR., 3-413); ut res sine sanguine *confieret* (BALB. d. Cic., At., 8-15); ex quo summa pactæ mercedis Gallis *confieret* (LIV., 5-50; CIC., At., 9-7). — Quorum opera hæc mihi facilia factu facta sunt, quæ volui *effieri* (PLAUT., Pers., 5-1-9). — Post mortem fore, ut aut putrescat corpore posto, aut flammis *interfiat*, malisve ferarum (LUCR., 3-888). — Me *infit* percontarier (PLAUT., As., 2-2-76); paucis Dea me dignarier *infit* (SULPIT., Sat., 64); ita furier *infit* (VIRG., Æ., 11-242). — Hæc mihi non æstate novum, non frigore *defit* [2] (VIRG., Eg., 2-22); nihil cum est, nihil *defit* tamen (TER., Eu., 2-2-12); nihil apud te tibi *defieri* patiar (id., Hec., 5-2-1).

---

(1) Facitur quoque a facio protulerant scriptores, ut Varro in Cynic. *Si me hercule purgant, et Deorum cura non* satisfacitur *reipub.* Titinnius in quinto : Consilium bonum gratia parvi faciatur.... bene igitur in plerisque compositis, perficio et perficior, conficio et conficior, efficio et efficior...... calefacio et tepefacio.... calefio, tepefio loco passivorum habent. *Fitur* etiam pro *fit* dicebant. M. Cato Cens. in Q. Therm. : *Postquam diutius* fitur. Idem...... : *Græco ritu* fiebantur *Saturnalia* (PRISC., 8).

Vitruve a aussi employé *facior* : Cum inter se tangunt, et non spiramentum et perflatum venti recipiunt, *concalefaciuntur* et celeriter putrescunt (VIT., 4-7, 5-10).

(2) Deficio loco passivi defio facit (PRISC.).

Fero.

On dit irrégulièrement *fers, fert, fertis, fer, ferte, ferrem, ferre,* pour *feris, ferit, feritis*..... afin, dit Priscien [1], qu'on ne puisse pas confondre *feris ferit* de *ferio,* avec les mêmes personnes du verbe *fero*.

Tuli est pour *tetuli,* parfait formé par redoublement du verbe *tollo* (voyez la page 177) : Ut tempestates pluviæ graviore coortu sunt, ubi forte ita se tetulerunt semina aquarum (LUCR., 6-678) ; si reditum *tetulissetis* haud in tempore longo (CATUL., 66-36.... ; PLAUT....).

Eo, queo.

L'ancienne terminaison *bo* est restée à ce verbe pour le futur; les composés de ce verbe (à l'exception de *ambio,* qui rentre dans la règle générale, bien qu'à l'imparfait on dise *densa circum stantium corona.... ambibat* (PLIN. J., 6-33; LIV., 27-18); que *templum ambiebatur* (TAC., A., 2-20) ont la même désinence [2].

Anteeo, coeo, adeo, obeo, ineo, subeo, circumeo, prætereo, transeo, sont de véritables verbes actifs [3]: Te semper

---

(1) Fero per occasionem, id est per syncopam *i* litteræ, secundam et tertiam facit personam, fero fers fert, pro feris, ferit, quod puto differentiæ causa fieri, ne si feris ferit diceremus, putaretur ab eo esse quod est ferio feris, cum nulla scripturæ esset differentia, quamvis temporum syllabicorum esset (PRISC., 9).

(2) Les écrivains ecclésiastiques les ont quelquefois terminés en *am, es* : Et simul cum stultitia illius *peries* (Eccles., 8-18) ; ex te enim *exiet* dux qui regat populum meum Israël (ST.-MAT., 2-6) ; celerius domus extirpabitur, gensque omnis ejus *interiet* (TERT., adv. Jud.). Dans Tibulle (1-4-27), au lieu de *transiit ætas quam cito,* Vossius lisait *transiet*. Port-Royal va plus loin, et avance fort hasardeusement que Cicéron a dit *inietur ratio*.

(3) Adeo, transeo, ineo, prætereo, subeo, circumeo..... activa sunt ; faciunt enim adeor, transeor, prætereor, ineor, subeor (PRISC., 8).

Pereo, intereo, exeo, avaient aussi le passif : Puppis *pereunda* est

anteit sæva necessitas (HOR., Carm., 1-30-17); grave est a deterioribus honore *anteiri* (SEN., Pro., 3); ne ab aliis apud Vitellium anteiretur (TAC., H., 2-101). — Ex intimis regis ab amicitia ejus defecerat, et cum Lacedemoniis *coierat societatem* (NEP., 9-2; CIC.....); si *coita sit* societas (dans tous les jurisconsultes). — Oceanus raris navibus *aditur* (TAC., M. G., 2; CURT., 3-8); *adeunda* pericula bellis (OVID., M., 14-119); Diæta *adibatur* (PLIN. J., 6-16; COL., 1). — Ætho, ut in multa pace, *munia* imperii *obibat* (TAC., H., 1-77......); hic ubi virginea campus *obitur* aqua (OVID., F., 1-464.....); *consilium* multæ calliditatis *init* (ib., 3-380......); haud facile *inibatur* ratis jubendi referre prædam populum (LIV., 5-23; PLIN., 10-63); igitur *inita* potentia *societas* (PAT., 2-65; CIC., N. D., 3.....); *eundem*, ut quemcumque sors tulerit casum, *subeam* potius cum iis qui dicuntur esse boni, quam videar a bonis dissentire (CIC., AT., 8-1......); quis numerare queat felicis præmia Galle, militiæ? nam si *subeuntur* prospera castra, me pavidam excipiat tironem porta secundo sidere (JUV., 16-2......); cubiculi *parietem circumit* (QUINT., Dec. p. Cæc, 1-9); cum omnes Cæsares *circumiverim* (SEN., Cons., 36; CÆL. d. Cic., Ep., 8-11); vigilias negligentius *circumierat* (VAL. M., 8-1-6); civilis avia Belgarum *circumibat* (TER., H., 4-70); vigiliæ acerbius et diligentius *circumitæ sunt* (LIV., 45-37); haud ignarus erat, *circumitam* ab Romanis eam [Hispaniam scilicet] legatis (LIV., 21-22); hostes quibus *circumibantur*[1] (LIV., 41-26). — Hos nobilitate Mago Carthaginiensis *præteriit*

---

probe (PLAUT., 1-1-69); pugna commissa, et multis utrinque *interitis* (QUAD. d. Prisc.; S. APOL., Ep., 2-19); ad *exitam* ætatem (FEST.); et l'analogie admettrait facilement ce dernier, puisque *exire*, comme *egredi*, *evadere*, est suivi d'un accusatif dans certains passages : Bonus ille per artem crudo luctari pelago, atque *exire procellas* (SIL., 14-454); corpore *tela* modo atque oculis vigilantibus *exit* (VIRG., Æ., 5-439, 11-750; LUCR., 5-1329, 6-1217).

(1) J'ai multiplié ici les citations à dessein : on enseigne généralement que *circumeo* fait *circuis* et non pas *circumis*, dont certains latinistes font presque un barbarisme. Les exemples que j'ai rapportés

punica lingua (Varr., R.R., 1-1.... ; Cic.....); quum sapiens et bonus vir.... suffragiis *præteritur,* non populus a bono consule potius, quam ille a bono populo repulsam fert, suffragiis *præteritur?* (Cic., Tusc., 5, Leg., 2.....); mutare *præterita* non possumus (Cic. in Pis., 3......); a tergo Alpes urgent, vix integris vobis ac vigentibus *transitæ* (Liv., 21-43; Manil., 1-438).

Queo [1] se conjugue absolument comme le verbe *eo;* seulement il n'a point d'impératif.

Le participe présent, qui n'est indiqué ni dans les rudimens, ni même dans Port-Royal, existe indubitablement : Sustinere corpora plerique *nequeuntes* (Sal., Frag., 3; Apul., M., 3, 6, 9; Am. M., 19-26; Arn., 2; Aus., Prof., 2-29); adiens, *quiens* (Prisc., 11).

Le passif se voit dans les anciens (voyez *memini, cœpi*) : Hic nasci lapidem, qui tacto accensus ab igne exstingui nequitur (Prisc.); ut nec subigi *queantur* unquam (Plaut., Per., 2-2, Rud., 4-4); forma in tenebris nosci non *quita est* (Ter., Hec., 4-1-57); quoniam sævitia ista pœnæ contemni non *quita est* (Aul. G., 20-1); litum.... et itum et *quitum* notanda sunt (Prisc., 9).

---

prouvent que rien n'est plus faux que cette remarque, qui aura été faite par quelque grammairien renommé, et qui a été depuis répétée par tout le monde.

(1) Ce verbe est usité à toutes les personnes des temps qu'il a; et l'on ne saurait trop s'étonner de l'étrange crédulité des auteurs de grammaires abrégées, qui tous s'envont répétant, je ne sais d'après qui, que « *queo* n'a que certaines personnes. » (Voyez Liv., 21-56; Aul. G., 5-8, 17-8; Liv., 9-30. — Sen., Aga., 138; Virg., Æ., 6-463; Liv., 44-16, 45-16; Plin., 34-8; Aul. G., 15-1; Liv., 4-51. — Liv., 28-8; Val. M., 4-3-14. — Plaut., M. G., 4-6; Lucr., 1-379: Varr., L. L., 4-1. — Tac., A., 1-66; Liv., 41-26, 4-7; Aul. G., 14-1; Val. M., 6-6-7. — Liv., 4-24; Lucr., 5-1321; Tac., A., 1-69.... — Cic., Div., 1-52; Val. M., 4-3-14; Liv., 4-9, 43-16; Val. M., 3-3-1)........

Volo[1], *nolo*, *malo*.

Vis[2], *vult*, *vultis*, sont pour *volis*, *volit*, *volitis*; et autrefois on disait *volt*, *voltis* : *Non vis*, *non vult*, font voir que *nolo* est pour *non volo*. *Nolo*[3] seul a l'impératif: Meæ (contendere *noli*) stultitiam patiuntur opes : tibi parvula res est (Hor., Ep., 1-18-28); tu seu donaris, seu donare voles cui, *nolito* ad versus tibi factos ducere plenum lætitiæ (id., Art., 427); *nolite* sinere per vos artem musicam recidere ad paucos (Ter., Hec., p. 38); sin insidias fieri libertati vestræ, simulatione largitionis, intelligetis, *nolitote* dubitare, plurimo sudore et sanguine majorum vestrorum partum, vobisque traditam libertatem, nullo vestro labore, consule adjutore, defendere (Cic., Ag., 2-6).

Malo (pour *magis volo*)[4] se disait d'abord *mavolo* : Nolo ego metui, amari *mavolo* (Plaut., As., 5-1); moriri sese misere *mavolet*, quam non perfectum reddat quod promiserit (Plaut., As., 1-1-108); experiri istuc *mavellem* me, quam mi memorarier (Plaut., Amp., 1-3-14).

Novi, *suevi*, *memini*, *odi*, *cœpi*.

Quoique *novi* et *suevi* soient usités comme parfaits de *nosco*, *suesco*, ils ont cependant souvent la même signifi-

---

(1) Βούλομαι quoque forte brevitatis causa *volo* fecerunt, diphthongo mutata, ut βοῦς bos (Prisc., 9).

(2) *Sis* pro si vis, *sodes* pro si audes (Cic., Ora., 45); vide *sis* majorum tibi limina forte frigescant (Pers., 1-106); parce, *sis*, fidem ac jura societatis jactare (Liv., 34-32)..... — *Volim* tamen pro velim proferebant antiqui. Cic. in 2° de Natura Deorum : *Quo facilius id quod docere volim, intelligi potest* (Prisc., 9).

(3) Pro non vultis invenimus noltis apud antiquos.... (Diom., 1).

(4) Malle pro magis velle, nolle pro non velle (Cic., Ora., 45).

cation que s'ils étaient au présent de l'indicatif[1], et voilà pourquoi on les a joints à *memini*......

Selon presque tous les grammairiens, *memini* viendrait par redoublement de *meno*, dont il ne nous reste aucun vestige; moi j'aimerais mieux supposer qu'il vient de μέμνημαι, et cette conjecture nous paraît d'autant plus plausible, que les Grecs emploient ce verbe, ainsi que les Latins font *memini*.

Meminens est de basse latinité : Ego filiusque Terentianæ Hecyræ sales ruminabamus, studenti assistebam naturæ *meminens* et professionis oblitus (S. Apol., Ep., 4-12; Aus., Prof., 2-39).

Odio a été en usage : Usquequo parvuli diligitis infantiam, et stulti ea quæ sibi sunt noxia cupient, et imprudentes *odibunt* scientiam? (Bib., Prov., 1-22); orationes variæ species sunt : ut sunt imperandi, narrandi, mandandi, succensendi, optandi, monendi, irascendi, *odiendi* (Apul. d. Vos.). Vossius assure avoir lu dans Pétrone *odientes*[2]. *Oditur* in hominibus innocuis etiam nomen innocuum (Tert., Ap., 3). Vossius conjecture que dans un endroit de Sénèque il faut lire : Necesse est aut imiteris, aut *odiaris*.

---

(1) Bien plus, par une bévue difficile à expliquer, un ancien grammairien donne un impératif à *novi* : Memini, memento tu, memento ille, mementote; novi.... *novito* tu, *novito* ille, *novitote* (Char., 3).

(2) Il est aussi dans l'Écriture, ainsi que beaucoup d'autres formes de ce verbe : Dilectio sine simulatione; *odientes* malum, adhærentes bono (Ep. S. P. ad Rom., 12-9; L. Reg., 2-22-42; Psau., 88-24, 105-10); ut *odirent* populum ejus (ibid., 104-25); revertere ad dominum, et avertere ab injustitia tua, et nimis *odito* execrationem (Eccl., 17-25). ...... Il paraît que *odi* est pour *odivi* : Multa *odivi*, et non coæquavi ei, et Dominus odiet illum (Eccle., 27-27). Je n'ai pas besoin d'avertir le lecteur que toutes ces formes ne sont point assez bien établies pour qu'on puisse s'en servir sûrement. Les anciens grammairiens, qui ne sont assurément pas trop rigides, n'en font aucune mention : Odi odisti odit; *imperf. et plusquamperf.* oderam; *passivo modo,* osus eram et fueram; *futuro,* odero.... oderim..... osus sim.... odissem.... osus essem..... *infinitivo instanti* [odere]..... odisse.... osum esse.... osurum esse. Participium instantis non habet.... osurus (Char., 3).

La haine est un sentiment durable, permanent; voilà pourquoi le parfait *odi* ou *osus sum*[1] (voyez les verbes neutres passifs) a été transporté au présent; et il n'y a de bonne latinité que ce qui en dérive : Inimicos semper osa sum obtuerier (PLAUT., Amp., 3-2); Persarùm te vestis et disciplina delectat; patrios mores *exosus es* (CURT., 8-7-12); Deos obsecro ut te nobis conservent, et valere nunc et semper patiantur, si non populum Romanum *perosi sunt* (SUET., Tib., 21); quum vero antiquitus usque a Chirone atque Achille ad nostra tempora apud omnes, qui modo legitimam disciplinam non *sunt perosi*, duraverit, non est committendum, ut illa dubia faciam, defensionis sollicitudine (QUINT., 1-10-30); Bessi parricidium *exosi* transfugerant (CURT., 5-13-9); negabat ullam vocem inimiciorem amicitiæ potuisse reperiri, quam ejus qui dixisset, ita amare oportere, ut si aliquando esset *osurus* (CIC., Am., 16). Voici pourtant deux exemples qui sembleraient annoncer que *osus sum* s'emploie bien pour le passé : Hunc Fabricius non probabat, neque amico utebatur, *osus*que eum morum caussa *fuit* (AUL. G., 4-8); mulieres fere omnes in majorem modum *exosus esse* dicitur (id., 15-20).

Exosus se prend passivement : Ex quibus latenter intelligas, non omnes omnimodo Diis exosos esse (AUL. G., 2-18; EUTRO., 7-24; MACR., Sat., 1-2; AM. M., 18).

Cœpi n'est autre chose que le parfait de l'ancien *cœpio* [neque ego insanio, neque pugnas, neque ego lites *cœpio* (PLAUT., Men., 5-5-57); dum habeat, dum amet; ubi nihil habeat, alium quæstum *cœpiat* (id., Truc., 2-1-23; TER., Ad., 3-4-44)], et marque presque toujours un temps passé: Ubi serpentibus repleri naves *cœpere*, ancipiti periculo circumventi, hosti victoriam cessere (JUST., 32-4; PLIN., 16-4); ut vero huc illuc distrahi *cœpere*, metus per om-

(1) Les exemples que je cite prouvent que *osus sum* marque aussi bien le présent que *odi*, bien que tous les grammairiens modernes donnent le premier comme *un parfait*. Comme *odi*, *oderam*.... sont connus, je m'abstiens de toute citation à cet égard.

15

nes...... tanquam ea separatione ad cædem destinarentur (Tac., H., 4-46); ut, quum ab adversariis lapides mitti *cœpissent*, et elephanti perterriti se ad suos convertissent, rursus a sua acie lapidibus missis, eos converterent adversus hostem (B. Af., 27); castra ponit, oppidumque eo die circumvenire *cœpit* (ib., 79). Quand il suit un verbe passif, on met ordinairement *cœptus sum;* ce qui n'est cependant pas de rigueur, comme le montrent les exemples précédens : Reliquæ Pergamæ naves quum adversarios premerent acrius, repente in eas vasa fictilia..... conjici *cœpta sunt* (Nep., 23-11); tum vectigal publicum, quo remiges et milites alebantur, cum urbano populo dividi *cœptum* (Just., 6-9, 17); celeriter ad majores causas adhiberi *cœptus est*[1] (Cic., Brut., 88; Liv., 4-29, 44-4; B. Af., 66, 79; Cic., Div., 2-2.....); magistratus cum ibi adesset, *occœpta est agi* (Ter., Eun., p. 22). — Quum.... ad terrorem hostium legiones romanæ, redintegrato clamore, intulissent gradum, tum fuga a Samnitibus *cœpta* (Liv., 9-40....); *cœpta* luce, Milichus in hortos servilianos pergit (Tac., A., 15-55....); Romanos omnibus instructiores rebus *cœpturos* bellum (Liv., 42-47; Quint., 10-1).

Aio, inquam.

On ne reconnaît à *aio* et à *inquam* que les terminaisons suivantes : Aio, ais, ait, aiunt; aiebam, as, at.....; aisti, ait[2], aistis; aï[3]; aias[4], aiat; aies.

---

(1) On a même dit : Ut de frumentatione loqui est *cœptum* (Cæl. d. Cic., Ep., 8-8), et dans cette phrase *loqui* est censé passif. Nous avons déjà vu le même tour de phrase en traitant du verbe *queo;* le verbe *desino* se construit semblablement : Contra eos *desitum est* disputari (Cic., F., 2-12, Ep., 9-21; Suet., Aug., 37); ipsius Perses nunquam... *desitum* belli exspectatione celebrari nomen (Liv., 42-49); *desitum* videri quicquam adversus socios iniquum (Cic., Of., 2-8, Rep., 2-34, Brut., 32).

(2) Je ne sais pourquoi cette 3e personne n'est nulle part indiquée; elle est au moins aussi fréquente que celle du présent.

(3) An nata est sponsa prægnans? vel *ai,* vel nega (Næv. d. Diom.). On ne le voit point ailleurs.

(4) Aut *aias* aut neges (Aul. G., 16-2; Plaut., Rud., 2-4, 5-2); ....

Inquam [1], is, it, imus, itis, iunt; inquiebat, bant; inquisti, inquit, inquistis; inquies, inquiet; inque [2], inquito; inquias, inquiat.

Licet, decet, oportet, libet, placet; pluit, ningit, grandinat.

Les prétendus monopersonnels *decet, licet,* se trouvent en mille endroits à la troisième personne plurielle : Quid non proclames, in corpore judicis ista si videas? quæro, an *deceant* multicia testem? (Juv., 2-76; Quift., 11-1-48); ista *decent* latos felicia signa poetas (Ovid., T., 1-7-3, M., 10-266, F., 4-619, Art., 3-571; Quint., 11-1-42); me ut certus siderum cursus, ita vita hominum disposita delectat, senum præsertim; nam juvenes adhuc turbata non *indecent* (Plin. J., 3-1); at vos Trojugenæ, vobis ignoscitis; et, quæ turpia cerdoni, Volesos Brutumque *decebunt* (Juv., 8-182); lacrymæ *decuere* pudicam; et facies animo dignaque parque fuit (Ovid., F., 2-757); proh! qualis! seu splendentem sub sidera nisu exigeret discum, jaculo seu nubila supra surgeret, aligeras ferret seu pulvere plantas vix tacto, vel dimensi spatia improba campi transiret velox saltu, *decuere* labores (Sil., 14-509); nec dominam motæ *dedecuere* comæ (Ovid., Am., 1-7-12, 3-15-4; Sal., J., 49). — Multa tibi non *licent,* quæ humillimis et in angulo jacentibus *licent* (Sen., Cons., 26; Quint., D., 14-10); quam multa non tibi *licent,* quæ nobis beneficio tuo *licent?* (Sen., Clem., 1-8; Ovid., M., 10-329; Catul., 61-148);

---

quum se a respondendo, ut aut approbet quid, aut improbet, sustineat, ui neque neget aliquid, neque *aiat* (Cic., Aca., 1-32). Des modernes ont ajouté, sans citer leurs autorités, *aiatis, aiant.*

(1) — Mane, *inquii* puellæ (Catul., 10-27); d'autres lisent *inquio.*

(2) Terentius imperativum ejus, *inque,* in Phorm. posuit (Prisc., 10); tum autem Antiphonem video ab sese amittere invitum eam; *inque* (Ter., Phor., 5-7-26, Heaut., 4-7-1; Plaut., Pseu., 1-1-24); quæ res tibi et gnatæ tuæ bene feliciterque vortat : ita Dî faxint! *inquito* (Plaut., Aul., 4-10-58); id est, *inquies,* ostentum (Cic., Div., 2-26); quid enim tibi vis, aliquis *inquiet?* (Cic., Her., 3-31).

quædam quæ *licent*, tempore et loco mutato non *licent* (SEN., Cont., 25); quasi omnia, quæ agitasset animo, ei *licerent*, auraria in Thessalia, argenti metalla in Thracia occupat (JUST., 8-3). De même *libet* [1] : Cœtera item, qua cuique *libuissent*, largitus est (SUET., J., 20); matresfamiliarum pati quæ victoribus collibuissent (SAL., C., 51).

Oportet même est au pluriel dans Térence : Hæc facta ab illo *oportebant*, Syre (TER., Heaut., 3-2-25, And., 3-2-1).

Au lieu de *licuit*, *libuit*, *placuit*, on dit bien, *licitum est*, *libitum*, *placitum est* : Planius dicam, utrum pro me, an pro me et pro te? pro me potui ; exemplo multorum *licitum est* (CIC., Q. Rosc., 11, Ep., 14-4). Quandoquidem Ausonios conjungi fudere Teucris haud *licitum* (VIRG., Æ., 10-105) ; quod nihilomagis ei *liciturum esset* plebeio remp. perdere, quam similibus ejus me cos. patriciis *esset licitum* (CIC., At., 2-3).—Non ferendum fuisse..... imperatorem, rebus egregie gestis, victoremque exercitum cum præda ac captivis ante portas stare, donec consuli, ob hoc ipsum moranti, redire Romam *libitum esset* (LIV., 39-4 ; CIC. d. Or., 2, L. 2-27) ; simul ac mihi *collibitum* est, præsto est imago (CIC., N. D., 1-38). — Quum in his angustiis versarer, placitum [2] est mihi ut postularem legationem liberam mihi (CIC., Ep., 11-1 ; VIRG., Æ., 1-285 ; TAC., A., 6-42) ; neque id soli Higino, sed doctis quibusdam etiam viris *complacitum* (AUL. G., 1-21).

---

(1) A bien plus forte raison dit-on *placent, placebant,* puisque ce dernier verbe est usité à toutes les personnes : Utque probæ dignum est, omni tibi dote *placebam* (OVID., Tris., 4-3-57).

(2) Nuntius hæc, Idmon, Phrygio mea dicta tyranno haud *placitura* refer (VIRG., Æ., 12-76 ; TIBUL., 2-5-51) ; *displiciturus* (ST-JER., Ep., 1-13) ; quum Favorinus Higini commentarium legisset, atque ei statim *displicita* esset insolentia et insuavitas illius, ... risit (AUL. G., 1-21) ; ubi sunt cognitæ, *placitæ* sunt (TER., Heaut., 2-12) ; est virtus *placitis* abstinuisse bonis (OVID., Ep., 17-98.....). On dit de même *licitæ* acies (STA., 11-123).

Licens..... libens, lubens..... placens......

Si tibi placet, *placenda* dos quoque est, quam dat tibi (PLAUT., Tri., 5-2-35).

La plupart des impersonnels, tels que *pluit*, *ningit*, *tonat*, ont pour sujet un nom sous-entendu : Ter tonuit sine nube *Deus* (Ovid., F., 3-369); *Jupiter* melle *pluit* (Gal., 3-39); stridentia fundæ saxa *pluunt* (Sta., Th., 8-416). Un auteur les a mis au passif : Qua *pluitur* et *ningitur* (Apul., Flor., 1). — *Fulgurat*, *grandinat*, *fulget* (si *fulserit*, si *tonuerit*, Cic. d. 2-72).

Pœnitet, pudet, piget, tædet, miseret.

Au parfait, on dit *piguit* et *pigitum est*, *puduit* et *puditum*; on ne peut se servir, d'après Priscien [1], que de *misertum est*, *pertæsum est*; malgré cela tous les modernes indiquent *tæduit*. Vossius va plus loin, et il donne *miseruit* comme tout aussi latin que *misertum est*, mais sans citer ses autorités. *Pigitum est* cinctos saltem esse et penulatos (Aul. G., 13-21); nec *pigitum* parvos lares humilisque subire limina Cælicolam tecti (Sil., 7-173). —Non pigebit me commemorare, quod illum non *puditum est* ostentare (Apul., Flor., 2); nonne *esset puditum*, si hanc causam agerent severe, non modo legatum, sed Trallianum omnino dici Mæandrium? (Cic., Flac., 22) [2]. — Nam nunc eum vidit miserum, et me ejus *misertum est* (Plaut., Tri., 2-4-29); neque illi benevolens...... quisquam aderat, qui adjutaret funus ; *miseritum est* (Ter., 1-2-49). — *Pertæsum* levitatis, assentationis (Cic., Q. F., 1-2).

Ces verbes ne sont pas toujours pris impersonnellement :

---

(1) Pœnituit, puduit, piguit ; duo vero participia more neutro passivorum, misertum et pertæsum, cujus simplex in usu non est (Prisc., 8) ; cependant Plaute (Most., 1-4-4) a dit : « Ita me ibi male convivii sermonisque *tæsum* est.

(2) Cum puderet vivos, tanquam *puditurum esset* exstinctos (Plin., 36-3). Et bien qu'on ne trouve nulle part *pœnitum est*, *pœniturus* est dans les anciens : Eo usque processum est, ut *non pœniturum* pro *non acturum pœnitentiam*.... Sallustius dixerit (Quint., 9-3).

Ita nunc *pudeo* (Plaut.); attamen, ubi fides, roges, nil *pudent* (Ter., And., 4-1); semper metuet, quem sæva *pudebunt* (Luca., 8-495); non te hæc *pudent?* (Ter., Ad., 4-7-3); loquere tuum mihi nomen, nisi *piges* (Plaut., Men., 5-9-7); ipse sui *miseret;* neque enim se vindicat hilum (Ter., Eu., 4-7-32); *miserete* manus, date ferrum, ut me anima privem (Enn. d. Non.).

Je n'ai pas besoin d'indiquer *pœnitens, pigens, pudens....* ni *pigendus, pudendus, pœnitendus,* puisque ces participes ne sont pas contestés.

—Privatam, etsi epulentam, vitam *pertæsus* (Just., 38-9-4); lentitudinis eorum *pertæsa* (Tac., A., 15-51; Suet., Tib., 66).

Salvere.

Outre *salve, salvete, salvere,* connus de tout le monde, on trouve (Cic., At., 6-3), *salvebis* a meo Cicerone.

Quæso..

Quæso, quæsumus, sont seuls usités; mais les anciens employaient toutes les personnes: Ac prece *quæsit* ventorum pavidus paces (Lucr., 5-1233).

Apage.

Apage, que l'on donne pour une interjection, est un impératif usité au pluriel: *Apagete,* inquit, ædes commodavi, familiam dedi (Cic., Her., 4-51).

PARTICIPES.

Certains participes présens ont la signification passive, et pourraient quelquefois être remplacés par les participes passés : Quod si fingere nobis, et jungere formas velimus, qualis ille maritimus Triton pingitur, natantibus *invehens* belluis, adjunctis humano corpori, nolis esse? (Cic., N. D., 1-28); illo Pacuviano *invehens* alitum anguium curru (Cic., R., 3-6); ei consuli pater proconsul obviam in equo *vehens*[1] venit (Quad. d. Aul. G., 2-2; Cic., Or., 97); ille plaustrum, quo *vehenti* regnum delatum fuerat, in templo Jovis positum, majestati regiæ consecravit (Just., 11-7).— Aretinum Clementem consularem virum e familiaribus et emissariis suis capitis condemnaturus, in eadem vel etiam in majore gratia habuit, quoad novissime simul *gestanti*, conspecto delatore ejus : vis, inquit, hunc nequissimum servum cras audiamus? (Suet., Dom., 11). — Ubi per loca æqualia et nuda *gignentium* ventus coortus arenam humo excitavit; ea magna vi agitata, ora oculosque implere solet (Sal., J., 79); forte in eo loco grandis ilex coaluerat inter saxa, paullulum modo prona, dein flexa atque aucta in altitudinem, quo cuncta *gignentium* natura fert (Sal., J., 93). — An longo itinere fatigatum et onere fessum..... *torren-*

(1) On disait, en se servant de la voix moyenne, « Quum illam [Argiam sacerdotem] ad solemne et statum sacrificium curru *vehi* jus esset (Cic., Tusc., 1-47), » comme elle devait se rendre, se transporter sur un char.... — De là, *curru* vehens *ou* invehens, puisque le participe présent est resté dans les verbes déponens ou moyens. On peut encore supposer que le pronom *se* est sous-entendu, comme nous le verrons dans la IIe partie.

tem meridiano sole, objicias hosti recenti?.... (Liv., 44-38; Col., 4-4-19; Virg., Æ., 9-105). — Solem quoque *animantem* esse oportet (Cic., N. D., 2-15.....). — Qui legere volet, inveniet Sabini librum, cui titulus est *de furtis*, in quo id quoque scriptum est, quod volgo inopinatum est, non hominum tantum, neque rerum *moventium*, quæ efferri occulte et surripi possunt, sed fundi quoque et ædium fieri furtum (Aul. G., 11-18); quod ex ea tantum præda, quæ rerum *moventium* sit, decuma designetur (Liv., 5-25). — Quam decora victoribus libertas : quanto *intolerantior* servitus iterum victis (Tac., A., 3-45); nihil insultatione barbarorum *intolerantius* [1] (Flor., 4-12-36). — Sanctius et *reverentius* visum est nomen Augusti (Flor., 4-12-66). — Hæc atque talia plebi *volentia* fuere (Tac., A., 15-36); *volentia* [2] plebi facturus videbatur (Sal., F., 4). — Saxa *rotantia* late impulerat torrens arbustaque diruta ripis (Virg., Æ., 10-362). — Tardaque Eleusinæ matris *volventia* plaustra (Virg., G., 1-163); *volventibus* annis (id. Æ., 1-234; Sil., 5-8). — Operum magnitudo et *continens* ominum dierum labor.... perficiendi spatium non dabat (Cæs., B. C., 3-63 (voir la IIe partie, pronom *se*).

Il est, dans beaucoup de verbes, une espèce de participe présent qui se termine en *bundus* : Contemplatione tanti et tam ornati exercitus *gloriabundus*, Annibalem aspicit; et « putasne, inquit, satis esse Romanis hæc omnia? » (Mac., 2-2); *populabundus* agros ad oppidum pervenit, quod scilicet significat, quum agros popularetur [3], non, ut Scaurus in consimilibus ait, quum populantem ageret vel imita-

(1) *Intolerantibus* pro *intolerandis* (Aul. G., 19-7).

(2) Si *volentibus* vobis erit (Mac., 2-3).

(3) Voilà qui prouve jusqu'à la dernière évidence qu'un grammairien moderne s'est étrangement mépris sur la signification de ces sortes de participes, auxquels il attache, on ne sait pourquoi, une idée de futur.

retur (AUL. G., 11-15); Hanno, ex Bruttiis profectus cum exercitu, *vitabundus* castra hostium consulesque...... tria passuum millia ab ipsa urbe loco edito castra posuit (LIV., 25-13); *vitabundus*[1] classem hostius (SAL., F., 3; TAC., Ag., 37); omnes has gentes, Romanum *meditabundus* bellum, variis beneficiorum muneribus jam ante illexerat (JUST., 38-3-7); quæsivit, utri vicissent? ut audivit Thebanos, bene habere se rem, dixit: Atque ita, velut *gratulabundus* patriæ, expiravit (id., 6-8-13); voluntatem meam *periclitabundus* (APUL., Ap., 2); expalluit, quamvis pallent semper; et *hæsitabundus* inquit, interrogavi, non ut tibi nocerem, sed ut Modesto (PLIN. J., 1-5); Aulum Manlium legatum cum cohortibus expeditis ad oppidum Laris.... ire jubet, dicitque se *prædabundum* post paucos dies eodem venturum (SAL., J., 90; TAC., A., 3-39); per totum saltum *errabundum* agmen ferebatur (CURT., 8-4); non magis mihi potest quisquam talis prodesse præceptor, quam gubernator in tempestate *nauseabundus* (SEN., Ep., 108); juventus, rudi atque incomposito motu *jocabunda*, gestus adjecit (VAL. M., 1-4-4, 3-2-6); ventum deinde ad multo angustiorem rupem, atque ita rectis saxis, ut ægre expeditus miles *tentabundus*, manibusque retinens virgulta ac stirpes circa eminentes, demittere sese posset (LIV., 21-36); *noctuabundus* ad me venit (CIC., At., 11-1); ille *lacrymabundus*[2]: gratum est, inquit; crastina die vestra opera utar (LIV., 3-46); mare est etiam atque etiam *undabundum* (AUL. G., 2-30); ordinem insidiis composuerant, ut

(1) Laberius in *Lacu Averno* mulierem amantem verbo inusitatius facto, *amorabundam* dixit. Id verbum Cæsellius Vindex..... ex figura scriptum dicit, qua *ludibunda, ridibunda* et *errabunda* dicitur, *ludens* et *ridens* et *errans*............ Inquirentibus nobis, quænam ratio et origo esset hujuscé modi figuræ, *populabundus*, et *errabundus*, et *lætabundus*, et *ludibundus*, multorumque aliorum id genus verborum..... Apollinaris noster sibi videri ait, particulam istam postremam, in quam verba talia exeunt, vim et copiam et quasi abundantiam rei, cujus id verbum esset, demonstrare : ut lætabundus is dicatur qui abunde lætus sit...... (AUL. G., 11-15).

(2) Lacrymabundus — anhelabundus (CHAR., 1).

Lateranus, quasi subsidium rei familiaris oraret, *deprecabundus* et genibus principis accidens, prosterneret incautum premeretque (Tac., 15-53); vix ego hæc dixeram *cunctabundus* (Aul. G., 3-1); visa quondam pro concione pullatorum turba, *indignabundus* et clamitans : En, ait, Romanos rerum dominos, gentemque togatam! (Suet., Aug., 40; Liv., 38-57); *volutabundus* in voluptatibus (Cic., R., 2, d. Non.); rex velut *deliberabundus* in hortum ædium transit (Liv., 1-54); quum rex, simul ira infensus periculoque conterritus, circumdari ignes *minitabundus* juberet (Liv., 2-12); ille effusus in voluptates, *reptabundus* semper atque ebrius, quia scit se cum voluptate vivere, credit et cum virtute (Sen., B. V., 12); eo magis *mirabundo*, quærentique quid rei esset, pacem veniamque precata Deorum Dearumque...... ancillam se, ait, dominæ comitem id sacrarium intrasse (Liv., 39-10); ausus es..... nefandissimum caput...... mæsta ac lugentia castra, circumfluentibus quietæ felicitatis insignibus, velut *exultabundus* intrare? (Just., 18-7-10); Athenis *comissabundi* juvenes ante meridiem conventus sapientum frequentabant (Plin., 21-3; Liv., 9-17); hæc assidens ægro collegæ, hæc in prætorio prope *concionabundus* agere (Liv., 21-53); laureæ ramulos *festinabunda* manu decerpserunt (Val. M., 2-8-5); tum vero præceps curru *fremebundus* ab alto desilit (Ovid., M., 12-128); deque suis unum famulis *pudibunda* vocavit (Ovid., M., 9-567); si Volteium habebis, omnia *ludibundus* conficies (Cic., Verr., 5; Suet., Ner., 26); cui me *moribundum* deseris, hospes? (Virg., Æ., 4-323; Prop., 3-7-56); quum semel accepit solem *furibundus* acutum (Hor., Ep., 1-10-17; Cic......); *oriundus*...........

ADVERBES.

La plupart des adverbes dérivent des adjectifs par une légère modification de désinence; ceux qui se forment des adjectifs suivant le modèle *bonus* ou *niger*, se terminent ordinairement en *e*, quelquefois en *o*: *sæpe, docte, misere, pulchre, bene* (de *bonus*), *benigne, præclare, egregie, lepide, caste, caute, facete, facunde, fatue, fœde, grate, jucunde, male, mature, obscure, perite, pie, plane, prave, propere, proprie, sancte, sane, severe, sincere, sobrie, superbe, torve, tenere*...... *certe certo* (*certe* ou *certo* scio, Cic., Ep., 6-4, Phil., 12.....), *continuo, cito, consulto, crebro, arcano, fortuito, falso, liquido, manifesto manifeste, merito, mutue mutuo* (quibus siquando non *mutue* respondetur, Cic., Ep., 5-7), *raro* [1], *sedulo, sero, tuto* [2], *festinato*.........

(1) Ab Osco, Tusco, Græco, Osce, Tusce, Græce; a Gallo tamen et a Mauro, Gallice et Maurice dicimus. A probus, probe...... sed a raro non dicitur *rare*: sed alii *raro* dicunt, alii *rarenter* (Aul. G., 2-25); mais *rarenter* ne se voit que dans des écrivains de peu d'autorité: Pabulum quod dabis amurca spargito; primo paululum, dum consuescant, postea magis, et dato *rarenter* bibere (Cat., 103; Macr., S., 7-12).

(2) Le superlatif de ces adverbes est cependant terminé en *e*, excepté *meritissimo*: Primum Scævolæ te dedidisti, quem omnes amare *meritissimo* [*jure* sous-entendu] pro ejus eximia suavitate debemus (Cic. d. Or., 1-55; Plin. J., 8-6). On dit *tutissime, tutissimo*: Ubi *tutissimo* essent (Cic., At., 7, d. Char., 2; Ter., Phor., 2-1-13).

Il y a des adverbes qui sont terminés aussi en *um*: Primo primum, tertio tertium, postremum postremo, cæterum de cætero. — Private privatim, cautim (Ter., Heaut., 2-8-29), exquisitim (Varr. d. Non.), disertim (Festus), *summissim* (ad communionem sermonis tacentes vel *summissim* fabulantes provocabat (Suet., Aug., 74).

Dans les anciens, ces mêmes adverbes se terminaient souvent en *iter* [1] : Magis cogito, *sæviter blanditer*ne alloquar? (PLAUT., Speud., 5-2-3); meo amico *amiciter* hanc commoditatis copiam danunt argenti mutui (PLAUT., Pers., 2-3-3); dixerunt joca quædam *intempestiviter* (AUL. G., 4-20); eosque non *sinceriter* honorant (ST. AUG., Civ., 2-20); ibi maria vasta visens lacrimantibus oculis, patriam allocuta voce est ita mæsta *miseriter* (CATUL., 63-50); quid est quod *ampliter* insigniterque..... dixerit (AUL. G., 10-3; PLAUT......); si vitam *puriter* egi (CATUL., 76-19, 39-14......). Quelques-uns de ces adverbes peuvent être regardés comme de bonne latinité: Quin tu bene ac *naviter*, si partium piget, transfugis potius quam prodis? (SEN., Ot., Sap., 28); sic mihi tarda fluunt, ingrataque tempora, quæ spem consiliumque morantur agendi *naviter* [2] id, quod æque pauperibus prodest, locupletibus æque (HOR., Ep., 1-1-24); sed quod volebant, non, quam maturato opus erat, *naviter*, expediebant (LIV., 24-20).—Fortasses istinc *largiter* obstulerit longa ætas, liber amicus, consilium proprium (HOR., Sat., 1-4-132); largiter in tanto spatio tamen auferet undis (LUCR., 6-622; CIC., Ep.

(1) Inveniuntur et alia quibus tamen non est utendum. Pomponius in Autorato : *Ludit nimium* insaniter, pro *insane; severiter* quoque pro *severe*. Titinnius in Proclia : Severiter *hodie sermonem amica mecum contulit;* idem, *blanditer, benigniter*. Plautus, *amiciter, avariter, munditer, severiter, mœstiter, æquiter, asperiter*. Nonius, *festiviter*. Lucilius, *ampliter, ignaviter*. Varro, *probiter, mutuiter*. Ennius, *proterviter, inimiciter, iracunditer, superbiter, temeriter, præclariter, torviter, puriter, reverecunditer, miseriter, prosperiter* (PRISC., 15).

(2) Sunt quatuor hæc excepta..... *naviter, humaniter, largiter, duriter;* quæ quamvis antiquitati assignent grammatici, etiam secundum rectam suam regulam proferri posse asserunt, ut *nave* et *ignave, humane, large, dure* (CHAR., 1). — Excipiuntur a duro dure et duriter, a largo large et largiter, ab humano humane et humaniter, ab inhumano inhumane et inhumaniter, a firmo firme et firmiter. Terent. in And. : *Primum hæc pudice vitam, parce ac* duriter *agebat*. Cic. in 3 Verr. : *Respondit illa, ut meretrix, non* inhumaniter. Idem 13 Phil. : *Putare aliquid moderate, aut* humane *facturum*. Idem de Repub. in 6° : Firmiter *majores nostri stabilita matrimonia esse voluerunt*. Idem..... : *Fecisti* humaniter (PRISC., 15).

Brut., 17). — Pugnatum est ab utrisque acriter; nostri tamen, quod neque ordines servare, neque *firmiter* insistere, neque signa subsequi poterant....... magnopere perturbabantur (Cæs., B. G., 4-26); vaticinante catta muliere, cui velut oraculo acquiescebat, ita demum *firmiter* ac diutissime imperaturum, si superstes parenti exstitisset (Suet., Vit., 14; Varr., R. R., 3-9). — Verba *duriter* translata (Cic., Her., 4); membra moventes *duriter* (Lucr., 5-1402; Ter.......). — Quibus [occupationibus] si me relaxaro..... te ipsum, qui multos annos nihil aliud commentaris, docebo profecto, quid sit *humaniter* vivere [1] (Cic., Ep., 7-1).

Publicitus, divinitus, primitus, antiquitus, humanitus, diffèrent de *publice*........: Peccata prohiberi *publicitus* (par les soins de l'autorité) interest (Aul. G., 6-14; Apul., Flor., 2; Ter., Phor., 5-8-85). — Haud equidem credo, quia sit *divinitus* illis ingenium (Virg., G., 1-415; atque in eam fraudem mihi videtur divinitus (par la permission des Dieux) incidisse (Cic., Verr., 5; Liv., 1-34). — Fulmen detulit in terras ignem *primitus* (Lucr., 5-1095); evenitque ut *primitus* ingredienti cum fascibus forum, prætervolans aquila dexteriore humero consideret (Suet., Claud., 7). — *Antiquitus* duravit hic mos usque ad nostra tempora (Quint., 1-10-18); claros nomine sapientia viros, nemo dubitaverit studiosos musices fuisse, quum Pythagoras atque eum secuti, acceptam sine dubio *antiquitus* opinionem, vulgaverint mundum ipsum ejus ratione esse compositum (Quint., 1-10-12.....); et si quid mihi *humanitus* accidisset (multa enim impendere videbantur præter naturam præterque fatum ipsum), hujus diei vocem testem reipublicæ relinquerem meæ perpetuæ erga se voluntatis (Cic., Phil., 1-3).

---

(1) Des grammairiens ont cru remarquer une certaine différence entre *humane* et *humaniter*; mais s'il est constant que *firme* et *firmiter* signifient absolument la même chose, il n'est pas présumable qu'il en soit autrement de *humane*, *humaniter*: Sin aliter acciderit, *humaniter* feremus (Cic., At., 1-2); toleranter et *humane* ferre dolorem (id., Tusc., 2).

Les adverbes qui proviennent des adjectifs de la 3e déclinaison finissent en *ter, iter* : *amanter, audenter, elementer, convenienter* [1], *congruenter, decenter, intelligenter, libenter, prudenter, sapienter, solerter*.......... *breviter, celeriter, celebriter, acriter, comiter, exiliter, graviter* [2], *fortiter, immaniter, leniter, leviter, segniter, similiter, suaviter, turpiter, atrociter, feliciter, minaciter, perniciter, procaciter*.

Uber fait *ubertim* : Quantæque cadebant *ubertim* lacrymæ? (Claud., 29-214; Catul., 66); *omnis, omnino*.........

R. Quelquefois l'adverbe se remplace par un adjectif ou par un nom avec une préposition : Nec spem nec metum *ex vano* haberet (Liv., 7). — Servatus est *ex insperato* (Plin., 25-2); Democrito....... tanta [divitia] fuerunt, ut pater ejus Xerxis exercitui epulum dare *ex facili* potuerit (Val. M., 8-7-4); nihil profici patientia, nisi ut graviora tanquam *ex facili* tolerantibus imperentur (Tac., Ag., 15; Col., 6-1).—*In totum* [3] adimit nymphea Heraclea (Plin., 26-10; Cels., 1-3); vinum *ex toto* circumcidendum est (id., 6-9; Sen. d. Ira., 3). — Se in hostium habiturum loco, qui non *e vestigio* [4] ad castra Corneliana vela di-

(1) Quum ergo hoc sit extremum *congruenter* naturæ *convenienter*que vivere, necessario sequitur, omnes sapientes semper *feliciter*, absolute fortunateque vivere (Cic., Fin., 3-8).

(2) Hæc præcepta servantem licet magnifice, *graviter*, animoseque vivere, atque etiam *simpliciter*, *fideliter*, vitæque hominum amice (Cic., Of., 1-26).

—.... Sapiens entis sapienter, indulgens entis indulgenter, diligens entis diligenter..... fortis forti fortiter, utilis utili utiliter, felix felici feliciter (Prisc., 15).

(3) Quelquefois la préposition n'est pas exprimée : Duos colles (*immensum* (c'est ainsi qu'on dit *quantum, tantum, multum, parum* pour *parvum*, selon Priscien) editos claudebant muri, per artem obliqui (Tac., His., 5-11); *plerumque*..... verum, *cætera* egregium sequuta (Liv., 1-35); is erit *pleraque* implacabilis (Aul. G., 17-19); *suave* olentia (Plin., 24-10). Les poètes surtout en usent largement.

(4) C'est apparemment de là que vient cette locution, *de ce pas* : E

rexisset (Cæs., B. C., 2-25). — Postquam juvenes, perpetrata cæde, pergere ad se gratulantes vidit, *ex templo* [1] advocato concilio, scelera in se fratris.......... ostendit (Liv., 1-6).

Les adverbes qui viennent des noms finissent en *tim* : *undatim*, *partim*, *viritim*, *vicissim*, *ostiatim*, *statim*, *furtim*, *sensim*, *singultim*, *passim*, *tractim*, *carptim*, *ductim*, *cursim*, *gregatim*, *manipulatim*, *nominatim*, *fornicatim*, *anseratim*, *columbatim*, *passeratim*, *amussim*, *gradatim*, *articulatim*, *angulatim*, *acervatim*, *minutatim*, *cuneatim*, *saltuatim*, *subsultim*, *oppidatim*, *circulatim*, *municipatim*, *provinciatim*, *vicatim*, *umbratim*, *pectinatim*.

Comme il n'entre pas dans mon plan de détailler toutes les espèces d'adverbes connus de tous les latinistes, et qui ne peuvent donner lieu à aucune observation, je n'ai presque plus rien à dire sur ce chapitre.

Equidem est, de l'avis de presque tous les grammairiens, une abréviation pour *ego quidem*, et ne peut s'employer que comme tel, c'est-à-dire, seulement quand le verbe suivant est de la première personne singulière ; mais l'usage est plus fort que toutes les remarques possibles : Occidunt me *equidem* (Ter., Ad., 5-5-1) ; cognoscit non *equidem* vinctum regem, sed in periculo mortis (Curt., 5-13) ; bellum *equidem* secum ab illis geri cæptum (Just., 38-5) ; *equidem* mihi decretum est (Sal. ad Cæs., 1-2) ; hic *equidem* Phœbo visus mihi pulchrior ipso (Prop., 2-33) ; hicce equidem Antipho..... inquit (Cic., Div., 2-70) ; *equidem*

---

vestigio dixerunt, vel quod stans in eodem vestigio facit, unde *statim* quoque dicitur ; vel quantum tempus est in uno vestigio faciendo, quod est brevissimum (Prisc., 18).

(1) *Templum*, lieu, champ élevé et découvert ; c'est en traduisant presque littéralement *ex templo* que nos ancêtres ont dit *sur-le-champ*. *Ilico* (*e loco*) a probablement la même origine que *extemplo*.

mihi videtur (AUL. G., 13-3); *equidem* moderationis mea certissimum indicium est (CURT., 8-8); non *equidem* hoc dubites (PERS., 5-45; PROP., 3-13......). Il semble que *equidem* est pour *et quidem*, et il vient peut-être de l'usage des anciens poètes de retrancher une lettre pour rendre brève une voyelle qui devenait longue par *position*, comme *omnibu' rebus*, si fréquent dans Lucrèce et même dans Cicéron. Quoi qu'il en soit, si cet adverbe était pour *ego quidem*, Salluste n'eût sans doute pas dit : « *Equidem ego* non ignoro [1] » (J., 85).

Age, agedum, agesis (CIC., Part. Or., 12.....) ne serait qu'un impératif et non un adverbe, s'il fallait au pluriel toujours mettre *agite, agitedum* [2] ; mais il n'en est rien : Nunc, *age*, vel cæso comitem nec reddite fratri (VAL. F., 6-213) ; ite *age* et obsessis vigiles circumdate flammam (STA., T., 10-34) ; tantate *agedum* et deposcite pacem (SIL., 11-575, 169) ; en *agedum*, dominæ mentem convertite nostræ (PROP., 1-1) ; *agedum*, inquit, dictatorem a quo provocatio non est, creemus (LIV., 2-20) ; mittite, *agedum*, legatus circa omnes Asiæ urbes (id., 38-47) ; recognoscat, *agedum*, mecum, quam multa moleste et adversus nos fuerint (id., 44-38).

Alioquin ou *alioqui*, *cæteroquin* ou *cæteroqui* se mettent indifféremment devant les consonnes ou les voyelles : *Alioqui* inter paucos disertus (QUINT., 10-3-13) ; ego *cæteroqui* æquo animo fero (CIC., Ep., 9-10) ; *cæteroqui* et satis graviter et non contumaciter (CIC., At., 16-4) ; *alioqui* insignam nominis sui memoriam relicturus (VAL.

---

(1) Equidem conjunctionem compositam esse existimant ab *ego* et *quidem* ; sed errant ; simplex enim est...... Nam *equidem* facio, *equidem* facis, *equidem* facit, dicimus ; et potest *equidem* et ad primam et ad secundam et ad tertiam transferri personam, quod minime fieret, si esset compositum ex *ego* et *equidem*..... Sallus. in Cat. : Equidem *ego sic existimo* (PRISC., 16).

(2) Hortativa *eia, age* ; et notandum quod videtur hoc adverbium etiam pluralem habere, ut *agite* ; ut Virgilius in 8° : *Ergo*, agite, *o juvones, tantarum in munere laudum* (PRISC., 15).

M., 9-6-2; Liv., 43-19); *alioquin* clarus et gravis (Plin. J., 6-6, 14)[1].

En français nous disons : « Nous avons rapporté, nous avons vu *plus haut;* » s'il fallait en croire certains latinistes, ce serait une faute de mettre *superius*, *supra*[2] étant le seul mot à employer : néanmoins *superius* se voit dans des auteurs d'un grand poids : In quis fuit Alpinus Montanus, quem a Primo Antonio missum in Gallius *superius* membravimus (Tac., H., 5-19); sed ut *superius* armorum et togæ, ita nunc etiam siderum clarum decus divum Julium, certissimam veræ virtutis effigiem, repræsentamus (Val. M., 3-2-19); et *superius* demonstravimus (Hirt., H. B., 26, 34). Voilà, je crois, qui est décisif; l'analogie y ajoute une nouvelle force : Nec *ulterius* (pour *ultra*[3]) trepidare cives suos vano metu passus est (Val. M., 8-11-1; Ovid., M., 15-616, 11-630; Prop., 1-6-4....); quas tibi *posterius* (pour *postea, postere*), largo sermone probabo (Lucr., 5-155; Cic., Leg., 1-6).

(1) In *i* quoque desinentia inveniuntur adverbia, sed pauca primitiva, ut heri, ubi, ibi; dicitur tamen et *here*.... Horatius in 2° Sat. : *Nam mihi convivam quærenti ductus* here, *illic de medio potare die* (Prisc., 15). — Quidam *here* putant dici debere, *quamdiu*, heri *quando* (Char., 2). — Medius est quidem *u* et *i* litteræ sonus (non enim sic *optimum* dicimus ut *opimum*), et in *here* neque *e* plane neque *i* auditur (Quint., 1-4-8); *here* nunc *e* littera terminamus : at veterum comiciorum adhuc libris invenio, *heri* ad me venit (Quint., 1-7-22). Res hodie minor est *here* quam fuit, atque eadem cras deteret exiguis aliquid (Juv., 3-23).

(2) Ut *supra* dixi (Cic., Tusc., 5-23); ut *supra* significavi (Quint., 7-1, 9-3-41; Cic., Brut., 57.......).

(3) Dea non *ultra* pro functo morte rogari sustinet (Ovid., M., 11-583).

PRÉPOSITIONS.

Si la préposition *cum* se met nécessairement après *me* [1], *te, se, nobis, vobis,* il n'en est pas ainsi avec *quo, qua, quibus ;* et l'on dit indifféremment *cum quo, cum qua, cum quibus ;* ou *quocum*..... : Adhibuit sibi in consilium quindecim principes, *cum quibus* causas cognovit et eorum, qui aliena tenebant, et eorum qui sua amiserant (Cic., Of., 2-23, Div., 2-72, N. D., 1-41, R. P., 1-5, Ep., 3-4....); in specie fictæ simulationis, sicut reliquæ virtutes, ita pietas inesse non potest, *cum qua* simul et sanctitatem, et religionem tolli necesse est (Cic., N. D., 1-2) ; quæ est conditio pacis, in qua ei, *cum quo* pacem facias, nihil concedi potest (Cic., Phil., 12-5......); il n'y a même que Cicéron qui emploie généralement *quocum* [2], *quibuscum;* parmi les

(1) *Cum* autem *nobis* non dicitur, sed *nobiscum* : Ex eo est *mecum* et *tecum,* non *cum me* et *cum te,* ut esset simile illis *vobiscum* atque *nobiscum* (Cic., Ora., 45). — Quomodo si dicam ; *propter te* et *te propter,* idem significo, et *cum quibus* et *quibuscum;* sic *cum me* et *mecum;* nam antiquissimi utrumque dicebant (Prisc., 12).

(2) Il n'en est pas de même de *qui* ablatif; il est de rigueur de dire *quicum* : Tum sic exspirans Accam, ex æqualibus unam, alloquitur, fida ante alias quæ sola Camillæ, *quicum* partiri curas, atque hæc ita fatur (Virg., Æ., 11-822) ; venit Chærea — fraterne ? — ita — quando ? — hodie — quam dudum ? — modo — *quicum ?* — cum Parmenone (Ter., Eun., 4-4-31; Aul. G., 4-1; Cic., Ep., 11-3, 13-25, At., 10-8).

Avec quelques autres prépositions, *qui quæ quod* précède quelquefois : Socii putandi sunt, *quos inter* res communicata est (Cic., Verr., 2-3-20) ; augebantur hæ copiæ vicinarum civitatum, ut nondum aperta consensione, ita viritim promptis studiis, et certamine ducum romanorum, *quos inter* ambigebatur (Tac., 3-43). — Incendere illa conjuratorum manus voluit urbem ; vos ejus domum, *quem propter* urbs incensa

autres auteurs, les uns ne s'en servent jamais, les autres fort rarement; voici ce que j'ai trouvé: Præcipuam ipsi fortissimarum legionum curam, *quibuscum* plurima bella toleravisset (Tac., A., 1-25); si tibi res sit cum eo mercatore, *quocum* mihi est (Ter., Phor., 1-3-19; Varr., L. L. 9; Plaut., Cis., 2, 3 et 4-1-13; L. Amp., 30); proximi sunt Germanis, qui trans Rhenum incolunt, *quibuscum* continenter bellum gerunt (Cæs., B. G., 1-1, 2-23, B. C., 3-18); *quibuscum* simultates gerebant (Quint., 4-1-18; Sal., 17, 104).

La préposition *inter*, suivie de deux noms, se place souvent après le premier: Campi qui Færulas *inter*[1] Aretiumque jacent (Liv., 22-3); Rhodanum *inter* et Rhenum siti (Flor., 3-10, 6); sic velut abacto amne, tenuis alveus, insulam *inter* Germanosque, continentium terrarum speciem fecerat (Tac., H., 5-19)[2]; qua corpus galeam *inter* lori-

---

est (Cic., Pis., 7). — Ii ipsi, *quos contra* statues (id., Or., 10, Vat., 7). — Similitudine ejus rei, *qua* (*a*) *de* agitur, ad eam rem, *qua de* judicatum est (id., Inv., 1-44).......... Athenienses diem certam Chabriæ præstiterunt, *quam ante* domum nisi redisset, capitis se illum damnaturos denuntiarunt (Nep., 12-3). On fait quelquefois de même avec *hic, hæc, hoc*: *Hanc adversus* urbem gentemque Cæsar Titus, quando impetus et subita belli locus abnueret, aggeribus vineisque certare statuit (Tac., H., 5-13); modicus collis assurgit, antiqua cupressu nemorosus et opacus: *hunc subter* fons exit, et exprimitur pluribus venis (Plin. J., 8-8); *hunc adversus* tamen Timotheus postea, populi jussu, bellum gessit (Nep., 13-4); *hunc adversus* Pharnabasus habitus est imperator (id., 9-2).

Tacite met ordinairement *coram* après son complément, quel qu'il soit: Tiberius grates agenti Silano, *Patribus coram*, respondit, se quoque lætari, quod frater ejus e peregrinatione longinqua revertisset (Tac., A., 3-24, 14, 13-21, 49)........

(1) Tacite (A., 14-9) a employé *propter* de la même manière: Mox domesticorum cura levem tumulum accepit, viam Miseni *propter* et villam Cæsaris dictatoris, quæ subjectos sinus editissima prospectat.

(2) On a aussi mis cette préposition après les deux complémens: Quantumque Amisiam et Lupiam amnes *inter*, vastatum, haud procul Teutoburgiensi saltu, in quo reliquiæ Vari legionumque insepultæ dicebantur (Tac., A., 1-60). — Scythas *inter* eductus (ibid., 6-41, 13-47);

(*a*) On dit de même *qua de causa, qua de re, quapropter*.

camque patescit (SIL., 1-360; VIRG,, Æ., 2-632); mais ce n'est là tout au plus qu'une élégance, et non pas une règle à laquelle il faille rigoureusement se conformer, comme l'ont prétendu des grammairiens modernes[1] Quantum intervallum *inter te* atque illum interjectum putas? (CIC., Rab., 5); *inter* lætitiam et metum hæsitantes (VAL. M., 3-2-1); quod *inter Trebiam* Padumque agri est (LIV., 21, 52, 53, 42-45, 44-12; FLOR., 1-4-6; SEN., N., 2-1; TAC., A., 14-49).

Clam (qui paraît être dans la réalité plutôt un adverbe qu'une préposition)[1] se joint quelquefois à un accusatif, ainsi que son diminutif *clanculum*: Sibi nunc uterque contra parat, pater filiusque *clam* alter *alterum* (PLAUT., Cæs. Pro., 51); bona multa faciam clam meam uxorem (id., Cas., 2-8-32); is illius filiam conjicit in navem miles, *clam matrem* suam (id., M. G., 2-1-34, Amp., p. 107); a Pompeianis *clam nostros* tabellarios est missus (HIRT., H. B., 14); *clam* custodem et custode (DIOM., 1); postremo alii *clanculum patres*, quæ faciunt, quæ fert adolescentia, ea ne me celet, consuefeci filium (TER., Ad., 1-1-27); *clanculum* fecit patrem et patre (CHAR.).

Prope et *ultra*, qui ne sont que des adverbes[2] em-

---

robur legionum *robur ad* Euphratis ducit (ibid., 37); ce qui est une imitation des poètes.

Plusieurs mots se placent souvent entre la préposition *per* et son complément: *Per* ego te *Deos* oro, ut ne illis animum inducas credere (TER., And., 5-1-15; CURT., 5-8; SEN., Med., 285); *per* ego te *hæc genua* obtestor senex (PLAUT., Rud., 3-2; SIL., 12-80; OVID., M., 10-29; VIRG., Æ., 4-314; STA., T., 6-171; APUL., M., 4). Rollin s'est extasié sur un passage semblable de Tite-Live.

(1) Clam magis adverbium est, quum nec localem habeat significationem, quam plerumque præpositiones possident; et qualitatem demonstret, quæ in adverbiis inveniri solet; et diminuatur, quod nulla præpositio habet, ut clanculum; et possit quoque sine casu proferri, ut *bona aperta facit, mala autem* clam; et quod apud Græcos sine ulla dubitatione adverbium est. Nihil mirum tamen quod præponatur casui, quum multa adverbia et maxime localia, et apud Græcos et apud nos soleant casibus præponi (PRISC., 14).

(2) Et *propius* quidem *soli* est mons, quam campus aut vallis (SEN.,

ployés le plus souvent comme prépositions, ont le comparatif; on dit même *proxime* : *Propius* eorum aciem instruit exporrigere munitiones (Cæs., Af., B., 42); *propius* hostem accedendo (ibid., 48); *propius* est fidem (Liv., 4-17.....); *ulterius*que domus vadere Memmonias (Prop., 1-5). — *Proxime* Pompeium sedebam (Cic. d. Diom., 1; Vit., 1-7.....).

Usque, tenus, versus, sont aussi de vrais adverbes. (Voyez la IIe partie).

Je n'ai rien à dire des conjonctions et des interjections; je me réserve à en parler dans la suite : dans ce moment je ne pourrais que faire une nomenclature fastidieuse et dénuée d'intérêt.

N., 4-11); quam *proxime* potest hostium *castris*, castra communit (Cæs., B. C., 1-72). — Tam *prope a muris* habebamus hostem (Plin., 15-18); *tam prope ab exule* fuit, quam postea a principe (Tac., H., 1-10), comme on dit *proximus a* domino (Ovid., Art., 1-138).

Proximus, comme *prope,* peut être suivi d'un accusatif : Deus ille, an *proxima Divos* mens fuit (Grat., F. Cyn., 96....). Voir la seconde partie.

Procul s'emploie comme préposition : Cum haud *procul urbe* Tusculo consedissent (Liv., 4-10).

FIN DE LA PREMIÈRE LIVRAISON.

TABLE

DE LA PREMIÈRE LIVRAISON.

FIN DE LA TABLE.

Imprimerie de E. DUVERGER, rue de Verneuil, n° 4.

www.ingramcontent.com/pod-product-compliance
Ingram Content Group UK Ltd.
Pitfield, Milton Keynes, MK11 3LW, UK
UKHW021101230726
13926UKWH00004B/1968